师永涛 —— 著

烟火大唐

一部万花筒式的
唐朝生活史

中国出版集团　现代出版社

图书在版编目（CIP）数据

烟火大唐 / 师永涛著 . -- 北京：现代出版社，2023.5
ISBN 978-7-5231-0107-0

Ⅰ.①烟… Ⅱ.①师… Ⅲ.①文化史 - 中国 - 唐代 - 通俗读物 Ⅳ.①K242.03-49

中国国家版本馆CIP数据核字 (2023) 第 020324 号

烟火大唐

作　　者：	师永涛
选题策划：	鼎之文化　高连兴
责任编辑：	张　霆　姚冬霞
出版发行：	现代出版社
通信地址：	北京市安定门外安华里 504 号
邮政编码：	100011
电　　话：	010-64267325　64245264（传真）
网　　址：	www.1980xd.com
印　　刷：	北京飞帆印刷有限公司
开　　本：	710mm×1000mm　1/16
印　　张：	21　　字　数：277 千
版　　次：	2023 年 5 月第 1 版　印　次：2024 年 1 月第 2 次印刷
书　　号：	ISBN 978-7-5231-0107-0
定　　价：	78.00 元

版权所有，翻印必究；未经许可，不得转载

前言

"中世纪"的乡愁

627年,关中大旱,灾民卖儿卖女以求生。刚刚在玄武门宫争中斩杀两位竞争对手的李世民,面对旱灾忧心忡忡,下令开仓救济,解决灾民的燃眉之急,并拿出御府金帛,供灾民赎回卖掉之子女,以免他们骨肉分离。这一年,李世民二十八岁。就在这一年,一位叫玄奘的僧人"誓游西方,以问所惑,并取《十七地论》,以释众疑"(《大慈恩寺三藏法师传》),趁着夜色混在流民中溜出长安城,踏上了西行取经求法的漫漫征途。这一年,玄奘二十五岁。

627年,唐朝的贞观元年,是"贞观之治"的起始,岁次丁亥。

根据中国传统五行学说,中国古人利用干支纪年法,以六十为周期(一甲子)把历史重复编排,他们认为每六十年一个轮回,事物发展就像草木随四季更替一样生长、繁茂、凋落与衰败。而其中的丁亥年,则是由衰而盛的关键性转折年,意味着从此年开始,各种事物步入一个长期的发展和繁盛阶段。

1

历时十七载,西去取经的玄奘在贞观十九年(645)正月回到了长安。

四年之后，贞观二十三年（649）三月，比玄奘年长三岁的李世民感到身体不适，很快便缠绵病榻，不能下地走路了。

四月二十五日，实在撑不住的李世民终于决定，离开他日理万机的太极宫，携家眷和近臣到位于今西安市长安区滦镇南浅山上的离宫翠微宫避暑养病。时值孟夏，这里林木清幽，凉风习习。

在《秋日翠微宫》一诗中，李世民写道：

> 秋日凝翠岭，凉吹肃离宫。
> 荷疏一盖缺，树冷半帷空。
> 侧阵移鸿影，圆花钉菊丛。
> 摅怀俗尘外，高眺白云中。

对于翠华山，李世民有着特殊的感情，此前，贞观二十一年（647）四月，他命人重建太和宫，改名翠微宫，笼山为苑，列台观其中。他似乎和这翠华山之间有一种宿缘。最终，贞观二十三年（649）五月二十六日，唐太宗李世民在寝殿含风殿辞世。此时，他的继承人太子李治心中除了悲伤，还在惦记着感业寺中一个姓武的女子。

继位的唐高宗李治，把玄奘安置在大慈恩寺中译经。在李治心中，大慈恩寺和大雁塔是他的母亲长孙皇后灵魂寄寓的场所。而他居住的大明宫，"北据高岗，南望爽垲，视终南如指掌，坊市俯而可窥"。再登临高出平地十五米的含元殿，透过宫殿的门楣，穿越丹凤门的鸱尾，一直往南，李治可以清晰地看见"壮丽轮奂，今古莫俦"的大慈恩寺，以及寺中"突兀压神州，峥嵘如鬼工"的大慈恩寺浮屠。

龙朔三年（663），李治偕皇后武则天入住尚未完工的大明宫，自此，大明宫取代太极宫，成为大唐帝国两百四十余年内政和外交的中枢。

此后数百年间，无数道大唐帝国的政令自灯火通明的大明宫发出，

▷ 唐太宗立像│宋│佚名│台北故宫博物院藏

前言 「中世纪」的乡愁

3

影响着一个帝国的脉搏。唐朝皇帝威望最高的时候，大量的突厥人内附，突厥王族成为大唐最勇猛的将军；波斯萨珊王朝（Sassanid Empire）末代的两位波斯王都希望借助唐朝的力量复国，最终终老在长安；大量的遣唐使来自新罗和日本；而叙利亚人、阿拉伯人、波斯人、吐蕃人与安南人亦来定居，散落于从敦煌到广州的大唐帝国城市。

国子监中有这些国家的留学生，最具热忱的是日本人，其中有些像今日大使馆的文化参赞，在中国居留达几十年，有的终生为唐官，深埋大唐。而更多的人回国之后，对日本的文化有了具体的贡献，很多方面仿照唐制：都城设计建造完全模仿长安，从铜币的设计到妇女的发髻，从室内的布置到围棋、茶道、诗词都参照大唐的时尚。从此之后，后世出土的日本文物深具中国色彩。那个时候，初次来长安的人都充满了陌生感，踏进这座大城市的每个访客无不感到惊诧，大开眼界，长安的瑰丽和宫殿的雄壮，已经超越了想象极限。这些外来的人为长安城的狂放情趣、繁华市井而目炫神迷。他们向往，畏缩，好奇，慌张……有着各种反应，百态毕现。

2

在唐朝统治的三个世纪中，东方各地的财富也经由陆路被源源不断地运送到了大唐的土地上——或车装，或驼载，或马运，或驴驮。伟大的丝绸之路是唐朝通往中亚的重要商道，它沿着戈壁、荒漠的边缘，穿越唐朝西北边疆地区，最后一直可以抵达撒马尔罕（Samarkand）、波斯和叙利亚。从玉门关向西，有两条道路可供行人选择，这是两条令人望而生畏的道路，要经过流沙、戈壁和荒漠，还要面临极度的寒冷或酷热。

唐贞观九年（635）十一月，来自丝绸之路上的粟特国（Sogdiana）

的使臣由撒马尔罕再次来到长安，粟特人的足迹遍布丝绸之路经过的一切地方，从东海之畔的扬州，到沐浴在地中海阳光下的拜占庭（Byzantium）。他们中最著名的不是商人，而是一位"柘羯"（武士）。他是一个胖子，擅长跳胡旋舞。这个叫安禄山的粟特胖子，与唐朝美人杨玉环有着一种暧昧的关系，后来他还把杨玉环的丈夫李隆基从长安赶到了成都。历史上把这段往事称为"安史之乱"。

安史之乱的起因，是一个皇帝艺术家的"黄昏恋"。

开元二十五年（737）十二月，武惠妃病重，唐玄宗李隆基决定去骊山过冬时，第一次遇见杨玉环。只是皇家一次例行的谒见，却让一个五十多岁的皇帝和二十岁出头的儿媳订下了山盟海誓。

至德二年（757），在数千名精骑的簇拥下，从成都准备返回长安的太上皇李隆基取道凤翔东行。约莫走了三天，来到了咸阳兴平的马嵬驿，他铭心刻骨、昼思夜想的地方。驿站犹在，佛舍犹在，梨树犹在，可"马嵬坡下泥土中，不见玉颜空死处"。

玄宗之后近半个世纪，元和元年（806），三十五岁的盩厔县县尉白居易作了一首叙事诗《长恨歌》，以极富想象力的笔调，描写唐明皇终夜不眠，看着宫前萤火虫飞来飞去，阶下落叶也无心找人打扫的情景。这样的忧恨缠绵，只会越陷越深，非人世间任何因素能舒慰。这首《长恨歌》也随之流传千古。但奇怪的是，当时在位的唐宪宗竟然默许了白居易写皇家爱情的行为。当时长安歌女以"我诵得白学士《长恨歌》，岂同他伎哉"自夸，并因此身价倍增。

这个皇帝和中国古代最优秀的宫廷舞蹈家之间的爱情，终止在了马嵬坡，一个很小的地方，在今陕西省咸阳市代管的县级市兴平市西北十公里的土原上。而他们的爱情开始于长安东边骊山一处叫"华清池"的皇家园林。骊山是历代皇家的行宫圣地，一个很教人不安分的地方，周幽王曾经在那里烽火戏诸侯。李隆基最爱的华清池，位于今西安市临潼区骊山北侧,东距西安三十公里。当旅游者乘火车或汽车前往临潼参观骊山及华清池时,应先注意四周黄褐色的泥土,黄仁宇先生曾经说,这种泥土与美国田纳西州一带耕地的土壤相似,它是中国历史展开过程中的重要因素。

3

安史之乱后,大唐帝国仍享国祚一百五十二年。

此后的唐王朝,在一个半世纪中努力重建,试图恢复盛世的辉煌,也一度让人看到希望的曙光,但是面对内外交困,最终无可奈何地走向了衰落、灭亡。中晚唐一百五十二年的历史中,唐王朝内部祸乱丛生,外部无力抵御周边势力的进犯,当时唐人引以为傲的长安更是数

△ 贵妃上马图 | 元 | 钱选 | 美国弗利尔美术馆藏

次沦陷。"国都六陷,天子九迁"的情况,更是成为中晚唐历史的一个真实写照。

然而,和国家面临的困境不同,安史之乱结束后,虽然唐王朝仍充满内忧外患,但国家自上而下,奢侈之风极度盛行,宴游、华服、美食、赌博、佞佛、乐舞等声色之乐甚至超过天宝开元之时。

《旧唐书·穆宗纪》说:"国家自天宝已后,风俗奢靡,宴席以喧哗沉湎为乐。而居重位、秉大权者,优杂倡肆于公吏之间,曾无愧耻。公私相效,渐以成俗。"李肇《国史补》卷下则说:"长安风俗,自贞元侈于游宴。其后或侈于书法图画,或侈于博弈,或侈于卜祝,或侈于服食,各有所蔽也。"

中晚唐女子的审美也充满了末世的放纵感。宪宗元和四年(809),白居易的《时世妆》写了一种中唐的"元和时世妆":"时世妆,时世妆,出自城中传四方。时世流行无远近,腮不施朱面无粉。乌膏注唇唇似泥,

仕女图│唐│佚名│新疆阿斯塔那墓出土

双眉画作八字低。妍媸黑白失本态，妆成尽似含悲啼。"

十年后，穆宗长庆年间（821—824年），女子的头饰不但越加浮夸，金碧珠翠，又出现了更加怪异的"血晕妆"：将眉毛剃去，再在眼上下画几道血痕一般的装饰。《唐语林·卷六》就记载："长庆中，京城妇人首饰，有以金碧珠翠，笋栉步摇，无不具美，谓之'百不知'。妇人去眉，以丹紫三四横约于目上下，谓之'血晕妆'。"这种加倍的奢靡，伴随着血色的妆容，散发着颓废和及时行乐的末世心态。

中晚唐的士人在经历党争、藩镇之乱、宦官当权之后，也消磨了建功立业的壮志理想，急于补偿失去的欢乐，在世俗欲望的满足中获得慰藉。从皇族到平民，唐人的求仙向道之风极盛。清代历史学者赵翼《廿二史札记》卷十九"唐诸帝多饵丹药"条载,中晚唐的几个皇帝宪宗、穆宗、敬宗、武宗、宣宗,皆是服丹药中毒而死。

到了唐代中后期,唐代贵族服食丹药越加浮夸,白居易的《思归》诗就曾经写过他知道的服食丹药而死的诗人:"退之(韩愈)服硫黄,一病讫不痊。微之(元稹)炼秋石,未老身溘然。杜子(杜牧)得丹诀,终日断腥膻。崔君(崔玄亮)夸药力,终冬不衣棉。或疾或暴夭,悉不过中年。"

就在这样末世感十足的社会生活里,唐王朝终于走到了末日。

天复四年(904)正月,黄巢降将出身的宣武节度使、梁王朱温,挟天子以令诸侯,劫唐昭宗李晔迁都洛阳。朱温"令长安居人按籍迁居,彻屋木,自渭浮河而下"(《旧唐书·昭帝本纪》,天祐元年),使长安沦为废墟。

唐长安城留于后世者,仅剩残垣断壁和若干城墙遗迹。

唐帝国最后一个皇帝哀帝(或称昭宣帝)李柷先被降为济阴王,迁于开封以北的曹州(今山东菏泽),安置在朱温亲信氏叔琮的宅第,后又被废除帝位。由于太原李克用、凤翔李茂贞、西川王建等仍然奉"天祐"正朔,不承认梁朝,朱温担心各地军阀的拥立会使废帝成为身边的定时炸弹,就一不做,二不休,于后梁开平二年(908)二月二十一日将十七岁的哀帝鸩杀。

至此,建国二百八十九年(618—907年)的大唐帝国一去不返。

4

作为一个舶来品,"中世纪"一词是15世纪后期欧洲人文主义者开始使用的。这个时期的欧洲,从"文艺复兴"中衰落,没有一个强而有力的政权来统治,传统上认为这是欧洲文明史上发展比较缓慢的时期。

而当"中世纪"这个词出现在中国史及其相关叙述中的时候，被默许指代7世纪至10世纪的隋唐时代，尽管学界对这一学术名词的"拿来主义"持质疑态度。日本文史家内藤湖南就在《概括的唐宋时代观》一文中说："唐代是中国中世纪的结束，宋代则是中国近代的开始。"

美国汉学家、哈佛大学东亚系和比较文学系教授宇文所安（Stephen Owen）先生的中唐文学文化论集，也取名为《中国"中世纪"的终结》（*The End of the Chinese "Middle Age"*），估计宇文先生料到此种提法会有误会，故用了引号。

或许，"中世纪"这个名称是宇文先生的策略，是一个汉学家不同的思维方式和视野。在我看来，"中世纪"的"中"字用到唐朝，却是恰如其分。中者，中兴也。唐，这个中国历史中最能引人遐想的历史片段之一，无论我们从哪个角度进入，都会有陌生的新鲜感。既然这个词来到了中国，不妨给予它一个中国的身份。

更遑论欧洲从中世纪进入文艺复兴时期，和中国从唐到宋的转型，其中的转化可以比较。英国学者赫伯特·乔治·韦尔斯（Herbert George Wells）在《世界史纲》（*The Outline of History*）中比较欧洲中世纪与初唐、盛唐的差异时说："当西方人的心灵为神学所缠迷而处于蒙昧黑暗之中，中国人的思想却是开放的，兼收并蓄而好探求的。"

我喜爱的作家红柯说过："我们从远古开始建造庄园、城堡和城市，却不相信地球是宇宙里的飞行物，是长翅膀的神鸟。"

没有想象的历史，并不能算是真的历史。

5

关于唐帝国的消亡，陈寅恪指出："自咸通以后，南诏侵边，影响唐财政及内乱，颇与明季之'辽饷'及流寇相类，此诚外患与内乱互相关系之显著例证也。夫黄巢既破坏东南诸道财富之区，时溥复断绝南北运输之汴路，藉东南经济力量及科举文化以维持之李唐皇室，遂不得不倾覆矣。"（见陈寅恪《唐代政治史述论稿》下篇）

在唐史学者陆扬看来，唐帝国的消亡具有一种"突然性"。他在2010年北京大学中古史中心有一个题为"唐帝国为何会瓦解"的讲座，他认为，唐帝国在9世纪末瓦解的时候，曾经对唐代最具威胁的周边许多政权逐步退出历史舞台，就外部环境而言，唐帝国尚有很大的生存空间。从内部来看，宣宗跟懿宗时代，几乎所有的藩镇，包括传统上认为是被武人掌控的那些藩镇，几乎都是文官政治，基本解决了长期以来藩镇的武人控制问题。

伴随唐帝国消亡的，还有隋唐新建的长安城。

天祐三年（906）以后，长安不再成为中国的国都。帝国的重心逐渐移至东边，中国开始了蓝色的大洋梦，东南区域以其土地肥沃、水道交通便利而更有吸引力。所以唐朝之后的历史中，几乎所有的王朝都采取一种南北为轴心的战线，与长安渐渐远隔。

今天，当我们穿过长安的躯壳西安，伸手抚摸一下眼前这粗糙、沉睡的四方城城砖，心里就莫名地温暖而踏实了，尽管唐朝的长安城墙是夯土筑造的，仅在城门部分有城砖包裹。我们的内心只要泛起愁思，我们仍会以春江花月夜的艳丽或《霓裳羽衣曲》的飘逸不断穿越历史，相望那个绕梁千年的江湖绝唱。

曾经，一个王朝的风花雪月主宰了那个叫长安的城市转瞬即逝的春秋，诗歌的漂泊带来了哀愁、天才、江山和美人，还有挥之不去的思念。那些焰火、野草、王孙和驿站，以及大氅，最终成了乡愁。今天，这种乡愁仍在。

目录

前言 "中世纪"的乡愁 /1

第一章 唐人的世界
疆域 /3

士族 /7

文官系统 /11

服制与丝绸 /15

低下阶层唐人 /19

水果 /25

交通与送别 /28

雅言及旅居者 /32

中日第一战 /36

第二章 夜宴
宫廷宴席 /41

进士宴 /46

艺术家李隆基 /50

艺人 /54

士人的夜宴 /58

狎妓 /61

杜秋娘 /65

仕女宴及烧尾宴 /67

饮酒 /71

夜禁 /75

第三章　从扬州到长安

扬州梦 /81

扬州瘦马 /83

扬州到长安 /86

东都洛阳 /88

益州成都 /91

广州港 /95

杭州 /99

坊市 /102

商业社会 /104

第四章　胡人的唐

西市 /109

突厥人 /111

时尚 /115

萨珊波斯 /118

胡商与宝物 /123

胡姬 /128

西出阳关 /130

王玄策 /132

怛罗斯之战 /135

国际化的气场 /138

第五章　帝国时代的庄园

乡里 /145

律令 /147

税与兵役 /149

四时 /151

庄园与别业 /156

奴婢与豪强 /160

儿童 /162

第六章　女人在她们的时代

三个女人 /171

窦皇后 /174

长孙皇后 /175

女人的胸部 /177

丰满与苗条 /180

上官婉儿 /183

女冠 /186

职业与妆容 /190

寡妇 /194

宫女 /196

第七章　少年游

少年心事 /203

二十七岁 /205

书与剑 /209

游侠 /213

从军 /218

薛仁贵 /220

爱情 /222

第八章　未能皈依的寺庙

法门寺往事 /229

长安的寺庙 /232

终南山 /237

胡寺 /240

雕塑 /242

印度僧人 /248

遥远的踪迹 /251

第九章　最后的长安

　　人间之都 /257

　　春天的慵懒 /260

　　坊事 /263

　　时间的流转 /271

　　帝国的冬天 /277

　　想象的碎片 /284

　　身份的焦虑 /287

附录一　7世纪至9世纪的唐代和世界 /293

附录二　二百四十九种唐史史料书目 /297

后记　一份唐代生活史的私家书单 /311

第一章 唐人的世界

疆　域

7世纪至10世纪，一个庞大的帝国出现在东亚大陆，这个中国历史上重要的朝代，因国君姓李，又称李唐。义宁二年五月二十日（618年6月18日），唐王李渊在逼隋恭帝杨侑（隋炀帝的孙子）禅位后，登极称帝，取代隋朝，建国号为"唐"，尊称大唐。

四天后，五月二十四日，杨侑的哥哥皇泰主杨侗，在洛阳被王世充、元文都、卢楚等拥立为隋朝皇帝。因此，唐朝成立的时候，中国是隋唐并立的局面，但洛阳的政权能否维持，相当值得怀疑。很快，唐帝国便攻陷了洛阳。这个江山初定的帝国，直到发生玄武门事变的武德九年（626），仍处于征战中。两年后，贞观二年四月二十六壬寅日（628年6月3日），朔方人梁洛仁杀夏州割据势力首领梁师都，归降唐朝，唐朝才统一全国。新生的帝国以极其强势的征战迅速地成长，如同拔节生长的竹子。又过了两年，贞观四年（630）二月，李靖等大将统率唐军灭东突厥。

玄武门事变发生在626年7月2日，也就是大唐武德九年的六月初四。这一天，长安城已经进入盛夏，酷暑难耐的人们发明了"冷淘"，类似凉面（俗称过水面）的食品，在宫中和民间开始普及。这种凉面在唐代被称为"槐叶冷淘"。唐制规定，夏日朝会燕飨，皇家御厨大官（也作"太官"）供应给官员的食物中要有此味，可见其原为宫廷食品。其制法大致为：采青槐嫩叶捣汁和入面粉，做成细面条，煮熟后放入冰水中浸漂，待其色鲜碧，然后捞起，以熟油浇拌，放入井中或冰窖中冷藏。

△ 槐花

△ 槐实

食用时再加作料调味，即成令人爽心适口的消暑佳食。

在唐代，槐树与柳树并称"槐柳"，无论在唐人诗文中还是生活中，槐树的地位不亚于柳树，在唐长安城的大街两边，广泛种植槐树。一些广场上列槐树数百行为队，没有任何房屋，人们在槐树下聚会休闲。时至今日，槐树成为西安的市树。

而唐帝国最著名的皇帝李世民最为人称道的"贞观之治"，实际上最大的功绩便在于稳固了帝国的国祚。贞观初期，洛阳以东直至沿海，"萑莽巨泽，茫茫千里，人烟断绝，鸡犬不闻，道路萧条，进退艰阻"（《贞观政要》卷二《直言谏争附》）。全国人口锐减，政府掌握的户口仅二百多万户，不到隋盛时八百九十多万户的三分之一。加上贞观元年（627）关中歉收，每斗米值绢一匹，到了贞观四年（630），"天下大稔，流散者

▷ 唐太宗立像｜唐｜佚名｜台北故宫博物院藏

第一章　唐人的世界

咸归乡里，米斗不过三四钱。终岁断死刑才二十九人。东至于海，南极五岭，皆外户不闭，行旅不赍粮，取给于道路焉"（《资治通鉴》卷一九三）。

15世纪后期，李世民的崇拜者、据说有严重口吃的明宪宗朱见深为《贞观政要》作序，一开头就说："朕惟三代而后，治功莫盛于唐。而唐三百年间，尤莫若贞观之盛。"他在分析贞观之治产生的原因时，写道："诚以太宗克己，励精图治于其上，而群臣如魏徵辈感其知遇之隆，相与献可替否以辅治于下。君明臣良，其独盛也宜矣。"到了18世纪，历史上最喜欢作诗的皇帝清高宗弘历归纳道，良好的君道在于知人和安民，这是千古帝王治世之要道。贞观君臣不仅做到了屈己纳谏与任贤使能，还注意恭俭节用与宽厚爱民，所以贞观君道能呈现空前绝后之繁盛，为历代帝王君道之冠。

此后，唐帝国开始了二百多年的统治，设首都于长安，随后又以东都洛阳和北都太原为陪都，与长安合称"三都"，其中的长安和洛阳又被称为"西京"和"东京"。在其鼎盛时的公元7世纪，中亚的绿洲地带亦受唐支配，一度建立了南至罗伏州（今越南河静省）、北括玄阙州〔今俄罗斯安加拉河（Angara River）流域〕、西及安息州〔今乌兹别克西南部大城布哈拉（Bukhara）〕、东临哥勿州（今吉林通化）的辽阔疆域，国土面积达一千零七十六万平方公里。据保守估计，其鼎盛时期的天宝年间（742—755年），全国人口达八千万人之多，在历经安史之乱和黄巢之乱后，晚唐（9世纪末）人口仍保持在该数字。

唐朝也是继秦汉、隋以来，第一个不筑长城的统一王朝。

唐朝前后存世二百七十四年（618—690年，705—907年），传位二十一代。唐朝全盛时在文化、政治、经济、外交等方面都达到了很高的成就，是中国历史上的盛世之一，也是当时世界的强国之一。那时的新罗、高句丽、百济、渤海国和日本等周边属国，在政治体制与文化、律令等方面都受到唐朝的很大影响。

士　族

　　流离失所的人们刚刚接受只存在了三十七年的隋朝（581—618年）人的身份，便很快被时代的洪流裹挟，成为新鲜的唐人。这个新立的国家完全继承了统一南北朝的隋帝国的疆域、帝都、人才，甚至生活传统。除了众所周知的唐皇室和隋皇室之间千丝万缕的亲戚关系，唐太宗李世民还娶了隋炀帝杨广的女儿杨妃，杨妃为李世民生下了吴王李恪、蜀王李愔。而隋炀帝的皇后萧氏在唐贞观四年（630），李世民破东突厥后，也被迎回长安。宇文士及、封德彝、萧瑀、裴矩等隋朝的重臣，此刻也成为唐初的重臣。这些隋臣势力庞大，一度影响了唐太宗李世民的立储——杨妃的儿子吴王李恪，一人身兼杨隋、李唐和独孤氏三家之血脉，一度无限接近大唐帝国的皇位。

　　但这些出入唐代宫廷的达官贵人，只是帝国表面的势力，在他们的身后，则是曾经影响中国数千年历史进程的"门阀士族"。唐初士族延续南北朝士族门阀的辉煌，主要有四个地域集团，并各有所"尚"，也就是说，为了保证某种血统的纯净或某种利益的一致，婚娶都有固定的对象：山东士族尚姻娅，江左士族尚人物，关中士族尚冠冕，代北士族尚贵戚。李唐起自关中，唐政权中关陇士族最强，左右着唐初的政局，贞观朝大臣房玄龄、魏徵、李勣都争相与山东士族联姻。士族势力的强大，对皇权不利，唐太宗尤其不能容忍山东士族凌驾于自己所属的关陇士族之上。为此，他命高士廉等刊正姓氏，修撰《氏族志》，以李氏皇族为首，外戚次之，山东士族被降为第三等。李氏成为唐帝国第一大士族门阀，唐长安皇族宗室人口至少在三万人，到了开元、天宝中，宦官五千人至一万人，宫女约五万人，官奴婢约三万人，工匠乐户三万人至四万人，皇室及其服务人口大约十五万人。

　　有唐一代，李氏皇朝不断地抬举庶族，消弭士族对帝国的影响力，

△ 唐五学士图丨南宋丨刘松年(传)丨台北故宫博物院藏
画作描绘唐学士陆元朗、孔颖达、李玄道、房玄龄、苏勖五人燕居文会时的情景。

但收效甚微。河北崔、卢、李、郑等大族仍然坚持传统的家门风教，在婚姻上自矜高贵，这一点颇似欧洲的贵族。

1910年5月的一个上午，英国国王爱德华七世（Edward Ⅶ），这个有着"欧洲之伯"（Uncle of Europe）称号的国王出殡，在送葬的队伍中，有九位欧洲国家的帝王，五位等待继位的王储，四十多位皇室贵胄，七位皇后（其中三位是执政，余为帝王遗孀）。他们代表了几十个国家，但他们大都是亲戚，有着错综复杂的血缘关系。人们常用"蓝血"（sang bleu）来形容欧洲贵族，"蓝血贵族"源自西班牙王室。古老的西班牙人认为贵族身上流淌着蓝色的血液。那时古老的卡斯提尔（Castilla）贵族宣称自己的血统最为高贵、纯正。贵族常自豪地挽起袖管，展示自己雪白的小臂上清晰可见的蓝色静脉血管，这与肤色黝黑的摩尔人（Moro）大不相同。他们不从事体力劳动，所以肤白如雪，贵族由此显示自己与"劳动者"的根本区别。

台湾历史学家陈弱水曾经撰文，就《太平广记》卷三三二收录的《唐晅》（出自唐人陈劭《通幽记》）来探究唐代士族的婚姻与血统。《唐晅》的开端，是对唐家和张家婚姻状况的简单叙述：

> 唐晅者，晋昌人也。其姑适张恭，即安定张轨之后，隐居滑州卫南，人多重之。有子三人，进士擢第。女三人，长适辛氏，次适梁氏。小女姑钟念，习以诗礼，颇有令德。开元中，父亡，哀毁过礼，晅常慕之，及终制，乃娶焉，而留之卫南庄。

文中的唐晅是晋昌人，晋昌唐氏为中古陇西名族，崛起于十六国时期的凉州地区，远祖唐瑶是李暠建立西凉的重要支持者，后来在北魏、北齐、北周、隋朝政权，都有此族人士担任高官。在唐代初期和中期，晋昌唐氏仍然活跃。志怪小说集《冥报记》作者唐临（任官于高祖至高宗朝）和中宗朝宰相唐休璟，都出身这个宗族。至于张家，《唐囧》说张恭是安定张轨之后，张轨应是前凉政权的创建者张轨，张轨乃安定乌氏（今甘肃平凉）人，他和他的子孙在公元4世纪以姑臧（今甘肃武威）为中心，统治河西走廊七十多年，在当地拥有庞大的势力。

这些士族，只跟与自己有着同样显赫家世、历史的望族通婚，甚至连皇族都不屑一顾。《旧唐书》卷一四七《杜佑传·附杜悰传》记载，元和九年（814），宪宗为长女岐阳公主选驸马，"令宰臣于卿士家选尚文雅之士可居清列者。初于文学后进中选择，皆辞疾不应，唯悰愿焉"。宪宗选尚公主，士族子弟都以有病为借口推辞，由此可以清楚地看出唐代士族骨子里的骄傲。

然而，这些骄傲得连皇家婚姻都不愿接受的士族，在唐末遇到了数千年间罕有的打击。屡次科举均以落第告终的黄巢，以极其惨烈的手段报复了那些没有接受他的士族。据记载，当黄巢的军队进入长安的时候，"居数日，各出大掠，焚市肆，杀人满街，巢不能禁。尤憎官吏，得者皆杀之"，而且就在入宫前一天，"黄巢杀唐宗室在长安者无遗类"（《资治通鉴》卷二五四）。

天祐二年（905）二月，唐王朝的终结者朱温对李唐宗室诸王大开杀戒。他命心腹蒋玄晖邀请昭宗之子德王李裕、棣王李祤、虔王李禊、遂王李祎、景王李祕、祁王李祺、琼王李祥等九人，在洛苑的九曲池旁摆下酒宴，将九王一一灌醉，然后用绳子勒死，尸体则扔进九曲池里。同一年，谋士李振——撒马尔罕安国人，同时是一位连续不第的士子——对朱温说："此辈自谓清流，宜投于黄河，永为浊流。"朱温笑而从之，于滑州白马驿（今河南滑县境内），一夕尽杀左仆射裴枢、静海军节度使独孤损、右仆射裴贽、右仆射崔远、吏部尚书陆扆、工部尚书王溥、守太保致仕赵崇、兵部侍郎王赞等"衣冠清流"三十余人，投尸于河，史称"白马之祸"。

李振因此事被唐人视为"鸱鸮"（古书上指猫头鹰，传说它闻到人快死了就开始叫，被认作不祥之鸟）。李振也作为后梁的大臣而荣耀一时，直到后唐庄宗李存勖灭梁，他变节投降，但不被接纳而身死。

纠结着流品、科名、门第、婚姻、血统的士庶之争，在唐末绵延的杀戮中得到解决，士族的辉煌时代也随着大唐王朝的消亡逐渐式微。

文官系统

士族门阀出身的李唐皇朝开创了中国历史上最完备的文官系统，这种制度不仅使古老的帝国运转有序，也对后世乃至当代的文官制度产生了重要影响。

文官系统运转的机制是中枢制度，也就是三省六部制，而官员的官阶从正一品到从九品多达三十阶。唐朝规定每年冬季对文官进行一次考核，凡属吏部考功司考核的文官，在考核前必须做好充分的准备。考核标准分为"四善"（德义有闻、清慎明著、公平可称、恪勤匪懈）和"二十七最"，根据不同的官职和职掌提出不同的考核才能的标准。此外，官员升迁也有一套系统，唐政府规定，京官五品以上，台省官及地方都管、刺史在任内须经三次年考，六品以下官吏及县令须经四次年考，才有资格参加文官的铨叙，历年考核成绩的累计，方是文官铨叙和迁转的主要依据，庞大的帝国机器正是依赖如此完整的系统才得以运转。

科举制度则是世界上最早的文官考试选拔制度，这一制度创于隋朝，在唐朝确立和完备。取士之科不像明清考八股文，而是分秀才、进士、俊士、明经、明法、明书、明算等科，其他医、卜、星、相、琴、棋、书、画均可登科，其中以明经科及专以诗赋取士的进士科最为士流所重。唐代进士录取人数少则几人，多则三四十人，科举的应试资格不是一层层

△ 仿韩滉七才子过关图 | 清 | 丁观鹏 | 台北故宫博物院藏

考试上来，而是要有"文名"。当时有一种名为"求知己"的风气，也叫行卷，就是应试的举子将自己的文学创作加以编辑，写成卷轴，在考试以前送呈当时在社会、政界和文坛上有地位的人，请求他们向主司即主持考试的礼部侍郎推荐，从而增加自己及第的希望的一种手段。唐人薛用弱《集异记》记载，王维曾由岐王李范引荐而向太平公主行卷，深受赏识，由此夺魁。

参与这种文官选拔考试的，除了唐人，还有胡人和遣唐使。《全唐文》卷七六七陈黯《华心》一文有记载："大中初年（847），大梁连帅范阳公（指汴州刺史、宣武军节度使卢钧）得大食国（指阿拉伯帝国）人李彦升，荐于阙下。天子诏春司（指礼部主试官）考其才。二年以进士第，名显然，常所宾贡者不得拟。"据北宋人钱易《南部新书》卷三记载，自大中年始，礼部每年发榜公布的录取名单中，都会有两三个姓氏稀僻的"色目人"（又称"榜花"）。因科考而名垂史册的则是一个日本人和一个新罗人。开元年间，日本遣唐使阿倍仲麻吕（汉名朝衡，或作晁衡）就参加了科举，一举高中，担任左春坊司经局校书，后来官至秘书监、安南都护，死在唐朝。乾符元年（874），新罗人崔致远参加科举考试，一举及第。他游宦大唐十余年，著作颇丰，回国后状进于唐者达二十八卷之多，被誉朝鲜半岛的启蒙人物。

在西方，英国是最早形成文官系统的国家，而东印度公司（British East India Company）职员任用制度成为英国文官选拔制度的开始，此一制度的形成，便有着中国科举的影子。1854年7月，英国议会派遣麦考莱（Macaulay）等三人组成委员会调查东印度公司任用制度。委员会提交了著名的《麦考莱报告》（The Macaulay Report）：职员任用须经公司竞争考试，以牛津、剑桥两大学的课程为标准，考试及格后再受训二年，期满按成绩分配工作。这一报告影响至深，英国行政部门流行的"通才教育"传统可追溯于此。其实，东印度公司的改革还源于中国人的建议，

◁ 唐三彩文官俑—日本东京国立博物馆藏

东印度公司因在广州的公司人员的建议，先后在英国设立学校（1806年）训练行政人员，经考试后派印度任职。

即使有如此完备的文官系统，唐代仍然避免不了冗官的产生，这也是这套文官系统最大的弊病，后世中国基本沿袭了唐代的文官体系，冗官问题也一直影响到现代。据《新唐书·百官志一》记载："初，太宗省内外官，定制为七百三十员，曰：'吾以此待天下贤材，足矣！'"《旧唐书·曹确传》称"太宗初定官品令，文武官共六百四十三员"，较前者说的还要少。时隔一百六七十年，杜佑"建中中忝居户部，专掌邦赋"时所著《通典》的记载，已经是"都计文武官及诸色胥史等，总三十六万八千六百六十八人"。事繁官冗，导致职业良心和责任心的泯灭，唐帝国再也没有贞观朝、则天朝及开元、天宝时敢于担当的能官精吏，国家政治的运行逐渐走向根本无法挽救的败局。

服制与丝绸

为了巩固文官体系，唐朝为官员设置了严格区别的官服来体现这套系统的威严：三品以上紫袍，佩金鱼袋；五品以上绯袍，佩银鱼袋；六品以下绿袍，无鱼袋。官吏有职务高而品级低的，仍按照原品服色。如任宰相而不到三品的，其官衔中必带"赐紫金鱼袋"的字样；州的长官刺史，亦不拘品级，都穿绯袍。这种服饰制度，到清代才完全废除。

没有进官场的士子也有着独特的服饰：大多头戴幞头或席帽，身着

△ 春游晚归图（局部）| 宋 | 佚名 | 故宫博物馆院藏
图中官员身上所配为鱼袋。

白色圆领襕衫，有时外加半臂，系腰带，足着履。唐人小说《樱桃青衣》（《太平广记》卷二八一《梦六·梦游上》）叙述一位屡试不中的士人，行至一精舍中，听僧人讲道，倦而入梦，他梦见自己遇贵人，中举又娶妻，忽然梦醒时，"乃见着白衫，服饰如故"。这些登科未授官的士子，虽然仍是一袭白衫，但不久即飞黄腾达的可能性很大，因此进士及第的士人，被尊称"白衣公卿"或"一品白衫"。而一般官吏日常或宴客时，也穿白色圆领襕衫。

但唐代国运走到晚期，百病丛生，原来经常穿明亮轻快的白色袍的士人，到末世流行低调的黑色，喜欢穿紫绿、墨紫等毫无明朗气象的服色。而到了唐末叛兵起时，不论士庶，均穿上皂色衣服，可见着衣不仅仅是一种时尚，亦是一国之社会变化的直接体现。

实际上，唐代社会稳定之后，人们的服饰呈现多元化的发展，再加上胡服的引入，唐人的穿衣时尚名目极其繁多，而这也带动了纺织业的发展。出产于浙江绍兴的缭绫是一种精美的丝织品，铺在地上有白烟花簇雪的视觉冲击，用它做成"昭阳舞人"的"舞衣"，价值"千金"。唐朝博物学家、号称"天随子"的陆龟蒙在他所写的《纪锦裙》一文中，叙述了他见到的一件古锦裙，历史至少有三百年了。裙子前幅左边织有二十只势如飞起的鹤，每只都是折着一条腿，口中衔着草花；右面织有二十只耸肩舒尾的鹦鹉。两种鸟类的大小不一，中间布满了五光十色的花卉。

和我们后世的丝绸出于江南不同，唐代的北方才是丝绸主要产地。河南道仙、滑二州的方纹绫，豫州的鸡鹅绫、双丝绫，兖州的镜花绫，青州的仙文绫；河北道恒州的孔雀罗、春罗，定州的两窠绌绫；山南道荆州的交梭縠子，阆州的重莲绫；剑南道益、蜀二州的单丝罗，益州的高杼衫缎，遂州的樗蒲绫，都是花色绮丽的贵族使用的丝织品。

唐代著名的纺织品还有地毯。唐人把地毯称为"地衣"，室内仍以席为主，人们的主流坐姿仍然是席地而坐。席地坐不一定就是跪坐（正坐），还可以盘腿坐，古人称胡坐。普通人家地上铺有草席，尊贵人家才可能铺地毯。今天，世界上有超过一半的人口依然采用跪坐的生活方式，比如韩国、日本、印度，比如中亚和西亚（唐代的西域诸国）。

唐人秦韬玉的《豪家》描写了唐代豪门的生活场景："石甃通渠引御波，绿槐阴里五侯家。地衣镇角香狮子，帘额侵钩绣辟邪。按彻清歌天未晓，饮回深院漏犹赊。四邻池馆吞将尽，尚自堆金为买花。"那个时代，欣赏歌舞的时候，一定要先在地上铺一张地毯，由狮子造型的香兽压在四角，然后由舞伎在地毯上表演舞蹈。宋人洪刍在《香谱·水浮香》中记载："香兽，以涂金为狻猊、麒麟、凫鸭之状，空中以然香，使烟自口出，以为玩好。复有雕木埏土为之者。"香兽其实就是熏香炉。今天，日本奈良正仓院就保存有唐代皇帝送给日本皇室的毛制花毯。

日本作家辻原登在其历史小说《飞翔的麒麟》中记载了这样一个故事。花萼楼是兴庆宫中最大、最奢华的宴会厅，现在玄宗住在这里，并在此处理政务……地上交错镶嵌着黑白大理石，中间铺着一张巨大的椭圆形波斯地毯。这是为一年一度的大型晚会而专门从内务仓库拿出来的。这张地毯是太宗在位时，由萨珊王朝的波斯王库思老二世（Khosrau Ⅱ，《隋书》作"库萨和"）进贡的。它为丝绸面料，宽二十五米，长四十三米，上面装饰着很多金、银、宝石。地毯的图案是春天的庭园，上面有鲜花、果实、道路、小河和修道院等，被誉为"库思老之春"。以前，在萨珊王朝波斯国首都泰西封（阿拉伯语"Madain"）的王宫中，也曾铺有一张同样的地毯。这种代表着波斯文化精髓的"库思老之春"地毯，在阿拉伯人攻陷波斯后，被当作战利品，分割成四十厘米见方的小片，分给了一万名士兵。在巴格达市场上，每片售价二十万第纳尔（Dinar），相当于一个士兵二十年的收入。

△ 弈棋仕女图 | 唐 | 佚名 | 新疆阿斯塔那墓出土

但潮流似乎往往是逆向而动的，在绫罗绸缎风靡之后，逐渐有一些唐人流行穿布衣，其中最有名的是产自帝国遥远南疆桂林的桂布。"桂布"实际上是麻布，在文宗朝是流行一时的服装布料。唐佚名笔记《玉泉子》记载："夏侯孜为左拾遗，常着桂管布衫朝谒。开成中，文宗无忌讳，好文，问孜衫何太粗涩？具言桂管产，此布厚，可以御寒。他日，上问宰相：'朕察拾遗夏侯孜，必贞介之士。'宰相曰：'其行，今之颜冉。'上嗟叹，亦效着桂管布，满朝皆仿之，此布为之骤贵也。"一时间，长安城人皆着桂布。其中，最喜欢桂布的则是白居易，他写了一首《新制布裘》，赞叹自己新做的衣服："桂布白似雪，吴绵软于云。布重绵且厚，为裘有余温。朝拥坐至暮，夜覆眠达晨。谁知严冬月，支体暖如春。中夕忽有念，抚裘起逡巡。丈夫贵兼济，岂独善一身。安得万里裘，盖裹周四垠。稳暖皆如我，天下无寒人。"而且，桂布所做的衣服已经成了他生活中的最爱，其《枕上作》写道："腹空先进松花酒，膝冷重装桂布裘。"

低下阶层唐人

普通的唐人当然穿不起丝绸，低下阶层唐人穿的是用麻、毛织成的"粗褐"。初唐时期有一位诗僧，叫作王梵志。此人是唐代诗人中的异类，专写一些俚俗打油诗，用语直白。但其中很多诗，放在今天都是极其重要的史料。比如有一首《贫穷田舍汉》就提到了唐代普通农家的生活："贫穷田舍汉，庵子极孤恓……妇即客舂捣，夫即客扶犁……幞头巾子露，衫破肚皮开。体上无裈袴，足下复无鞋。"贫穷的老百姓，一般戴幞头巾子，穿粗褐衫，唐代有专门做幞头的罗，称为"幞头罗"。裈指合裆裤，一般当内裤穿。《急就篇》颜师古注曰："袴合裆谓之裈，最亲身者也。"但按敦煌文书的记载,有穷人直接把裈当外裤来穿的。

好一点儿的人家,幞头、汗衫、外袍、裈袴,再配一双皮靴,这就是典型的唐人装束了。新疆阿斯塔那唐墓出土的皮靴,鞋面用皮革,鞋内衬毡,麻线缝缀,显得非常结实。

对、领、腰、两、顶是唐人用于服装的一组量词,如敦煌契约文书中记载,"春［衣］壹对,汗衫壹领,褛裆壹腰,皮鞋壹两"(《康保住雇工契》),"鹤子皮裘壹领……紫绫履壹量","白绫袜壹量……独织紫绫壮袄子壹领……紫罗庐山冒(帽)子壹顶"(《沙州僧崇恩处分遗物凭据》)。春衣一对即一套,包括上衣下裳。如果光是上衣,则以"领"为计算单位;袴、裙、褛裆之类用"腰",或简写为"要";鞋袜必须成双,用"緉",通常简写为"两",也有俗写为"量"者;帽子用"顶"。另外,有时甚至包括鞋子在内的所有衣服,凑成一整套,也可称为"壹对"(《李员昌雇工契》)。

刘禹锡《为京兆韦尹降诞日进衣状》写得更清楚一些:"衣一副四

△ 三骏图 | 元 | 任仁发 | 美国克利夫兰艺术博物馆藏

事：黄折造衫一领，白吴绫汗衫一领，白花罗半臂一领，白花罗袴一腰。"一套衣服共四件，分别是衫、汗衫、半臂及袴。降诞日实际上就是皇帝生日，刘禹锡这篇文章是代韦姓京兆尹在皇帝寿辰上礼时写的清单贺词。

然而，对于唐人的居所、建筑、宫殿、楼台、城墙，今天已经难以见到实物了，唐人留于后世者，除了冠绝百世的唐诗、唐传奇，就是汗牛充栋的典籍文卷了。唐代是一个手抄本的时代，法国汉学家保罗·伯希和（Paul Pelliot）和英国汉学家马尔克·奥莱尔·斯坦因（Marc Aurel Stein）在敦煌发现的唐代佛经写本，几乎全是卷轴式的文书手卷。那个如日中天的帝国，有着瑰丽的都城、繁华的集市以及庄园，但留下的实物除却陪葬的明器（冥器），便是纸质的文书手卷和画作，战争的灾难，实在令人叹息。

贞元十九年（803），白居易为校书郎，租用住宅为"茅屋四五间，一马二仆夫"，"窗前有竹玩，门外有酒酤"。居住条件都较为简单，堂

第一章 唐人的世界

△ 稻　　　　　　　　　　△ 粟

室不分。北方住宅大多为夯土垣墙，木屋架上覆以茅草，覆瓦的住宅则属于富人。从敦煌壁画和其他绘画中可以看到，唐代贵族宅第的大门采用鸟头门形式，宅内以回廊组成庭院，通常在两座主要房屋之间用有直棂窗的回廊连接为四合院。至于乡村住宅则不用回廊而以房屋围绕，构成平面狭长的四合院；此外，还有木篱茅屋的简单三合院，布局比较紧凑，草堂三间，中间前檐敞开，用两柱，两边间隔为室，室前后檐都开窗，窗下墙为编竹抹泥，窗用纸糊，窗外杂植花木。

至于饭食，唐代北人以粟米饭为主，南人以稻米饭为主，后世的中国，小麦一统北方，成为极其重要的粮食，但在唐代，还是粟米的天下。粟米便是小米，唐人熟悉的称呼还有黄粱。唐人沈既济《枕中记》载，有一个卢生在邯郸旅店中昼寝入梦，历尽富贵荣华，一觉醒来，主人黄粱尚未熟。日本作家芥川龙之介据此写过短篇小说《黄粱梦》："道士吕翁依然坐于枕畔，店家煮的黄米饭尚未熟。卢生揉揉眼睛，大大打个哈欠，离开青瓷枕。太阳照在木叶尽脱的秃枝上，邯郸的秋日傍晚，毕竟有些凉意。"

南人则热衷于吃青精饭，将杜鹃花科的灌木南烛枝叶捣碎出汁后，用来浸泡大米，蒸熟后又晒干，米粒便成了青色。道士说这种饭是滋补养气的，以至人人抢食，青精饭成为当时的常备食品。

相对而言，贵族的饮食要考究得多了，夏天有用水晶饭（糯米）、龙睛粉、龙脑末（冰片）、牛酪浆调制后放入冰池冷却的清风饭，日常尚有将肉丝、鸡蛋等杂味汤汁浇到黄米饭上的"御黄王母饭"。菜品则分三等，上等乃皇家及门阀大宴时的菜品；中档菜有隋代流传下来的鱼干脍、咄嗟脍、浑羊殁忽、金齑玉脍，以及白沙龙、炙、串脯、生羊脍、飞鸾脍、红虬脯、汤丸、寒具、昆味、撺双丞、葫芦鸡、黄金鸡、族味、鲵鱼炙、剔缕鸡、羊臂、热洛河、菊香齑、芦服、含凤、石首含肚、清风饭、无心炙等；低档菜是一些大众食品，有千金圆、乌雌鸡汤、黄耆羊肉、醋芹、杂糕、百岁羹、鸭脚羹、酉羹、杏酪、羊酪、黄儿、黑儿、防风粥、神仙粥、麦饭、松花饼、长生面、面茧、五福饼、消灾饼、古楼子、赍字五色饼、玉尖面、细供殁忽羊羹等。

其中的杂糕，是孙思邈建议的制作法，即将猪肚、猪肠内填淀粉、肉末，配制花椒、茴香、肉桂等调味药品。后来店家把孙思邈所赠药葫芦悬挂在店门口，杂糕也有了俗名，叫"葫芦头"。今日在西安，除了有羊肉泡馍，尚有"葫芦头泡馍"。葫芦头，即猪大肠与小肠连接处的肥肠，因其熟后收缩状似葫芦头，故名。葫芦头泡馍即以此段肥肠与掰碎的饦饦馍加其他辅料、调料，用滚沸的肉汤泡（浇泡）制成。

饭余，唐人尚喜欢饮茶，"茶兴于唐，盛于宋"。和我们今天喝的茶不一样，唐人饮用的是茶饼，饮用时，先将茶饼放在火上烤炙。然后用茶碾将茶饼碾碎成粉末，再用筛子筛成细末，放到开水中去煮。煮时，水刚开，水面出现细小的水珠像鱼眼一样，并"微有声"，称为一沸。

△ 撵茶图 | 南宋 | 刘松年 | 台北故宫博物院藏

此时加入一些盐到水中调味。当锅边水泡"如涌泉连珠"时，为二沸，这时要用瓢舀出一瓢开水备用，以竹筴在锅中心搅拌，然后将茶末从中心倒进去。稍后，锅中的茶水"腾波鼓浪"，"势若奔涛溅沫"，称为三沸，此时要将刚才舀出来的那瓢水再倒进锅里，一锅茶汤就算煮好了。

唐人饮茶尚需就着茶点相送，这些茶点名目繁多，美味异常，有粽子、馄饨、面点糕饼等常见的小食。还有一些今天不常见的，比如蒸笋，放在一个小瓦罐中，与饭同蒸；消灵炙，是一种很特殊的食物，它用料只取羊腿肉的四两（最精华的部分）制成；小天酥，是一种用剁成碎粒的鸡肉或鹿肉拌上米粉炸成的食物。

今天的中国，茶虽然为国饮，但只是作为一种饮料，倒是英国人的下午茶颇似唐代饮茶，有茶点相伴。传统英式下午茶总是在三层银盘上摆满令人食欲大动的佐茶点心，一般有三道精美的茶点：最下层是夹着熏鲑鱼、火腿、小黄瓜、美乃滋的条形三明治，第二层则放英式圆形松饼搭配果酱或奶油，最上层则是放置时节性的水果塔。

水　果

根据唐代阿拉伯商人苏莱曼（Sulaymān al-Tajir）等人的见闻所撰的《中国印度见闻录》（*Relation de la Chine et de L'Inde/Akhbār al-Sīn wa'l-Hind*），记载了唐人的水果："中国人的粮食是大米，有时，也把菜肴放入米饭再吃。王公则吃上等好的面包及各种动物的肉……水果有苹果、桃子、枸橼果实、百子石榴、榅桲、鸭梨、香蕉、甘蔗、西瓜、无花果、葡萄、黄瓜、睡莲、核桃仁、扁桃、榛子、黄连木、李子、黄杏、花楸核，还有甘露椰子果。"

其中一些水果，今天不再食用。枸橼，唐人陈藏器《本草拾遗》记载："枸橼生岭南。大叶，柑橘属也。子大如盏。味辛、酸，性温。皮，去气，除心头痰水，无别功。"《本草图经》曰："又有一种枸橼，如小瓜状，皮若橙而光泽可爱，肉甚厚，切如萝卜。虽味短而香氛，大胜柑橘之类。置衣笥中，则数日香不歇。"今天很少人知道枸橼可以食用，更多的是知道它作为一种药物提取枸橼酸。唐人刘恂《岭表录异》卷中记载："枸橼子，形如瓜，皮似橙而金色，故人重之，爱其香气。京辇豪贵家钉盘筵，怜其远方异果。肉甚厚，白如萝卜。南中女工竞取其肉，雕镂花鸟，浸之蜂蜜，点以胭脂，擅其妙巧，亦不让湘中人镂木瓜也。"枸橼有一股诱人的清香味，但是味道很酸，不好食用。然而，经过巧妙的加工之后，枸橼子马上身价倍增，一跃成为京城豪贵宴席上的珍品。历史上的南中指今天的云南、贵州和四川西南部。原来，当地女工采收后取果肉，雕镂水果的外形，用蜜渍降低水果的酸

△ 安息香 　　　　△ 龙脑香 　　　　△ 紫铆树

味,点染讨喜的红色,使其成为色彩绚丽、酸甜可口、香气袭人的美食。

榅桲,也就是木梨,鲜食时具有特殊的清香味,原产于中亚。《本草拾遗》记载:"榅桲,树如林檎(今沙果),花白绿色。"《唐于阗某寺某年阴历十月到次年元月支出簿》(1908年英人斯坦因在于阗发掘所获账册残页)记载了僧侣冬季作为副食品的干果消耗量,其中一条写道:"榅桲伍拾颗,四十五文。"榅桲在当时是价格较高的果品,寺院购进两批,一次供斋,一次供看灯官僚食用。今天,榅桲仍然是新疆手抓饭的重要作料,其味鲜美,被视为上等食品。而在内陆,榅桲一般不食用,而是作为嫁接西洋梨的砧木,但用它的果实做成的蜜饯榅桲则十分香甜。

至于睡莲的食用,恐怕是笔误,或者指称另外一种植物,我们知道,睡莲是作为观赏植物存在的。

花楸今天也是当作一种药用植物,但其外观非常美丽,果实是一串一串红色的晶莹小果子,俄罗斯人便非常喜爱花楸。普希金在《叶甫根

△ 香橼

△ 唐永泰公主墓壁画
右二女子手上所持为金桃。

尼·奥涅金》（*Yevgény Onégin*）中写道："我渴望见到另一番景象：我喜欢沙丘、小木屋前的两株花楸树、小门和破残的篱笆。"

胡人还带来了一些唐人没有见过的果树和香木。段成式《酉阳杂俎》里记载了许多外国树木，比如"出波斯国"的龙脑香树、安息香树、无石子、紫𬬻树、阿魏、婆那娑树、波斯枣、偏桃、盘砮㯶树、齐暾树、香齐、波斯皂荚、没树、野悉蜜（前集卷十八"木篇"），以及"生西国"的胡榛子，大食勿斯离国生长的果实重达五六斤的石榴树（续集卷十）。

其中最著名的水果则是唐贞观九年（635）十一月，康国撒马尔罕的使臣带来的金桃和银桃，这种桃子"大如鹅卵，其色如金"，李世民把它们种植在皇家苑囿中，最终有没有结果不得而知。但这种水果的确为后人带来了无尽的想象空间，薛爱华（Edward Hetzel Schafer）的经典著作《撒马尔罕的金桃：唐朝的舶来品研究》（*The Golden Peaches of Samarkand: A*

第一章 唐人的世界

27

Study of T'ang Exotics）就以这种水果来命名。康国还有一个非常好听的名字，叫萨末鞬，也写作飒末建。

交通与送别

开元十八年（730），漫游吴越江南的孟浩然在杭州建德新安江上泊船夜宿，写下诗句"移舟泊烟渚，日暮客愁新。野旷天低树，江清月近人"，一种安详静谧但又深沉怀远的乡愁扑面而来。强盛的国力和安靖的社会，使唐人很喜欢游历，尤其是唐代的文人，游历成风。他们的足迹遍布帝国的东西南北。当时的陆路交通以长安为中心，重要的交通干线东可达山东半岛，西北直通西域，西南可到南诏，东北自太原经幽州可到山海关以东之地，南下可到桂林、广州。

而当时，唐帝国还在黄河修建了中国帝制时代最长的大桥，也是黄河上最早的大桥——蒲津浮桥，这座纯铁建造的蒲津浮桥，渡口两侧各有四头铁牛，每尊铁牛重达八万斤左右，连同牵牛的铁人、固定船只的铁柱以及铁山、绞盘等物，耗用的生铁相当于唐朝年产铁量的百分之八十。到宋英宗治平年间，由于地震和黄河水患的同时破坏，铁牛掉进了水里，就发生了怀丙和尚捞铁牛的故事。

至于出行工具，则是有严格的规定，《新唐书》卷二十四《车服志》记载，天子、皇后、皇太子、王公才可以乘车，余皆以骑代车。普通的胥吏、商贾之妻、老者准乘苇軬车，就是用芦苇席子做车篷的车辆。商贾、庶人、僧侣、道士不乘马。同时，借着大运河、灵渠、广通渠、新漕渠等运河，帝国形成了一个庞大的水运网络，舟楫成了帝国重要的交通工具。

得益于帝国的马政，骑马成了贵族或有钱人最主要的出行方式，但

△ 西成归乐图 | 唐 | 韩滉（传）| 美国弗利尔美术馆藏

对于普通农家，"一马伏枥，当中家六口之食"。所以，唐代平民的骑乘之物乃是驴。骑驴在唐代又称策蹇，贾岛"推敲"的典故就是诞生在驴背上。而鬼才诗人李贺留给后世的印象则是"恒从小奚奴，骑距驉，背一古破锦囊，遇有所得，即书投囊中"（李商隐《李贺小传》）。

在疆域广大的帝国，驿站星罗棋布。每个驿站中，除了驿马，还有大量的驿驴，因此唐朝的租车业——"赁驴"是很普遍的。日本僧人的记载是"五十文一天"。《通典》卷七述唐开元年间以长安、洛阳为中心的陆路交通景况："东至宋、汴，西至岐州，夹路列店肆待客，酒馔丰溢。每店皆有驴赁客乘，倏忽数十里，谓之驿驴。南诣荆、襄，北至太原、范阳，西至蜀川、凉府，皆有店肆，以供商旅。远适数千里，不持寸刃。"一千多年以后，毛驴仍然是北方地区重要的交通工具。1937年6月26日，梁思成、林徽因骑着毛驴来到山西五台山脚下的豆村，在那里发现了中国最有分量的唐代建筑佛光寺。

有驿站，便会有驿馆，唐代的大驿馆相当于今日之星级酒店。当时天下最有名的驿馆是褒城驿。这座驿馆，厅堂庭廊极其宏丽，厅外有池沼，可以泛舟，也可垂钓，闲来还可凭栏赏月，景色迷人。唐人李肇写的野史《唐国史补》卷下记载了这样一则故事。江南有一个驿吏，请新到的刺史去参观一处驿馆。他先带刺史进酒库，看到各色美酒一应俱全，其外画一神曰杜康。又带刺史进茶库，见各地名茶应有尽有，复有一神曰陆鸿渐（陆羽）。最后又来到菹库，则是腌制好的各种酱菜，香味扑鼻，亦有一神曰蔡伯喈（蔡邕）。结果惹得刺史大笑道："不必造神。"参观后，这位刺史赞不绝口，十分满意。

庞大的帝国、完善的交通体系和大量喜欢壮游的文人，构成了帝国旅途最主要的场景，因此唐人的诗歌中，往往有着一种深深的寂寞，这种寂寞便是乡愁。而送别，则成了帝国最惆怅的礼仪。盛唐送别第一伤心地乃是咸阳，当时的咸阳，叫渭城，隶属京畿道。唐人送别，东至三十里灞桥，西至四十里渭城，折柳依依，举杯戚戚，曲终人散，别意无穷。出了咸阳便是向西的丝绸之路，路上要经过吐蕃人的领地，穿过沙漠和戈壁，远远望见一座关，便是玉门关了。唐诸王孙李贺（他自称宗室郑王李亮的后裔）曾经在这里写下"衰兰送客咸阳道，天若有情天亦老。携盘独出月荒凉，渭城已远波声小"的绝世名句。

在河南巩县诗人杜甫的眼中，在咸阳的送别则肃杀哀伤得多。咸阳桥横跨渭河两岸，为当时通往西域的大道。被征戍边的百姓经常要由此经过，大队人马卷起来的尘埃，簇拥着大片黄云朝前翻滚。整座咸阳桥在尘雾笼罩之下，兀自还未停息。杜甫见沿途草木枯黄，浮沙更多，走不多远，鞋袜里便装了不少沙土，身上衣冠也渐染成黄色。离都城长安这样近的所在竟是满目荒凉，使人感到风尘之苦。他想起那年因送孙宰出为华原县尉，曾来渭北。偶见暮云春树，怀念远隔江东的李白，往日情景，依稀如在目前。彼时，农村虽已凋敝，墟里炊烟犹映斜日，道旁高柳尚趁晚风。这一切，被杜甫记录在了他的律诗《兵车行》中："爷娘妻子走相送，尘埃不见咸阳桥。牵衣顿足拦道哭，哭声直上干云霄。"

据统计，唐代两千多位诗人，几乎每一位都写过送别诗。在那些传

△ 八达春游图 | 五代十国 | 赵喦 | 台北故宫博物院藏

唱不衰的唐诗中，有许多都是别离之作。南宋人严羽在《沧浪诗话·诗评》中说："唐人好诗，多是征戍、迁谪、行旅、离别之作，往往能感动激发人意。"武周时代，则天女皇召见了一位七岁的南海女子，命赋诗送其兄。女子"应声而就"："别路云初起，离亭叶正飞。所嗟人异雁，不作一行归。"连一个小女娃都有如此惆怅的送别之情，可见唐人的乡愁是多么绵长。黯然销魂者，唯别而已矣。

雅言及旅居者

怀着愁绪羁旅在帝国土地上的唐人，操着雅言行走在帝国的各个角落。

"雅言"是古代通用语言，相当于现在的普通话，后人将古汉语通用的上古音系称为"雅言"。汉语上古音指的是先秦两汉时期的语音，一般以《诗经》音为代表；中古音指的是两晋南北朝至隋唐几百年间的汉语通语语音，一般以《切韵》音为代表。

如同今天的人们尚未完全破解那把记载古代音律的工尺谱一样，对于唐代的官方语言至今没有定论，我们唯一可以知晓的是，当时影响力最大的地方语言有两种。其一乃北方雅言，有洛阳雅言、长安雅言两种通行。长安雅言是长安化的北方雅言，和现今西安话差别较大，法国人马伯乐（Henri Maspéro）著有《唐代长安方言考》（*Le dialect de Tch'ang-ngan sous les T'ang*）专门来探究唐代长安雅言。其二便是南方雅言，时有苏州吴音、金陵雅言、扬州吴音通行。

对于传统的中国来说，声音是一种很难传承的事物，和欧美语系的表音文字不同，汉语整体上是表意文字，通过象征性图形符号，表达语言中的词或者语素的意义，对于读音的传递则弱化很多。但欧美语系用数目不多的文字及字母便可表示一种文字里有限的音位或音节，从而标识词语声音，继而可以传承读音。数千年来，汉语不仅是读音，词语用法、句子结构等也都发生了很大的变化，因此，更多的唐音都蜷卧在今天中国各地方言的眉黛里，我们从一些和唐代有关联的方言中，都会寻到些许古音。

7世纪到9世纪，一口唐音雅言的人们会发现自己的国家异常辽阔壮远，唐人为了统治这庞大的疆域，在边疆设置了六大都护府，包括安西都护府、北庭都护府、单于都护府、安北都护府、安东都护府、安南都护府。

在这些都护府中，因为安西都护府掌管西域，安东都护府紧邻新罗，而备受唐人关注。在唐朝的外国留学生中，以新罗人为最多，而不是日本遣唐使或留学生。开成五年（840），结业归国的新罗学生一次就达百余人。8世纪到9世纪，在中国沿海地区形成了以新罗商人为主的新罗侨民的聚居区——新罗坊。9世纪上半叶来华的日本僧圆仁所撰的《入唐求法巡礼行记》中，保留了大量关于新罗坊的资料。据他记述，扬州、楚州、密州、海州、泗州、登州以及青州等地，都有新罗人居住。他们居住的街巷叫新罗坊，安置他们的旅店叫新罗馆或新罗院，各地并设有管理新罗坊的勾当新罗所，其职员、译员均由新罗人充任。据圆仁的记述，遍布在大唐的新罗人，务农者有之，煮盐者有之，经营私驿者有之，担任水手、导航者有之，造船者亦有之，他们大多长期居住，甚至终老在大唐。

在帝国的大城市中，尽管胡人带来的西域甚至欧洲器物、特产深得贵族的喜爱，但终因丝绸之路遥远艰难，货量不是很大，大多只是流入皇家、贵族和大商人的家中，对于唐人来说，常见的是新罗的物产。在唐代，新罗物产居唐朝进口的首位。新罗商人给唐朝带来牛、马、苎麻布、纸、折扇、人参等，从唐朝贩回丝绸、茶叶、瓷器。

但其中最著名也是最残忍的贸易，是贩卖新罗婢——唐朝的富豪之家，大都非常希望能够得到高丽、新罗国的少女作为贴身女婢、姬妾和演艺者。这些新罗美女和胡姬是帝国最著名的美人群体。据唐人苏鹗《杜阳杂编》卷中记载，敬宗宝历二年（826），浙（浙）东国贡舞女飞鸾、轻凤，"修眉黔首，兰气融冶，冬不纩衣，夏不汗体。所食多荔枝榧实、金屑龙脑之类……每歌声一发，如鸾凤之音，百鸟莫不翔集其上。及观于庭际，舞态艳逸，更非人间所有"。

薛爱华在《撒马尔罕的金桃：唐朝的舶来品研究》中讲述了贞观五年（631）的一件事。彼时新罗向唐太宗贡献了两名绝色的女乐人，她们楚楚动人的秀发就如同她们的音乐才能一样出众。唐太宗先是讲了一些诸如"朕闻声色之娱，不如好德"之类的格言，接着对站在一边肃立恭听的新罗使臣说他如何将林邑贡献给唐朝皇室的两只白鹦鹉送回了本土，最后，他郑重地宣布，这些美貌可爱的少女比外国来的鹦鹉更使人同情，所以必须将她们送回新罗。

高丽、新罗的奴隶贸易养活了大批黄海水域的海盗，也引起了朝鲜半岛政权的反对。长庆元年（821）三月，平卢节度使薛苹专门向朝廷报告海盗诖掠新罗"良口"，到平卢管界登、莱等州及缘海诸道卖为奴婢一事，称此前朝廷已有制敕禁断掠卖新罗人口，但是收效不著，请求唐穆宗特降明敕，"起今已后，缘海诸道，应有上件贼诖卖新罗良人等，一切禁断。请所在观察使严加捉搦，如有违犯，便准法断"。两年之后，新罗国使金柱弼进状，称禁卖令生效之后，新罗奴婢老弱者"栖栖无家，多寄傍海村乡，愿归无路"，请求唐朝发公文给诸道沿海州县，利用便船将他们送归新罗（《唐会要》卷八十六《奴婢》）。掠卖到唐朝境内的新罗奴婢数量是相当大的，武宁军小将张保皋来自新罗，他在离职归国之后，向哀庄王奏称"遍中国以新罗人为奴婢"。

唐太宗李世民昭陵前的十四国酋长、蕃王石刻像中便有一位新罗女

△ 统一新罗人物陶俑　　　　　　　△ 统一新罗女子俑

子——新罗乐浪郡王金真德。金真德是新罗王金真平之女，著名的新罗第一位女主——善德女王之妹，于贞观二十一年（647）成为新罗女王，加授柱国，封乐浪郡王。这位女王是一位文武双全的女子，在高宗永徽元年（650），率领新罗军队大败百济。似乎她也擅长文学，《全唐诗》卷七九七存有她的一首赞美唐朝的《太平诗》，开头写道："大唐开鸿业，巍巍皇猷昌。止戈戎衣定，修文继百王。"至于金真德的容貌，史籍并没有记载，估计和韩国电视剧《善德女王》中的女王扮演者李瑶媛一样，是一位皇家御姐吧！

中日第一战

在唐代，为了援助附属国新罗，中原王朝第一次和倭国（日本）有了战争记录，这也是"史书里有记载的中日第一战"。

永徽六年（655），高句丽与百济联合进攻新罗，新罗向唐朝求援。显庆五年（660），唐高宗派大将率水陆联军十三万人前往救援，大败百济，俘获其国王扶馀义慈。同年九月至十月，百济遗臣两次遣使日本朝廷，请求援助，并要求送还在日本做人质的王子扶馀丰璋。"大化改新"后的日本，开始由农奴制向封建制转化。为了转移国内守旧势力的锋芒和民众的不满，扩大在朝鲜半岛的影响，日本借机出兵朝鲜半岛。于是，朝鲜半岛的纠纷扩大为东亚地区的国际争端。

显庆六年（本年二月三十日以后改元龙朔，公元661年）正月，日本齐明女皇和中大兄皇子（后来的天智天皇，668年即位）亲赴九州岛，欲统兵渡海西征，但齐明女皇因旅途劳顿，于当年七月病死，出征计划被迫推迟。八月，中大兄皇子监国，令先遣部队及辎重渡海。九月，五千名日军护送百济丰璋王子归国即位。龙朔二年（662）正月，日本向百济赠送大批物资。同年五月，日本将军率舟师一百七十艘增援。日本本土则"修缮兵甲，各具船舶，储设军粮"，随时准备渡海作战。次年三月，日本又增兵两万七千人，唐朝也任命右威卫将军孙仁师为熊津道行军总管，统兵七千人进驻熊津城（今韩国公州）。五月至六月，百济君臣之间发生严重内讧，实力锐减。唐军与新罗军队乘机调兵遣将，于八月十三日包围了百济王所在的周留城（今韩国扶安）。至此，惨烈的白村江海战（又称白江口之战）拉开序幕。

龙朔三年（663）八月十七日，唐将刘仁愿、孙仁师与新罗王率陆军，团团围住周留城。唐将刘仁轨、杜爽与百济降将扶馀隆则带领战船一百七十艘列阵白村江口。八月二十七日，日本援军万余人，分乘战船

△ 职贡图（局部）| 唐 | 阎立本 | 台北故宫博物院藏

千艘，与唐朝水军不期而遇。记述朝鲜半岛三国新罗、百济、高句丽的正史，1145年由金富轼等以汉语编撰的纪传体史书《三国史记》中描述道："此时倭国船兵来助百济，倭船千艘停在白沙，百济精骑岸上守船，新罗骁骑为汉前锋，先破岸阵，周留失胆遂即下。"而《日本书纪》则记载，翌日，日军诸将与百济王商讨对策。他们倚仗兵力优势，妄言"我等争先，彼应自退"，遂未加整顿部署，"更率日本乱伍中军之卒，进打大唐坚阵之军"。结果，唐军"便自左右夹船绕战"，巧施包抄合击之术，致使日军立刻大败，"赴水溺死者众，舻舳不得回旋"。《旧唐书·刘仁轨传》记载："仁轨遇倭兵于白江之口，四战捷，焚其舟四百艘。烟焰涨天，海水皆赤，贼众大溃。"战后，百济王扶馀丰璋逃亡高句丽，残军尽皆投降，百济复国化为泡影。

新罗之外，据唐代政书《唐六典》记载，从唐初到玄宗开元年间，曾向唐朝朝贡，即与唐朝有过外交使节来往的"四蕃之国"有近四百个，其中"自相诛绝及有罪见灭者"三百余国，开元年间尚存者有七十余国。

有唐一代，留居中国的外族人很多，将相、官员、富商中的外族人也很多。以大臣和大将为例，突厥人有驸马、左骁卫大将军、毕国公阿史那社尔，右武卫将军阿史那思摩，驸马、都尉安国公执失思力，左卫大将军阿史那弥射，骠骑大将军斛瑟罗等；沙陀人有张掖郡公沙陀金山，永寿郡王沙陀辅国，骁卫上将军沙陀骨咄支，酒泉县公、金吾卫大将军沙陀尽忠，金吾卫大将军、阴山府都督朱邪执宜，检校太傅、陇西郡王李国昌（本名朱邪赤心），检校太师、晋王李克用等；回纥人有左骁卫大将军契苾何力，检校司徒、宰相、宁朔郡王浑瑊，朔方节度使、留侯浑释之，尚书左仆射、中书令、朔方节度使仆固怀恩，忠武军节度使、同中书门下平章事、司徒李光颜，刑部尚书、工部尚书、范阳郡公、武威郡王李光进，成德军节度使王庭凑，工部尚书、同中书门下平章事、太傅、太原郡开国公王逺；鲜卑人有太尉、齐国公、赵国公长孙无忌，同中书门下平章事元稹等；契丹人有成德节度使张孝忠，成德节度使李宝臣（本名张忠志），右玉铃卫将军、归诚州刺史、永乐县公孙万荣，云麾将军孙敖，右羽林大将军、蓟郡公李楷洛等，太尉、都统河南等五道行营节度使、临淮郡王李光弼还成为与郭子仪齐名的再造唐室的统帅；高丽、百济、新罗人有辽东大都督、平壤道安抚大使、玄菟郡公泉男生，诸卫将军高仙芝，兵部尚书、司空、霍国公王思礼，左武卫大将军、左羽林军检校黑齿常之等。

在唐朝统治的万花筒般的三个世纪中，几乎亚洲的每个国家都有人进入过唐朝这片神奇的土地。

第二章 夜宴

宫廷宴席

"只有弱者才睡觉",《时代周刊》(*TIME*)如是说。AC尼尔森(ACNielsen)进行的一项全球睡眠习惯调查结果显示,四分之一的中国受访者午夜之后才就寝,调查还表明,越来越多的人正成为夜生活的主力军。中国已经进入夜生活的黄金时代,中国人的口味和消费方式正在成熟。

林语堂在《生活的艺术》中指出,中国人对于快乐和幸福的概念是"温暖、饱满、黑暗、甜蜜"——实际上,中国人对于黑暗的夜晚有莫名的恐惧感和安全感。这种矛盾的情绪来源于两个方面。一方面是众多的宫廷政变和流血事件都发生在晚上,而在小说和民间传奇中,夜晚更是阴谋的孵化器;另一方面,夜晚成就了人们对隐私的渴望,躲在小小的明亮的家里,一任阶前点滴到天明。

作家曹乃谦有部小说集,名字叫《到黑夜想你没办法》——恐惧感和安全感交错的情绪往往带来欲望。于是,就有了夜宴。

一千三百年前,三月初三晚上,长安城南的曲江,灯火通明,飞埃结雾,游盖飘云。

三月初三在唐朝是公众假期,此时阳光明媚,百花盛开,和风微拂,水波荡漾,草木青翠,足以赏心悦目。在这一天,上自天子,下至百姓,都会来到曲江,所谓"举国盛游"。唐朝的皇帝会在这一天晚上大摆宴席,招待百官。《全唐文》卷六六八载有《三月三日谢恩赐曲江宴会状》一文,白居易在其中写道:"伏以暮春良月,上巳嘉辰,获侍宴于内庭,又赐欢于曲水。蹈舞局地，欢呼动天。况妓乐选于内坊，茶果出于中库。荣降天上，宠惊人间。"这一年是唐文宗大和九年（835），六十四岁的白居易老泪纵横，看的是皇家教坊的伎乐，吃的是供皇帝享用的茶果，有一种"战栗的幸福感"。

而帝王与妃嫔的内廷夜宴则更为常见，其中最著名的一次，唐人笔记《松窗杂录》中留有详细的记载："开元中，禁中初重木芍药，即今牡丹也。得四本红、紫、浅红、通白者，上（唐玄宗）因移植于兴庆池东，沉香亭前。会花方繁开，上乘月夜召太真妃以步辇从。诏特选梨园子弟中尤者，得乐十六色。李龟年以歌擅一时之名，手捧檀板，押众乐前欲歌之。上曰：'赏名花，对妃子，焉用旧乐词为？'遂命龟年持金花笺宣赐翰林学士李白，进《清平调》词三章。"据说，李白"欣承诏旨，犹苦宿醒未解，因援笔赋之"。于是留下了千古传唱的三首诗。第一首："云想衣裳花想容，春风拂槛露华浓。若非群玉山头见，会向瑶台月下逢。"

△ 合乐图（局部）| 五代十国 | 周文矩 | 美国芝加哥艺术学院藏

第二首："一枝红艳露凝香，云雨巫山枉断肠。借问汉宫谁得似，可怜飞燕倚新装。"第三首："名花倾国两相欢，长得君王带笑看。解释春风无限恨，沉香亭北倚栏杆。""云想衣裳花想容"一句更是成为后世形容女子百样美丽的用语。

宫廷夜宴对于出席的官员、贵族服饰也有着严格的要求："其诸亲朝贺宴会服饰，各依所准品，诸司一品、二品许服玉及通犀，三品许服花犀及班犀及玉，又服青碧者，许通服绿。"在欧洲的宫廷，尽管服装的区分没有这么严格，但是宫廷宴会时的礼服确是贵族约定俗成的定律。18世纪时，法国宫廷礼服，主要以丝缘、花边、丝绸、天鹅绒和淡色的花缎等制成。同时，用黑色天鹅绒的贴片代替以前的化妆面具和扑有香粉的头发或假发。男人戴黑皮和獭皮的三角帽，帽檐镀金或镶花边，并饰以鸵鸟毛。他们把头发或假发编成辫子，以黑色丝带系住，置于背后。带扣的鞋子上配有红色鞋跟。盛装时须穿灰白色的丝袜，平时则穿白色

△ 唐伎乐俑 | 美国大都会艺术博物馆藏

△ 唐加彩乐人俑 | 日本东京国立博物馆藏

毛袜。不难看出，无论是在唐代的宫廷，还是欧洲的凡尔赛宫（Chateau de Versailles），比帝王更有权威的主宰便是"礼法"，或称"礼仪"，就像歌剧院的芭蕾舞一样，举手投足都有明确的规定。

宫廷夜宴上必不可少的是极尽华彩绚丽的宫廷燕乐，这些乐舞名目繁多，唐初主要的"十部伎"以民族乐区分为：燕乐、清商乐、西凉乐、扶南乐（或天竺乐）、高丽乐、龟兹乐、安国乐、疏勒乐、康国乐、高昌乐。前二者为中原传统音乐，其他皆由外国传入。唐玄宗时因各民族文化逐渐融合，改从乐队演出形式来分类，有堂上坐奏型的"坐部伎"和堂下立奏型的"立部伎"。坐部伎的表演规模较小，舞者三人到十二人，舞姿典雅，服饰清丽，技艺精湛，用丝竹弦乐伴奏。立部伎一般在坐部伎演奏后再演，其阵容更大，舞者最少则六十四人，多则一百八十人，加以舞姿威武，服饰华丽，又用钲鼓伴奏，显得气势雄壮，场面宏伟。坐部伎主要乐曲有六首——燕乐（又分为景云乐、庆善乐、破阵乐、承天乐）、长寿乐、天授乐、鸟歌万岁乐、龙池乐、小破阵乐。立部伎主要乐曲有八首——安乐、太平乐、破阵乐、庆善乐、大定乐、上元乐、圣寿乐、光圣乐。

其中舞姿最柔美者，是属于"软舞"的《春莺啭》，一名女舞者头上簪花，身穿短衣长裙，帛带飘扬，舒展双臂而舞。舞者站在一花毯上起舞，娉婷月下步，罗袖舞风轻。据《教坊记》记载，这支舞蹈来自"晓声律"的唐高宗李治。一天清晨，高宗在闲坐时，听到黄莺鸣唱，十分动听，于是命宫廷音乐家、龟兹人白明达作了一首曲子，名为《春莺啭》，依曲编舞，由女子表演。此舞舞姿柔婉，唐人张祜《春莺啭》有"内人已唱《春莺啭》，花下傞傞软舞来"的诗句。

唐代的夜宴生活一般持续时间长，不到夜半不会散席，通宵达旦、彻夜喧饮的现象也极为常见。唐人夜宴多邀女性参加，其中更多的是挑选年少貌美者陪坐，这些女子穿着轻盈的帔和飘扬的披帛，配上由传统裙襦装改造形成的袒露装，在灯火之下变化多端。宴席之间，男女往往

第二章 夜宴

并肩而坐，看起来成对成双。当然，女宾有时也会被男客设圈套灌酒，弄得玉容半酣。《全唐诗》中，施肩吾的《夜宴曲》有云："碧窗弄娇梳洗晚，户外不知银汉转。被郎嗔罚琉璃盏，酒入四肢红玉软。"在唐代，称呼相熟悉的男子多以其姓加上行第（排行）或最后再加以"郎"呼之。例如，白居易呼元稹为"元九"，唐德宗曾呼陆贽为"陆九"。而称呼女子则多以其姓加行第再加"娘"呼之，例如"公孙大娘""李十二娘"等。这也是唐人夜生活的生动写照，可见其间的声色靡丽。

这一晚的曲江有彩舟巡游，有百啭流莺的歌声，有长袖飘逸的舞者，有顶竿钻火的艺人，有吆喝叫卖的商贩，整个曲江沉浸在欢乐之中。

进士宴

曲江夜宴的闻名，还在于这里是每年科举考试之后新科进士夜宴的地点。按照唐代的科举制度，进士考试在秋季举行，发榜则在下一年的春天。而这时的长安正是春风轻拂，鲜花盛开的季节。城东南的曲江一带春意更浓，正好是举行宴游的绝佳场所。进士发榜后，要举行许多活动：先向主考官谢恩，然后在期集院（亦称"期集所"，新科进士聚会的地方）进行聚会，进行点检文书，待过堂、关试后，就举行盛大的宴会欢庆活动。著名的宴会活动有大相识、次相识、小相识、闻喜、樱桃、月灯打球、牡丹、看佛牙、关宴等。

唐时新科进士尤重樱桃宴，他们高中发榜之际，正是长安樱桃成熟的时候，皇帝会在荐祖之后，大摆筵席，赏赐禁苑中的樱桃给新晋进士及大臣。王维《敕赐百官樱桃》诗云："芙蓉阙下会千官，紫禁朱樱出上兰。才是寝园春荐后，非关御苑鸟衔残。归鞍竞带青丝笼，中使频倾赤玉盘。饱食不须愁内热，大官还有蔗浆寒。"

△ 樱桃黄雀图 | 南宋 | 马世昌 | 台北故宫博物院藏

第二章 夜宴

芙蓉阙下举行樱桃宴，唐代诗人丘丹在回忆长安的四月时，就特别歌咏这件事："忆长安，四月时，南郊万乘旌旗。尝酎玉卮更献，含桃丝笼交驰。芳草落花无限，金张许史相随。"南郊即南苑，指芙蓉园。在四月初一这一天，皇帝率百官千骑，来南郊芙蓉园赐宴，盛满美酒的玉杯连续敬献，装有新鲜樱桃的丝笼不断送来。在这芳草铺地、落英缤纷的时节，君臣尝新饮宴，令人难忘。

新科进士也有自己举行的樱桃宴。唐末五代人王定保写了一本笔记《摭言》，详述唐代贡举制度，其中有一则故事。乾符四年（877），刘邺的三儿子刘覃及第，刘邺仗着自己是故相镇守淮南，嘱咐在京城为他管理家园的小官，可以出一锭银子让刘覃与其他新科进士凑钱办樱桃宴。但是，刘覃的花费是其父规定的几倍，管家把这事儿说给刘邺知道，刘邺让管家取足就是。正赶上荐新的时令，状元以下的人商议凑钱的比率，刘覃暗中派人花了大量金帛预购了几十株樱桃树。他独办樱桃宴，大量邀请公侯卿相。当时，京城里的樱桃刚刚上市，价格昂贵，但不怎么好吃。刘覃席间的樱桃堆积如山，拌以糖酪来化解初生樱桃的酸涩。其间有人需要，便让下人送一小盘，凡跟从人、驾车人，没有一个不沾光的。

流饮则是新科进士最风骚的群体活动。宴会期间，他们置杯酒于流水之上任其漂流，流至谁面前，则由谁饮酒作诗，众人再进行评比，这种文人酒会后来被冠以"曲江流饮"的名头而蜚声士林。这个形式的聚宴，有着深厚的历史，东晋永和九年（353），岁在癸丑，暮春之初，王羲之会江南文人骚客于会稽山阴之兰亭，曲水流觞，唱歌作诗，这件事被记载于王羲之所书的《兰亭集序》而名噪天下。

聚会除了上述的文雅方式，还有一些类似今天吃大排档、吹牛胡侃的形式。据五代人王仁裕《开元天宝遗事》卷二记载，进士郑愚、刘参、郭保衡、王冲、张道隐等十几人，"不拘礼节，旁若无人"，每年春天带着"妖妓"三五人，乘小犊车，聚集到曲江花木繁茂的一个角落，就草

△ 曲江图｜唐｜李昭道（传）｜台北故宫博物院藏

地而坐，脱去头巾帽子，开怀畅饮。其间，有人甚至赤裸狂笑，还有斗酒、大声喧呼等怪异行为，自称"颠饮"。这几个"大唐嬉皮"只是留下了名字，其后事不得而知，唯"家世殷富，驺僮布满山谷，皆纨衣鼎食"的郑愚青史有名，累官至尚书左仆射，有意思的是，这个"伤风败俗"的广东番禺"暴发户"，还当过礼部侍郎。

当然，这是专属成功者的宴会，对于没及第的士子来说，曲江的宴会只是让人惆怅。当年入京师长安赶考的江南举子，若无缘在曲江参加琼林宴，都要从咸阳的渡口坐船回家。天宝十二年（753），有一个叫张继的，登进士，然铨选落第。在归乡途中，船行至姑苏的一个夜晚，他苦闷惆怅，想起曲江夜宴的繁华，写下了千古名句"月落乌啼霜满天，江枫渔火对愁眠"。

艺术家李隆基

对于夜宴这种群体宴会最痴迷的人，除了唐朝的富人，当数皇帝本人了。唐朝许多皇帝对于夜宴乐此不疲，唐太宗李世民也概莫能免，他登基后第一年——贞观元年（627）的正月初三就夜宴群臣，并奏《秦王破阵乐》为自己的武功做总结。

当然这当中最有名的要数唐明皇李隆基。"金屋妆成娇侍夜，玉楼宴罢醉和春"，李隆基的夜宴生活是相当丰富的，至少从白居易留下的那首脍炙人口的《长恨歌》，我们可以想见李隆基和杨玉环曾经甜蜜地流连在华清宫的夜宴中："骊宫高处入青云，仙乐风飘处处闻。缓歌慢舞凝丝竹，尽日君王看不足。"

《剑桥中国隋唐史》（*The Cambridge History of China: Sui and T'ang China, 589—906 AD*）中是这样描写这个传奇皇帝的："唐代诸君主中

△ 仿李公麟明皇击球图（局部）| 清 | 丁观鹏 | 台北故宫博物院藏

在位期最长的玄宗帝是一位非常能干的统治者……他是一个悲剧中的英雄，他在执政开始时政绩显赫，但后来被野心和狂妄引入歧途……他精于音律、诗文和书法，是许多艺术家和作家的庇护人。他还精通道家哲学，成了道教的主要保护人。尽管他早期的措施对佛教组织不利，但后来仍深深地沉溺于密宗佛教。作为一个普通人，他似乎与弟兄和家属都有很深的情谊，甚至他执政时期的正式记载，也把他描绘成一个十分亲切、体贴臣属和直率多情的人。就在他去世的一代时间中，出现了大量与他名字有关的半传奇故事和民间传说，而他对杨贵妃的那种招致不幸和灾难的感情成了中国文学中一大悲剧主题和无数诗词、小说和戏剧的内容。"

夜宴还促使李隆基成为一个杰出的艺术家。闲暇时，他经常跑到梨园指挥乐队演奏，"音响齐发，有一声误，玄宗必觉而正之"（《旧唐书·音乐志》）。这样的水平，恐怕只有"曲有误，周郎顾"堪比。

《旧唐书·玄宗本纪》这么形容李隆基："性英断多艺，尤知音律，善八分书（带有明显波磔特征的隶书）。仪范伟丽，有非常之表。"据说这

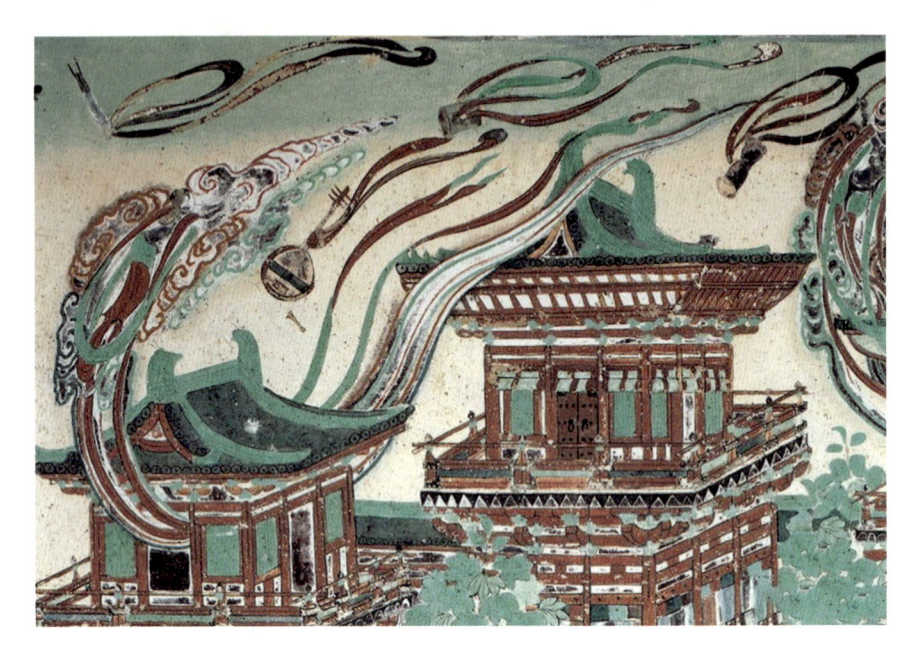

△ 乐器图 | 莫高窟第 217 窟

位皇帝精通多种乐器，最擅长的是击打羯鼓。羯鼓是一种从西域传入的乐器，据说发源于羯人。羯鼓两面蒙皮，腰部细，用公羊皮做鼓皮，故名。它发出的音主要是古时十二律中阳律第二律一度。古时，龟兹、高昌、疏勒、天竺等地的居民都使用羯鼓。据唐人南卓《羯鼓录》记载，这种鼓的构造如下："［鼓桑］如漆桶（原注：山桑木为之），下以小牙床承之。击用两杖，其声焦杀鸣烈……杖用黄檀、狗骨、花楸等木，须至干紧绝湿气，而复柔腻……桊（环状零件）用刚铁，铁当精炼，桊当至匀。"

据《新唐书·礼乐志十二》记载，李隆基常说："羯鼓，八音之领袖，诸乐不可方也（其他乐器是无可比拟的）。"他还作鼓曲《秋风高》，每当秋高气爽，即奏此曲。当时的宰相宋璟深爱击打乐，尤其擅长敲击羯鼓，他对李隆基说："击鼓时，如果可以做到'头如青山峰，手如白雨点'，便是击羯鼓的能手。"（《羯鼓录》）这是说击鼓时头不能动，且下手急促，

▷ 唐代羯鼓—日本东京国立博物馆藏

就像急雨一样。音乐家李龟年也善击羯鼓。一次，李隆基问他打断了多少根鼓杖。李龟年说："臣已打折了五十枝鼓杖。"唐玄宗说："你不算特殊，我打折的鼓杖都装了三竖柜了。"（刘𬣡《隋唐嘉话》）

实际上，鼓手李隆基少年时就表现出了非凡的艺术才能。在嗣圣十七年（武周久视元年，700年），武则天七十六岁寿辰大宴时，只有十五岁的李隆基就表演了技巧很高的舞蹈《长命女》，博得祖母和群臣的喝彩。南唐人冯延巳有《长命女》一阕词，曰："春日宴，绿酒一杯歌一遍。再拜陈三愿：一愿郎君千岁，二愿妾身常健，三愿如同梁上燕，岁岁长相见。"我们可以推测，舞蹈《长命女》应该也是一部以女性为主角的祝福歌舞，当时李隆基男扮女装，大受武则天的赞誉。

然而，李隆基登上皇位，除了因为他自己过人的才华和英武，他的哥哥李成器起了大作用——这位后来改名叫李宪的皇长子，本来应该是

第二章 夜宴

太子，却把东宫之位让与三弟李隆基，甘为宁王。李成器死后第二天，李隆基即下诏追谥他为"让皇帝"，命令有司以皇帝之礼安葬，称其墓曰"惠陵"，墓在今陕西蒲城境内。和李隆基一样，李成器少年时也才气过人，成年后精通音乐，尤其对西域龟兹音乐有独到的见解，曾做过杨玉环的音乐教师，故唐人张祜有"梨花静院无人见，闲把宁王玉笛吹"的诗句。

艺 人

作为唐代中产阶级的艺术休闲生活，夜宴在当时就是大剧场和酒会，于是，许多艺人也登上了历史的舞台。

在唐代艺人中身价最高的是李龟年，《明皇杂录》卷下有证："唐开元中，乐工李龟年、彭年、鹤年兄弟三人，皆有才学盛名。彭年善舞，鹤年、龟年能歌，尤妙制《渭川》，特承顾遇。于东都大起第宅，僭侈之制，逾于公侯。宅在东都通远里，中堂制度甲于天下。"这个集歌手、舞蹈家于一身的艺人，还是一位制作人，他参与制作的《渭川曲》，清新悠扬，情思动人，获得过当朝皇帝李隆基的赞扬。而在中国古代音乐史上，由李龟年奏乐、李隆基击鼓、李白填词以及杨玉环主舞的《霓裳羽衣曲》，一直被视作豪华阵容倾情演出的音乐盛典，令人向往。

唐时，在长安还云集了许多异邦的艺人，这些乘船、骑马，不远万里来长安追求艺术梦想的艺人，大概类似今天进军好莱坞的各国人士。其中最著名的是一个被称作"黄须康兄"的康国人——康洽。

康国在唐代属安西大都护府管辖。我们更为熟悉的"安西"出现在一首唐诗中："渭城朝雨浥轻尘，客舍青青柳色新。劝君更尽一杯酒，西出阳关无故人。"这首诗的名字叫"送元二使安西"。作者是一个信仰佛教的画家、诗人——王维。

在安西都护府治下的这些国家中，康国最大，又是诸国的宗主，其故址在今天的撒马尔罕。《隋书·西域传》记载，康国是康居的后裔，旧居祁连山北昭武城，因被匈奴攻破，西逾葱岭，分为多个小国，人民以国为姓，王室"并以昭武为姓，示不忘本也"。因此所有康国人都只有一个姓。

来自康国的艺人康洽，有着明显欧罗巴人种的血统，史书记载他长着一头飘逸的金发，气宇轩昂，有"美丈夫"之称。据说此人体魄健美，目光深邃而忧郁，以现在的审美来看，神似"猫王"埃尔维斯·普里斯莱（Elvis Presley）。唐人则喜欢称康洽为"黄须康兄"，诗人李颀写过《送康洽入京进乐府歌》，从诗中可知，康洽在京城常年演出新诗乐府，很受"中贵"欢迎，能够"朝吟左氏《娇女篇》，夜诵相如《美人赋》"，可见此人在中国文学方面的造诣也非常高。

另外一位来自于阗的音乐家尉迟青则是吹奏觱篥的高手。觱篥，就是今天乐队中所用的"管"，这是一种吹奏苍凉悲壮乐曲的乐器，类似胡笳。唐人杜佑《通典》卷一四四中说："觱篥，本名悲篥，出于胡中，其声悲。"

段安节《乐府杂录》记载："德宗朝有尉迟青，官至将军。大历中，幽州有王麻奴者，善此伎，河北推为第一手；恃其伎倨傲自负，戎帅外莫敢轻易请者。"一次，幽州一官员奉调入京，朋友饯行时，派人邀王麻奴来演奏一曲相送，被他当场拒绝了。卢姓使者气得嘲讽说："京城有尉迟将军，冠绝今古，你的功夫比起他来，还差得远呢！"王麻奴听了不服，夸口说海内没有人是自己的对手。几个月后，他赶到长安，特意在尉迟青住的长乐里附近租了间客房住下来，从早到晚吹奏觱篥，显示技艺。如此一连几日，尉迟青路过其门，仿佛没有听见。王麻奴无奈，只好买通尉迟青的守门人，才终于见到了尉迟青，与之比试。尉迟青请王麻奴席地而坐，演奏一曲，王麻奴以高般涉调吹了《勒部羝曲》，曲终，累得汗流浃背。尉迟青只是点了点头,对他说:"何必高般涉调也?"他即自取银字管,以平般涉调吹了同一曲,轻松自如,音韵美妙。王麻奴泣涕愧谢,曰:"边鄙微人,偶学此艺,实谓无敌;今日幸闻天乐,方悟前非。"他对尉迟青心悦诚服,将乐器击碎,回家后终生不再谈论音律。

在唐代,著名的筚篥曲有《勒部羝曲》《离别难》《雨霖铃》《道调子》等,其中《雨霖铃》曲还有一段故事。天宝十五年(756)六月,安史之乱的叛军攻陷了长安,唐玄宗李隆基带着宰相杨国忠和宠妃杨玉环,匆匆往西南而逃。刚走出长安一百多里,饥饿疲困的禁军哗变,杀了人人痛恨的奸贼杨国忠,并逼玄宗赐杨玉环自缢,这就是历史上有名的"马嵬事变"。杀杨贵妃后,禁军队伍继续南行。由蜿蜒曲折、高入云端的秦蜀栈道进入斜谷,又遇细雨绵绵。路途艰难,在栈道最险处,有铁索供人攀扶,索上挂有铃铛,人走时手扶索链,铃声前后相应,以便相互照顾。玄宗在淅沥的夜雨中,听到断断续续的铃声,愁肠欲断。此情此景,勾起了他对杨贵妃的无限思念,玄宗挥泪写了一首乐曲《雨霖铃》,寄托思念并抒发旅途愁苦之情。当时,梨园乐工张野狐(又名张徽)在玄宗身边,他是天宝时的筚篥演奏家。玄宗让他试奏《雨霖铃》,乐声深沉悲咽,听到动情处,玄宗泪如雨下。后来回到长安,玄宗还经常叫张野狐为自己演奏此曲。

《雨霖铃》曲调缠绵悱恻,到了宋代,受到失意文人的喜爱,他们争相填词传唱,遂成为词牌"雨霖铃"的起源。北宋词家柳永填的《雨霖铃(寒蝉凄切)》,使该乐曲流传开来,成为中国音乐史上著名的筚篥古曲。龟兹古乐器筚篥从中国传入朝鲜和日本。今中国维吾尔族中流行的巴拉曼,仍然保持古龟兹筚篥形制,用苇子制作,与木制管相比,音色略带沙哑,悲凉怆然。

夜宴的主角有大腕儿和国际明星,当然也会有乐队和组合。汾阳王郭子仪第六子——驸马郭暧就以家伎组成了一个音乐团体,成员多半是

△ 宫乐图 | 唐 | 佚名 | 台北故宫博物院藏
右上角宫女正在吹奏筚篥。

他的姬妾、侍婢，其中多人是演奏、演唱的高手。这个家庭乐团中有一名侍婢名叫镜儿，她姿容姣美，又弹得一手好秦筝，很得主人的欢心。一次，才子李端到郭暧家中做客，夜宴开始，音乐奏起，只见李端坐在一边，既不饮酒，也不谈话，只是目不转睛地注视着弹筝的镜儿。宴会尽欢而散，郭暧命人把桌上的金银酒器全部包裹起来，作为镜儿的嫁资，把镜儿许配给了李端。

唐代宗大历年间，文事荒废，以炫技派诗歌为主的"大历十才子"便登上了历史舞台，比如李端，其可诵者也不过闺情诗也。此为闲话，按下不表。

士人的夜宴

衣着华丽的贵族在豪华的大堂里，或在走廊的幽会中忙着把臂交谈，这样的场景不仅仅是路易十四（Louis XIV）时代的宫廷生活，在9世纪的唐代宫廷，恰也如是。宫廷的夜宴，即使是欢娱，也是有秩序的欢娱。显然，礼制下的宫廷夜宴并不能满足声色犬马的全部需求，于是唐代士人的夜宴粉墨登场。

唐人是中国历史上最喜好文学的人群。清康熙四十四年（1705）三月至次年十月，御定《全唐诗》共收诗人两千二百多人，日本人根据文献保存之逸诗，编成《全唐诗逸》三卷，又得诗人一百二十八人。而自清代末年敦煌发现遗书之后，从各种卷子之中又得不见著录之诗人多名，即以中华书局出版之《全唐诗外编》《全唐诗续拾》（合称《全唐诗补编》）而言，又得诗人一千五百人左右。翻开史书，就连李隆基的亲近宦官高力士都吟得了诗。

由此可知，夜宴吟诗是唐代士人最风骚、最不可少的一道节目。孟浩然《寒夜张明府宅宴》云:"列筵邀酒伴,刻烛限诗成。"一帮官员文人斗酒斗诗,酸酸臭臭,还要比个高低。就是在军中宴饮之时,这种借酒而诗的风雅之事也是司空见惯。姚合《军城夜会》中就说:"军城夜禁乐,饮酒每题诗。"一群被冲动压抑的糙爷们儿,拿着陌刀乱吟诗,大有"梦回吹角连营"之意。姚合是唐玄宗时宰相姚崇之孙,爱茶如命,曾经拿诗换茶:"嫩绿微黄碧涧春,采时闻道断荤辛。不将钱买将诗乞,借问山翁有几人?"得亏是在唐朝,今天谁要拿诗去换茶,非得被采茶的姐姐唾一脸雪花白。

夜宴中,人们还进行多种酒令游戏,酒令分雅令和通令。通令,就是划拳、猜码、掷骰子,捋拳奋臂,叫号喧争。唐代的夫子对此种通令鄙夷至极,认为有失风度,粗俗嘈杂,他们的高雅玩法叫雅令。雅令的行令方法是,先推一人为令官,或出诗句,或出对子,其他人按首令之意续令,所续必在内容与形式上相符,不然会被罚饮酒。行雅令时,必须引经据典,分韵联吟,当席构思,即席应对,这就要求行酒令者既有文采和才华,又要有敏捷和机智,所以它是酒令中最能展示饮者才思的项目。

现在能够知道的唐人酒令名目有二十多种,例如历日令、罨头令、瞻相令、巢云令。其中有些酒令放在今天看,无异于"真心话大冒险",甚至有人为此命丧黄泉。

《资治通鉴》卷一九五载,李世民继位初年,"时太白屡昼见,太史占云:'女主昌。'民间又传《秘记》云:'唐三世之后,女主武王代有天下。'上恶之"。一天,李世民在宫中与诸将宴饮。酒酣之时,他颁下酒令,让各人行酒令,依次说出自己的小名。轮到职掌玄武门宿卫的左武卫将军李君羡时,他自报小名"五娘"。一员勇猛的武将,却有一个女子的小名,不由得引起哄堂大笑。而太宗听到"五娘"的"五"与"武"谐音,不禁愕然,触动了心病,不免格外留心。但太宗不露声色,也笑着对李

夜宴图｜明｜唐寅｜台北故宫博物院藏

君羡说道："何物女子，乃尔勇健！"当太宗进而得知李君羡的籍贯武安、官职左武卫将军、封爵武连县公，无不带上一个"武"字时，内心就更震惊了，立刻就联想到《秘记》传言、太史卜象，以及太史令李淳风的一番话："臣仰稽天象，俯察历数，其人已在陛下宫中，为亲属，自今不过三十年，当王天下。杀唐子孙殆尽，其兆既成矣。"尽管李君羡是武将，不是女性，更不是太宗的亲属，然而"五娘""武安""左武卫将军""武连县公"应了"女主昌""女主武王代有天下"的"女"与"武"；他又职掌玄武门宿卫，应了"其人已在陛下宫中""其兆既成"。太宗心里对这个屡立战功且曾经受信任的李君羡深怀疑忌和憎恶，认为他就是威胁大唐天下的"嫌疑犯"。在宴饮后不久，太宗即将李君羡调离京城出任华州刺史。即使如此，太宗仍是耿耿于怀，之后，又以御史奏"君羡与妖人交通，谋不轨"，将李君羡杀死，并抄籍其家。

狎 妓

唐代士人的夜宴必不可少的助兴还有狎妓，水漾舟行，声乐高奏，间有红颜劝酒，这是唐代士人"云上的日子"。宋人张端义《贵耳集》卷下言："唐人尚文好狎。"尤其是士人宿娼狎妓，而朝廷毫无禁令，令后人吃惊。清人赵翼《题白香山集后》诗咏曰："风流太守爱魂销，到处春翘有旧游。想见当时疏禁纲，尚无官吏宿娼条。"

唐代文人中，狎妓出名的是十六岁时写下《赋得古原草送别》的白居易，人们耳熟能详的"离离原上草，一岁一枯荣。野火烧不尽，春风吹又生"是这首诗的前半阕。长庆二年（822），白居易自中书舍人出守杭州，徙苏州，首尾五年。他曾经夜泛太湖，有"十只画船何处宿，洞庭山脚古湖心"之句。随后，他在寄元稹的诗里，又回味无穷地写道："报

△ 仿周昉宫妓调琴图 | 北宋 | 佚名 | 美国纳尔逊－阿特金斯艺术博物馆藏

君一事君应羡，五宿澄波皓月中。"在太湖上，白居易带着十个美女泛舟，一连五日夜，好不风流快活。后来，宋人龚明之对白居易的风雅史很羡慕，在《中吴纪闻》卷一中酸溜溜地批评道："白乐天为郡时，尝携容满蝉态等十妓，夜游西武丘寺，尝赋纪游诗，其末云：'领郡时将久，游山数几何。一年十二度，非少亦非多。'可见当时郡政多暇，而吏议甚宽，使在今日（指宋代），必以罪去矣！"

唐僖宗时，尚书李曜罢任歙州，与新上任的吴圆交代所留之事。其中有个陪酒妓，名叫媚川，生得聪明敏慧。李曜对她早已留心，可是自己已纳营中的歌舞伎韶光为妾，只好将媚川托付给吴圆，希望他多给些照顾。临行之前大饮，李曜别情难舍，作诗道："经年理郡少欢娱，为习干戈间饮徒。今日临行尽交割，分明收取媚川珠。"吴圆答诗道："曳履优容日日欢，须言达德倍汍澜。韶光今已输先手，领得蜍珠掌内看。"此事出自《抒情诗》，被收录在《太平广记》卷二五十二《诙谐八》。为何诙谐？历代官员交割，从来只交割文书官印，没见过托付照顾官妓的，可见唐人对于狎妓的热爱。

△ 夜宴图 | 五代十国 | 顾闳中（传）| 台北故宫博物院藏

自称汉中山靖王后裔（和蜀汉皇帝刘备同宗）的唐代诗人刘禹锡，曾任苏州刺史，当他参加司空荣衔的淮海节度使李绅的宴席时，看到那群色艺惊人的侑酒家妓，艳羡不已，立即写了一首诗："高髻云鬟宫样妆，春风一曲杜韦娘。司空见惯浑闲事，断尽苏州刺史肠。"题目虽是《赠李司空妓》，内容却是给李绅看的。李绅见刘禹锡对自己的家妓如此倾倒，当即把美人赠给了刘禹锡。李绅在未发迹的时候，因两首《悯农诗》（"春种一粒粟"和"锄禾日当午"）而享有诗名，但显达之后积极参与党争，日渐骄逸。范摅《云溪友议》卷上记载，李绅寄居他乡时，经常到一个叫李元将的人家中做客，每次见到李元将都称呼"叔叔"。李绅发迹之后，李元将因为要巴结他，主动降低辈分，称自己为"弟"或"侄"，李绅都不高兴，直到李元将自称"孙子"，李绅才勉强接受。

然而，"刘禹锡有妓甚丽"一事被丞相李逢吉知晓，李逢吉"性强愎而沉猜多忌，好危人，略无怍色"。他阴以计夺刘禹锡的家妓。李逢吉约刘禹锡说："某日皇城中堂前致宴，诸位官员贤达的宠妾，都请早赴境会。"稍有姿色的婢妾到那一天便纷纷前来赴会。李逢吉命令守门人，独独把刘禹锡的家妓放进门去。京都的人对此举动都深感惊异，但是谁也不敢说什么。刘禹锡对此也无计可施，惊恐之余，只好忍气吞声。第二天，刘禹锡与几位亲近的人前往拜谒，李逢吉见了他们，就像没事人一样，从容谈笑，根本不提昨天的宴会到底是怎么回事。刘禹锡等人也不敢发问，只是默默相视。拜见结束后，双方行礼告退，刘禹锡唉声叹气地回了家。他悲愤地写下《怀妓》诗四首，其中有着深深的不甘和愤懑："情知点污投泥玉，犹自经营买笑金。从此山头似人石，丈夫形状泪痕深。"

唐代狎妓之盛，甚至影响到了审美。唐代女子敢穿性感的裙衫，"粉胸半掩疑晴雪"（方干《赠美人》）。唐代许多壁画、雕像中的菩萨仙女，一个个容貌秀丽，体态丰满，红唇洁齿，眉眼顾盼，甚至以半裸的姿态出现。据《京洛寺塔记》确认，唐代宝应寺壁画中的释梵天女，就是一个贵族家的妓女的肖像。

然而，风流总被雨打风吹去，红颜、良宵和美酒总是易逝的繁华，就如同女子的年龄，到最后只剩下陈年的寂寞。《唐贤抒情集》有一则故事。唐武宗时，左庶子薛宜僚"充新罗册赠使"，担任新罗册封使节的工作，由青州泛海。船屡因暴风雨受阻，至登州竟漂流回泊青州，他滞留驿站一年，其间，恋上一个叫段东美的饮妓，双方生死相约。薛宜僚到新罗不久就得了病，病中还对他人说："我怎么在梦中总是见到东美呢？"过了几天，他就死了。棺材运回青州后，段东美"乃请告至驿，素服执奠，哀号抚柩，一恸而卒"。《全唐诗》录有薛宜僚《别青州妓段东美》一诗："经年邮驿许安栖，一会他乡别恨迷。今日海帆飘万里，不堪肠断对含啼。阿母桃花方似锦，王孙草色正如烟。不须更向沧溟望，惆怅欢情恰一年。"可见，沦落风尘的爱情并非全如云烟般易逝，也有刻骨铭心的。薛诗间的惆怅与断肠，恰如《少年维特之烦恼》（*Die Leiden des jungen Werther*）般令人感伤，为此叹息。

杜秋娘

皇帝当然不能狎妓了，但皇帝也有自己的玩儿法。据说玄宗不宴饮的时候，就找人对弈。有一次他突发奇想，画地为棋盘，用美女做棋子，在美女胸前缀上棋子之名，听从号令进退，如某子被吃则代表该子的美女退出棋局。

但是，唐代有一位皇帝的妃子出身官妓，叫杜秋娘。《新唐书》《旧唐书》《资治通鉴》都称她为杜仲阳。杜秋娘原名杜丽，大约于唐德宗贞元七年（791）生于润州（今江苏镇江）。其母是南京的普通官妓，与姓杜的官员相好怀孕。官员升迁，却把情人抛弃，其母含愤生下孩子，无处托养，只好回南京妓院，把女儿带在身边。

杜丽十五岁时，镇海节度使李锜以重金将她买入府中为歌舞伎。杜丽不满于只表演别人编好的节目，自己谱写了一曲《金缕衣》，声情并茂地唱给李锜听："劝君莫惜金缕衣，劝君惜取少年时。花开堪折直须折，

△ 明皇弈棋图 | 元 | 钱选 | 美国弗利尔美术馆藏

莫待无花空折枝。"此诗正合李锜之意，他当时就把她纳为侍妾，并易其名曰"秋"，人称杜秋娘。

唐德宗驾崩，李诵继位为顺宗，在位仅八个月就禅位给儿子李纯，是为唐宪宗。唐宪宗试图削减节度使的权力，李锜不满，在元和二年（807）举兵反叛，后来在战乱中被杀，杜秋娘入宫为奴，仍旧当歌舞伎。一次，杜秋娘为宪宗表演了《金缕衣》，宪宗深受感动，两人马上陷入爱河，杜秋娘被封为秋妃。杜秋娘不仅是宪宗的爱妃，还是他的机要秘书。杜秋娘以女人的柔情和宽容弥补了宪宗年轻气盛、性情浮躁的缺点，宪宗常常与她讨论治国大事。不料到了元和十五年（820）正月二十七日，宪宗不明不白地死在宫中，有人传言是内侍陈弘志蓄意谋弑，但当时宦官专权，此事不了了之。

二十四岁的太子李恒嗣位，是为唐穆宗。李恒把皇子漳王李凑交给杜秋娘教养。李恒好色荒淫，沉迷于声色犬马，不满三十岁就一命呜呼。十五岁的太子李湛继位为唐敬宗，他只知道打猎游玩，不理国事，不久在宫中被刺身亡。其弟李昂继位为唐文宗。大和元年（827），内侍王守澄与宰相宋申锡产生矛盾，杜秋娘见三位帝王连续暴毙，皆为宦官所弑，遂与宋申锡密谋，决心除掉王守澄，立李凑为帝。然而，宦官耳目众多，其计划被王守澄得知，结果是李凑贬为庶民，宋申锡谪为江州司马，杜秋娘也削籍为民，返回乡里，结束了她的"折花"岁月。

大和七年（833），杜牧在南京重逢杜秋娘，见她红颜老去，面容憔悴，遂写一首《杜秋娘》长诗，记录了她坎坷传奇的一生。大和九年（835）冬，南京发生军变，全城遭殃，四十四岁的杜秋娘离家躲避，冻死在玄武湖畔。她去世以后，唐末诗人罗隐曾经前去凭吊，但连坟墓也找不到，于是作《金陵思古》诗："柔姿曼态葬何处，天红腻白愁荒原。"

仕女宴及烧尾宴

夜宴之外，从开元至天宝的三十余年中，还流行着两种专门为仕女举行的野宴，那就是探春宴和裙幄宴。据《开元天宝遗事》卷四记载，探春宴在每年正月十五后的"立春"和"雨水"两个节气之间进行，参加者多为官宦及富豪家的年轻女子。届时，她们会相约做伴，由家人用马车载着帐幕、餐具、酒器及食品等来到郊外踏青游玩，然后选择一个合适的地点，搭起帐幕，摆设酒肴，一面行令品酒，一面围绕"春"字进行猜谜、作诗、对联等娱乐活动，直至日暮方归。

由于此时的天气乍暖还寒，春意未浓，相比之下，仕女们更感兴趣的是裙幄宴。裙幄宴是上巳节（又称女儿节，为每年的三月初三）前后举办的一种野宴，其游宴方式有两个特点。一是斗花，就是比赛谁戴的鲜花漂亮、名贵。一些富家女子为了在斗花中显胜，不惜重金购买各种名贵花卉。二是在玩累以后，就选择一个适当的地方，以草地为席，四面插上竹竿，再将裙子连接起来，挂在竹竿上，形成一个临时的饮宴幕帐，女子们就在里面设宴。这种宴会在裙帐中进行，故称"裙幄宴"。

既然是宴会，就免不了吃吃喝喝。中宗景龙三年（709），依托韦氏家族上位的韦巨源官拜尚书令左仆射时，曾在其家中设宴请皇帝，并将那次"烧尾宴"上的菜点记录为"食单"，流传至今。我们从北宋人陶谷的《清异录》卷下《馔羞门》可以找到一部分清单。

韦巨源是世家大族子弟，《旧唐书》对他靠拍马溜须、搜刮地皮往上爬的过程，有着详细记述。这个媚臣精于食之道，他的"食单"所列菜色，名目繁多，荤素兼备，咸甜并陈，仅择其"奇异"者就有五十八味。如鸡有"葱醋鸡"和用乳煮的"仙人脔"；鹅有"八仙盘"；鱼有用鱼白烹的"凤凰胎"，用鱼子烹的"金粟平䭔"，以及"乳酿鱼""吴兴连带鲊""煎云析鱼羹""加料盐花鱼屑"等鱼脍；鳖有"遍地锦装"；蟹有"金

△ 汉宫春晓图（局部）| 明 | 仇英 | 台北故宫博物院藏

银夹花平截"；蛙有"雪婴儿"；炙品有用烤羊鹿舌拌的"升平炙"，用生虾烹的"光明虾炙"，用活鹑子炙的"箸头春"，以及"水炼犊""龙须炙""金装韭黄艾炙""干炙满天星""羊皮花丝"；肉羹有凉食的"冷蟾儿羹"，热食的"白龙臛"和"卯羹"。还有掺和几样肉品合成的菜，如鸡、鹿、掺拌的"小天酥"，羊、兔、牛、熊、鹿五种肉切丝合做的"五生盘"，各种肉切入沸油烹炸的"过门香"，等等。

至于料理方法，光明虾炙是把油爆大虾装盘，摆成灯笼图案；羊皮花丝是把羊肚切丝爆炒；红罗丁是用奶油与血块制成的冷盘；巨胜奴是把蜜和羊油置入面中，外蘸黑芝麻油炸而成；贵妃红是精制的加味红酥点心；吴兴连带鲊是用生鱼腌制的凉菜；甜雪是用蜜糖慢火烧炙太例面（澄粉，一种无筋的小麦面粉），其味甜，状如雪；玉露团是奶酥雕花；格食是羊肉、羊肠、羊内脏缠豆苗制作；水炼犊是将牛犊肉用慢火煨熟，要将带调料的水全部收干；西江料是粉蒸猪肩胛肉屑；白龙臛是鳜鱼丝煮的羹汤；汤洛绣丸是肉末裹鸡蛋花；同心生结脯是生肉切成条后，打成连环回文式结子，再风干成肉脯蒸食；仙人脔是鸡块用乳汁调和而成；葱醋鸡是加葱、醋上笼蒸的全鸡；凤凰胎是鸡腹中未生的鸡蛋与鱼白（鱼胰脏）相拌快炒；五生盘是把羊、兔、牛、熊、鹿五种肉细切成丝，生腌成脍，再拼制成花色冷盘；逡巡酱是鱼片、羊肉快炒；清凉碎是果子狸烧熟后冷却，再冷切成盘；雪婴儿是田鸡肉裹豆英（精细的豆粉），下锅煎贴而成；金粟平馅是鱼子酱夹饼；金银夹花平截是蟹肉与蟹黄平铺于饼上，卷起后横切成片；八仙盘是将烤鸭分成八样形状，装盘上席；分装蒸腊熊是用冬季腌制的熊肉分装容器蒸熟；冷蟾儿羹是冷却的蛤蜊肉汤；卯羹是兔肉汤；小天酥是鸡肉、鹿肉剁成碎粒后拌上米糁制成；鸭花汤饼是鸭汤加面片；双拌方破饼是角上有花的方形点心；御黄王母饭是肉、鸡蛋、油脂调作料的盖浇饭；天花饆饠是有果脯的饼；升平炙是用三百片烤好的羊舌配鹿舌凉拌；乳酿鱼是羊奶烧整条鱼；遍地锦装鳖

△ 天中佳景图｜元｜佚名｜台北故宫博物院藏

是羊油、鸭蛋脂烹甲鱼。

这就是唐代著名的"烧尾宴"，奢侈，精贵，可称为唐代"国宴"。

普通的唐人当然吃不上"烧尾宴"，但唐人的高级食物"馔玉"，仍然令人垂涎。王昌龄《芙蓉楼送辛渐》中有一句诗："洛阳亲友如相问，一片冰心在玉壶。"实际上，唐人的饮食制作，也极力追求一种冰清玉洁的透明效果。唐人的饮食质量高低、烹调技术的好坏的一个衡量标准，是其光洁透明的程度。故肉白如雪的生鱼片，习惯称为"玉鱿"；档次较高的美酒，习惯称为"玉液"。

段成式《酉阳杂俎》记载，在唐代，被称为"衣冠家名食"的是"萧家馄饨、庾家粽子"。萧家馄饨胜在"漉去肥汤，可以瀹茗"，说明馄饨外形包得很好，油脂渗不出来，所以滤除漂浮油物之后，汤液透明，可以烹茶。庾家粽子的高明之处，就是因为它"白莹如玉"。

此外，唐人还喜欢把美味可口的肉食和香甜爽口的水果、青翠欲滴的菜叶夹杂在一起，以此来提高饭菜的口感和观赏性。"甘露之变"中伏兵紫宸殿的金吾大将军韩约很会制作樱桃饆饠，而且能保持水果颜色不变，堪称饮食一绝。据考证，所谓饆饠，既不是"抓饭"，也不是"八宝饭"，而是一种带馅的面食，可咸可甜，樱桃饆饠则用樱桃加以点缀，类似今天的果酱面包或者裸麦葡萄面包。

饮　酒

诗人李白说过："古来圣贤皆寂寞，唯有饮者留其名。"晋人王恭曾言："名士不必须奇才，但使常得无事，痛饮酒，熟读《离骚》，便可称名士。"（《世说新语·任诞》）在繁华到落寞的盛唐，饮酒自然也就成了夜宴不可少的助兴。

唐代酒的种类很多，驰名全国的主要有十余种，据李肇《唐国史补》卷下记载："酒则有郢州之富水，乌程之若下，荥阳之土窟春，富平之石冻春，剑南之烧春，河东之乾和蒲（葡）萄，岭南之灵溪博罗，宜城之九酝，浔阳之湓水，京城之西市腔，虾蟆陵之郎官清、阿婆清。又有三勒浆类酒，法出波斯。三勒者，谓庵摩勒、毗梨勒、诃梨勒。"

△ 庵摩勒 　　　　△ 毗梨勒 　　　　△ 诃梨勒

虾蟆陵郎官清和虾蟆陵阿婆清产自京城长安的"虾蟆陵",位于常乐坊。唐代诗人白居易故居"东亭",《琵琶行》一诗中琵琶女所住的"虾蟆陵",兴庆宫勤政务本楼和花萼相辉楼广场,纪念"中国第一老丈人"独孤信的"赵景公寺",都在此坊内。今天,这里是西安交通大学校区。《唐国史补》卷下称:"旧说,董仲舒墓门,人过皆下马,故谓之下马陵,后语讹为虾蟆陵。"

三勒浆,其实是唐代从波斯传入的一种果品酒饮料,本出自印度,由"三果"(庵摩勒、毗梨勒、诃梨勒)配制而成。庵摩勒其实就是现在中药中的"余甘子",也叫油柑,生吃吞汁可治河豚中毒。毗梨勒又叫毗酰勒,《本草纲目·果部》记载:"树似胡桃,子形亦似胡桃……番人以此作浆甚热。"诃梨勒也就是诃子,《南方草木状·木类》记载:"诃梨勒,树似木梡,花白,子形如橄榄,六路,皮肉相着,可作饮。"这种混杂三种果实的饮料,有着浓郁的异族情调,其独特的口味瞬间征服了唐人,令人痴迷不已。

唐代的酿酒技术与今不同。当时北方地区一般是采用大曲酿造,即以小麦为原料,或用生,或蒸熟,或炒熟,用水溲和、发酵,制成砖形曲饼,晒干酿酒。南方则用小药曲造酒,即以大米为原料,加入胡蔓草等药汁,溲和成鸡蛋大小的粉团,放在蓬蒿中荫蔽,一个月发酵成曲,酿酒时用其溲和糯米,压榨出酒。

"古之饮酒,有杯盘狼藉、扬觯绝缨之说",唐人则"好鞍好马乞与人,十千五千旋沽酒。赤心用尽为知己,黄金不惜栽桃李"(李白《少年行》)。自天宝以后,嗜酒之风更加盛行,出现了"风俗奢靡,宴处群饮,以喧哗沉湎为乐……公私相效,渐以成俗"(《唐会要》卷五十四)的景象。李白人称"醉圣",白居易自称"醉尹",皮日休称"醉士",汝阳王李琎则自称"酿王"兼"曲部尚书"。

左丞相李适之(李承乾的孙子)"雅好宾友,饮酒一斗不乱,夜则

△ 饮中八仙图卷之李白 | 元 | 任仁发（传）| 台北故宫博物院藏

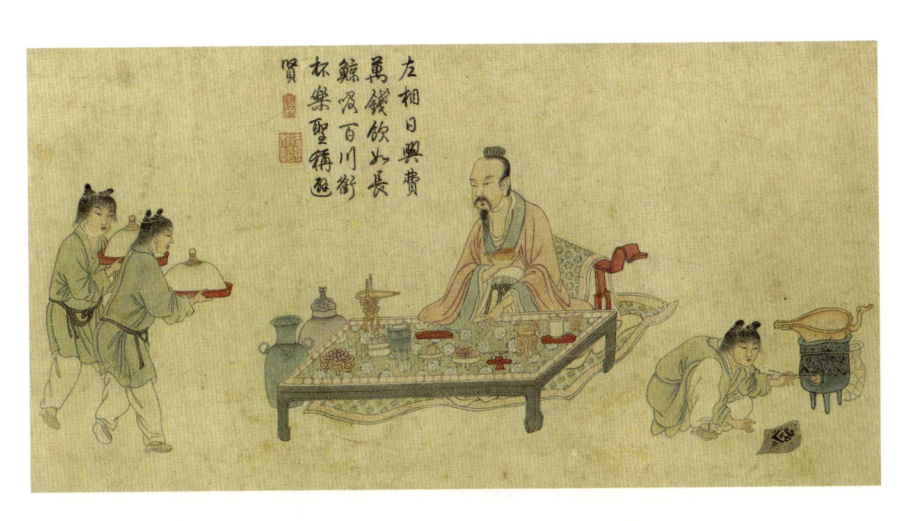

△ 饮中八仙图卷之李适之 | 元 | 任仁发（传）| 台北故宫博物院藏

宴赏，昼决公务"，他的酒宴豪华奢侈，日费万钱。天宝五年（746），李适之被李林甫排挤罢相，在家仍酒兴未减，常常"乐圣且衔杯"。唐人冯贽的《云仙杂记》卷二引《逢原记》载："李适之有酒器九品：蓬莱盏、海川螺、舞仙盏、瓠子卮、幔卷荷、金蕉叶、玉蟾儿、醉刘伶、东溟样。"这九件名贵的酒具，都有奇特的功能，精美绝伦。例如，蓬莱盏上雕刻了蓬莱三岛的图案，"注酒以山没为限"；舞仙盏内装机关，"酒满则仙人出舞，瑞香球子落盏外"。

皇室贵族之家所用的酒具更加讲究，有的堪称稀世奇珍，杨贵妃"持玻璃七宝杯，酌西凉州葡萄酒"；"内库有一酒杯，青色而有纹如乱丝，其薄如纸，于杯足上有镂金字，名曰'自暖杯'"，玄宗用它饮酒，将酒倒入杯中，温温然有气，不久就会滚如沸汤。

大臣石裕嗜酒如命，于家中自酿酒数瓮。一日，裸其身，竟跃入瓮中。又乘兴语弟子："吾平生喜饮酒，而身体毛发尚未饮，未知酒之味。吾不可负之。"原来，灌饱了黄汤的他，遗憾身体毛发还没有尝到酒味，今天才算如愿以偿，绝不对嘴和皮毛有厚薄之分。

《云仙杂记》卷八引《玄山记》载，诗人元载步入仕途后，开始不会饮酒，同僚就采用各种办法强迫他喝，他总是以鼻中闻到酒气会醉为由推辞。其中一位同僚说："可用术治之。"他拿针挑破元载的鼻尖，钩出了一条青虫如小蛇，假称这是酒魔，除掉即可。于是，元载当天喝下一斗酒，五天之后加倍，直到嗜酒如命，不可收拾。

《唐国史补》卷下还记载了一种嗜酒的猩猩："猩猩者好酒与屐，人有取之者，置二物以诱之。猩猩始见，必大骂曰：'诱我也！'乃绝走远去，久而复来，稍稍相劝，俄顷俱醉，其足皆绊于屐，因遂获之。"

夜　禁

尽管唐人的夜生活如斯之丰富绚烂，然而，大多数都是发生在室内的宴会。实际上，唐朝是中国历史上少有的严格执行"夜禁"的朝代。这一方面导致后人对唐时夜生活的质疑，另一方面也让人们对夜禁下唐人的风花雪月充满了好奇。

夜禁的城市是什么样子的？先看看雨果在《巴黎圣母院》中的描述："街道可是越来越黑暗，越来越冷清了。夜禁的钟声早已敲过，偶或在街上能遇见个把行人，在住家窗户上能瞅到一线灯光……那数不清的小街、岔路口和死胡同，错综复杂，仿佛是被猫挠乱了的一团线。"

《唐律疏议》卷八《卫禁》说："又依《监门式》：'京城每夕分街立铺，持更行夜。鼓声绝，则禁人行；晓鼓声动，即听行。若公使赍文牒者，听。其有婚嫁，亦听。'"暮鼓响后，开始实施夜禁，这包括关闭坊市大门和禁止居民无证夜出两方面措施。唐代的夜禁只是把居民夜间行动限制在坊内，有证的人和迎亲队伍是可以上街的。不守规矩的夜猫子被抓到了，不是挨板子，就是交钱赎罪，在《元典章·刑部》中有处罚条例，可据此推想唐时情况："违者笞二十七下，有官者笞一下，准赎元宝钞一贯。"夜禁什么时候结束呢？京师各条街道由专人负责晨暮传呼，作为居民行止的信号。即使是大臣到宫中朝拜皇帝，也须有头戴红色帻巾的卫士呼报时间。

通过以上内容可知，虽然有唐一代严格执行夜禁，却不是一些人想的那样阴森恐怖，夜禁并没有禁止夜生活。实际上，就今天的城市生活经验来看，即使不夜禁，你晚上也不可能跑到更远的地方去，乘夜在四九城乱窜的梁上君子和盗墓者除外。

真实的历史是，在制度和欲望的博弈中，制度往往败北。随着社会的兴盛，或许更多的唐人习惯了安逸和玩乐，严格的夜禁制度渐渐放

△ 上元灯彩图（局部）| 明 | 佚名

松，各大城市中的夜市悄然兴起。宋敏求《长安志》卷八记载，崇仁坊"工贾辐凑，遂倾两市，昼夜喧呼，灯火不绝"。王建的诗句中出现"夜市千灯照碧云，高楼红袖客纷纷"（《夜看扬州市》），"水门向晚茶商闹，桥市通宵酒客行"（《寄汴州令狐相公》）等情景。

而官方正式承认的全民夜生活，少得可怜，那就是每年一次的上元灯节。《岁时广记》卷十《上元上》引《唐西京新记》载："京师街衢有金吾，晓暝传呼以禁夜行。唯正月十五日夜，敕许金吾弛禁，前后各一日以看灯。"元宵节前后的夜晚，可谓"大唐狂欢节"，男女尽情出游，人潮拥挤，热闹非凡。《古今事文类聚前集·天时部》引《雍洛灵异小录》载："唐朝正月十五夜，许三夜夜行，其寺观街巷，灯明若昼，山棚高百余尺……士女无不夜游，车马塞路，有足不蹑地浮行数十步者。"

既然是狂欢，人就容易兴奋。景龙四年（710）正月十四夜，中宗李显与韦后微行观灯于长安市里，还放纵宫女数千人出游，结果到了第二天，有许多宫女私奔、逃跑。

与此相对应的是中世纪欧洲狂欢节的情况，通过《狂欢史》（*Burgo Pamidge, A History of Orgies London: Anthony Blondm, 1958*）中引用安东尼·芒戴（Anthony Munday）的这些描述可见一斑：

"罗马有一次狂欢节，持续三四天，他们称为'谢肉'。其间教皇有意离开罗马，听任城中喧闹狂欢。绅士们穿着各式各样的服装，有的装扮成女郎，有的则扮成土耳其人，总之，每个人都显得稀奇古怪。他们不是骑马，就是坐在车上，没有人徒步行走，因为徒步行走过于危险。满街车马横冲直撞。

"艺伎们兴高采烈，她们在窗台上铺上床单，人就斜靠着站在上面，听凭下面的绅士们将香水之类抛洒在自己的脸上。

"人人都戴着面具，因此彼此面对面也不知道是谁。如果有人嫉恨某人，也许这时就是诛杀仇敌的最好机会，谁也不会制止他，这时刻，法律业销声匿迹……伤害事件层出不穷，有的是蓄意谋杀，有的则遭车马践踏或冲撞。然而，人们对此毫不在意，照样狂欢不误。"

　　这样恣意纵情的狂欢，或许才符合我们对唐朝的猜测，尤其是第一次参加上元灯节的人，当时的心情该有多么兴奋，简直难以想象。

第三章 从扬州到长安

扬州梦

天宝二年（743），唐玄宗李隆基和杨玉环的时代，扬州僧鉴真应日僧邀请第一次东渡，为风浪所阻。这一年，陕州刺史兼水陆转运使韦坚在今西安市东郊长乐坡下、浐水之上，兴建了一座人工湖，时名"广运潭"，这个湖其实就是一个货物转运港。

唐朝人喜欢说的一句俗谚叫作"南舟北马"，但是在这一年，以马代步的长安人被眼前的景象惊呆了：来自全国各地的船只都汇集在这个转运港里，船上满载货物和各地被指派向朝廷进献的土贡——来自北方的红毡鞍鞯；来自南方的略带酸涩的红橘；来自东北的用粉红色丝绸绲边的毛织物，以及来自西域的深红色的绛矾。所有的货物都被换装到小斛底船上，后晋修的《旧唐书》中记载："驾船人皆大笠子、宽袖衫、芒屦，如吴、楚之制。"

李隆基和杨玉环亲自参加了广运潭的开潭仪式，陕县尉崔成甫为了邀功，命妇女大唱："潭里船车闹，扬州铜器多……"铜器是扬州的特产，而又以铜镜最出色，为重要的贡品。《太平广记》卷二三一"李守泰"条引《异闻录》的一则故事说："唐天宝三载五月十五日，扬州进水心镜一面。纵横九寸，青莹耀日。背有盘龙，长三尺四寸五分，势如生动。玄宗览而异之。"水心镜又名"江心镜"，是唐代最讲究的镜品，据说为农历五月端午的午时于扬子江心船上铸成，铸造之时，有神仙异人参与，镜背的龙纹则是真龙化身，可在大旱之年助云行雨。

扬州的特产毡帽在元和中兴的宪宗朝曾经名噪一时。唐人李匡乂

△ 唐代铜镜

《资暇集》卷下记载，元和十年（815）六月，时任御史大夫的名相裴度主张对淮西用兵，遭到反对派的忌恨，他们派人行刺裴度，但当时裴度戴着一顶扬州产的毡帽，"刃不即及，而帽折其檐"，得以幸免于难。裴度是戴着扬州毡帽脱险的，"既脱祸，朝贵乃尚之。近者布素之士亦皆戴焉"，以至供不应求。据说在阴间都抢手，太山府君判官柳澥送别李敏求的游魂时，也拜托对方："此间甚难得扬州毡帽子，他日请致一枚。"（薛渔思《河东记·李敏求》）李廓《长安少年行十首·其一》诗中说，"金紫少年郎……刬戴扬州帽"。这成为富贵公子圈的一种时尚。裴度还因扬州毡帽而得福，宪宗认为他能够逃过一劫，全是天意，任命裴度为淮西招讨使，裴度平定了淮西的内乱，被封为"晋国公"。

8世纪和9世纪的中国，两都之外的另一个中心即是扬州，所谓"腰缠十万贯，骑鹤下扬州"。"扬州梦"究竟是怎样的梦境？如果我们做最世俗的比喻，9世纪的"扬州梦"和20世纪的"美国梦"，殊途而同归。只不过当人们纷至沓来，拥向当时的拜金城市之时，鉴真却选择了跨海东去。

既然有如此多追寻"扬州梦"的人，那么，就有淘金成功者。李肇

▷ 扬州江心镜—新加坡亚洲文明博物馆藏

《唐国史补》卷中说，扬州有个姓王的老板，人称王四舅，他家大业大，在商界非常有名望，但他异常低调，"扬州富商大贾，质库（当铺）酒家，得王四舅一字，悉奔走之"。大历、贞元年间，扬州有一个叫俞大娘的女商人，专门从事淮北与江西之间的船舶运输，非常赚钱。她的航船在同行中是最大的，"居者养生、送死、嫁娶悉在其间。开巷为圃，操驾之工数百"。罗隐《广陵妖乱志》也记载："有大贾周师儒者，其居处花木楼榭之奇，为广陵甲第。"这些在扬州经商发达的成功人士，声势烜赫，生活奢靡无度。

扬州瘦马

鉴真渡海去日本百年后，日僧圆仁于唐文宗开成三年（838）七月抵扬州，是年在扬州度岁，他见到的情况是："街店之内，百种饭食，异常弥满。"（《入唐求法巡礼行记》卷一）自唐代开始，烹饪"南味"已渐渐分为三类，西南长江中上游为川味，东南长江中下游为淮扬味，岭南珠江和闽江流域为粤味。淮扬处于长江中下游，临江濒海，渔业发达，水产丰富，时鲜蔬菜终年不断，再加上烹饪技术的交流融会，自成一格。

彼时的扬州，已经是酒楼、饭馆林立，比起鉴真东渡时，更加浮华昌盛。

有钱有闲阶级大聚扬州，于是，消磨时光的风月场所便理所当然地成为扬州一大特色。花花公子杜牧回忆起客居扬州为官时的情形，道："十年一觉扬州梦，赢得青楼薄幸名。"有文学评论家在谈及杜牧心境时，用"不羁、潇洒"形容之，然而，我们酌情揣事，杜牧的本意应当不是感慨时光之变迁，而是夸耀自己在青楼的辉煌生活史。

关于杜牧的吃花酒历史，于邺的《扬州梦记》有详细记载。杜牧为牛僧孺淮南节度府掌书记，公务之余，他在扬州纵情宴游娱乐。扬州乃旅游胜地，城内每到夜晚，青楼之上常有上万盏红纱灯悬挂起来，灿烂辉煌，照彻夜空，九里三十步的长街上，熙来攘往着顶珠戴翠的人群；远远望去，犹如仙境一般。杜牧就常到这里冶游，没有一晚上不来的。又有兵卒三十人换成便服尾随在他的身后，暗中保护他。但杜牧以为自己的行踪绝无人知晓，心里颇为得意。其实他到什么地方寻欢作乐，牛僧孺无不心中有数。就这样过了几年，到他被升任侍御史时，牛僧孺在正堂设宴为他饯行，席间告诫他说："以您的才华和气概，在新的位子上，自能化险为夷，应付余裕；但要顾虑的是您在风情方面不能控制自己，说不定可能影响尊体的健康。"杜牧因误解了对方的好意，便说："本人幸而能够自我管束，不至于烦您操心的。"牛僧孺笑了笑，没有说什么，当即让侍仆拿来一只小书匣，在杜牧面前打开，里面是尾随他的那些兵卒的密报，共有上千份，上面写的内容都是：某天夜晚杜书记到了谁家，没有出事；某天晚上在哪一家宴饮，也没出事……

关于扬州的青楼和风尘女子，白居易《有感》说过这么一句话："莫养瘦马驹，莫教小妓女。"被称作"扬州瘦马"的扬州歌伎，曾经风靡大唐。

"瘦马"顾名思义，就是瘦弱、娇小的意思，完全是盐商变态的心理需要。同时，扬州出现了专门养瘦马的地方。扬州城里和周边农村那些衣食无着的贫寒人家，不得不卖掉自己生养的本来就瘦弱的女儿，去充当瘦马，来度过那些窘困无助的日子。买了五六个女子回来，就开始养瘦马。养者，即调教。光有形体瘦弱，这还不够。瘦马的举手投足，一颦一笑，都必须严格符合盐商的审美趣味。譬如走路，要轻，不可发出响声；譬如眼神，要学会含情脉脉地偷看；等等。

"扬州瘦马"闻名了数个世纪，以至到了19世纪30年代，易君左作《闲话扬州》，称："古人说的烟花三月下扬州，全国的妓女好像是由扬州包办，实则扬州的娼妓也未见得比旁的地方高明。"从而引发了一场轰动全国、震惊文坛的轩然大波。"一二·八"事变后，江苏省级机关一度疏散，易君左随教育厅的一部分人暂时迁移扬州，住在扬州南门街。扬州清秀雅致的景观和独特的历史文化形态引起了易君左的兴趣。他利用这个机会，一面大量阅读关于扬州的笔记文稿和历代地方史志，一面纵情游览，仅平山堂一处，他就游览过二十多次，写下了大量的日记、诗歌和小品文。回到镇江后，易君左根据客居扬州的见闻，兼之查阅的文史资料，写成了《闲话扬州》，由当时设在上海的中华书局出版，于1934年问世。

《闲话扬州》出版半年后，因为说了些"扬州瘦马"的闲话，以至让扬州的妇女同胞感到了影射的耻辱，于是以妇女界领袖郭坚忍为代表，扬州人组成声势浩大的"究易团"，声讨、抗议、告状，搅得易君左惶惶不可终日。直至最后，扬州妇女界将易君左告上镇江地方法庭。第一次开庭，易君左慑于扬州人民的浩大声势，未敢到庭。第二次开庭，易君左来了，神情沮丧，被带入被告席，忽有人高呼："揍易君左这个浑球！"庭外喊打声不绝于耳，吓得易君左面无人色。后来，地方名士王茂如出面调解，原被告双方达成如下协议：一、易君左公开向扬州人民道歉，赔偿名誉损失八百元；二、中华书局销毁《闲话扬州》版本。易君左公开在《民意日报》上道歉，离任江苏省教育厅编审室主任之职。

这件事情影响之大，以至朱自清先生在《我是扬州人》一文中说："我有些讨厌扬州人，我讨厌扬州人的小气和虚气……我曾经写过一篇短文，指出扬州人的这些毛病。后来要将这篇文章收入散文集《你我》里，商务印书馆不肯，怕再闹出《闲话扬州》的案子。这当然也因为他们总以为我是浙江人，而浙江人骂扬州人是会得罪扬州人的。"

扬州到长安

鉴真东渡成功使唐代的扬州更加受到世界的瞩目。僖宗广明元年（880），新罗人崔致远来到了扬州，在淮南节度使高骈帐下任书记官和都统巡官，此后五年，他亲身参与了扬州的政治经济和文化生活。

中和四年（884），崔致远被唐代皇帝许以唐使节的身份归国。后来，他把在唐朝的公文及诗歌、散文整理成一部二十卷的专著——《桂苑笔耕集》，将大唐文化传播到新罗，被誉为"东国文学之父""新罗文化的圣人"。崔致远在淮南幕时，和幕主高骈关系密切，为了向高骈祝寿，崔致远曾特地献上"海东人形参一躯，银装奁子盛"和"海东实心琴一张，紫绫袋盛"；重阳节时又送给高骈"蓬莱山图一面"；中和节时（唐德宗始定，相传为太阳真君的诞辰，在每年二月初一），再敬赠"人参三斤，天麻一斤"。这些新罗特产，或是摘采于美丽的山水之中，或是出自巧匠之手，又经历了万水千山的长途跋涉，因此十分名贵。

唐天宝六年（747），扬州人口达四十七万人，仅阿拉伯商人就有五千多人。来这里学取真经和汉文化的日本遣唐僧人和留学生络绎不绝。清末以后，漕运不经运河，扬州也就逐渐衰落。抗日战争之前，扬州人口是十二万人，只有唐朝繁荣时的四分之一。

然而，即使扬州如斯繁华，扬州人心目中的天堂圣地仍然是京师长安，而非其他。二十一岁即高中进士的刘禹锡被贬为连州刺史时，写过一首反映当地民情风俗的俚歌，题为"插田歌"，描述了扬州人的"长安梦"。一位跟着"上计吏"押送赋税、物产、贡品进了一趟长安的扬州小伙子，回到家乡以后，开始向乡人讲述自己进城的感悟和所见。他目睹了长安之繁盛和瑰丽，再也不想回乡务农。他走了个后门，获得补为卫士的机会，马上就要进京任职，并且相信自己两三年以后就要"做官人"，甚至就要大富大贵了。

这个故事让怀有"扬州梦"的人未免感到沮丧，然而实际上，正如后人不时地希望梦回那个"菊花、宝剑和酒"的时代一样，身处在那个时代的唐人对于长安也怀有向往。

唐人普遍以能够担任京官，尤其是秘书省、翰林院、国史馆这一类清职、要职为荣。开元四年（716），尚书右丞倪若水出为汴州刺史，恰逢扬州采访使班景倩入为大理少卿，进京时路过大梁，倪若水在西郊设宴饯行。宴罢，班景倩登舟，倪若水望其行尘，谓官属曰："班公是行若登仙，吾恨不得为驺仆。"默然良久，乃返。羡慕之情，溢于言表。

在唐代，从扬州到长安的路途是一条漫长的水上旅行，江南的才子从扬州坐船出发，沿江南运河到京口渡长江，再顺山阳渎北上，进而转入通济渠，逆黄河、渭河向上，最后才可以抵达长安。《新唐书·刘晏传》记载，有一年长安盐价暴涨，朝廷命从淮南取盐三万斛，以救关中之急。诏令下达后，仅用了四十天时间，就从扬州将盐如数运到长安，当时人以为奇事。今天，从扬州坐火车到西安不过十来个小时，去南京坐飞机则更快。而运河则早已失去漕运的功能，时空之变迁，令人感叹。

第三章　从扬州到长安

东都洛阳

在唐帝国数以百计的大城市中,扬州代表了商业的浮华,对唐人来说,除了长安,还有一座城市是他们难以忘却的,那就是东都洛阳。

在本质上,洛阳是属于历史的。而给历史中的洛阳做注脚的,则是奢华和风靡。

大业六年(610)正月十五,历史上著名的"享乐主义者"隋炀帝举办了一个相当于现在元宵灯会的国家级嘉年华活动。这次活动的排场相当大,全国的百戏、奇技艺人会聚洛阳,盛大的演出活动持续了一个月,每天晚上端门街都是灯火通明,人声鼎沸,使国家财政预算出现大规模赤字。

不过隋炀帝不在乎,他又让洛阳东市所有的店铺进行装修,"檐宇如一,盛设帷帐,珍货充积,人物华盛"。哪怕是一个卖菜摊,也要铺上用龙须草编织的漂亮席子,摆上美酒佳肴。

隋炀帝还在洛阳举办了国际贸易会,不计成本地吸引西域商贾,使丝绸之路很快繁荣起来。帝国的丝绸等运往西域,西域的珍宝也大量进入洛阳。这个奢华的帝王倾尽全国的GDP疯狂享乐,以致在大业十三年(617)二月,李密围逼东都,占据洛口仓之后,洛阳城内缺粮,而官库贮存的布帛堆积如山,贵族、官僚家里"以绢为汲绠(井绳),然布以爨(焚布生火做饭)"。

到了9世纪时的唐代,洛阳发展成为与长安并立的中国最辉煌、最美丽的城市之一。洛阳有宫殿、亭园和大批官员。洛阳还以特有的新鲜水果、美丽的花卉、带有彩色图案的锦缎、精美的丝绸布以及各式各样的陶瓷制品而著称于世。

作为唐朝的大都城,洛阳的地位仅次于长安;而就其人口而言,洛阳有一百多万人口,是唐朝的第二大城市。但是,武则天时代的洛阳,有着某种更为温馨、高雅的精神生活气氛，也许这得益于武则天对它的命名——神都。

弘道元年（683）十二月初四，唐高宗崩于洛阳紫微宫贞观殿。在最后的岁月里，他十分想念都城长安以及母亲灵魂的寓所大慈恩寺，然而他终未能如愿。因为遵照他的皇后武则天的意愿，帝国的中心已经暂移洛阳。此后，武则天在掌权期间，除了回长安住过两年（长安元年十月至长安三年十月），一直居留洛阳。

武则天为何如此痴迷洛阳？司马光在《资治通鉴》卷二〇〇中解释说，武则天害死王皇后、萧淑妃以后，"数见王、萧为祟，被发沥血，如死时状。后徙居蓬莱宫，复见之，故多在洛阳，终身不归长安"。《旧唐书·后妃传上》亦载："后则天频见王、萧二庶人披发沥血，如死时状。武后恶之，祷以巫祝，又移居蓬莱宫，复见，故多在东都。"岑仲勉先生认为，武则天"长期留居东都，无非为其曾在长安出家，避洛可以纵情荒淫享乐起见"。

或许是早年在宫闱斗争中杀戮过多，登基之后的武则天更加投入佛事。据《唐会要》记载，垂拱三年（687），武则天拆毁乾元殿，在原地基上建明堂。次年正月初五（一说当年十二月二十七日），明堂落成，高二百九十四尺，底部东西南北各广三百尺，共三层，上为九龙捧凤，凤高十尺，用纯黄金装饰，中间有一根十围粗的大木柱，上下贯通，下面安置铁制水渠，号"万象神宫"。

武周时代，南市是洛阳巨大的市场，南市的占地面积达两个街区（"坊"）。在这个市场里，有一百二十个分类经营商品的集市或街，整个市场包括数千家单独的商店和货栈。对于居住在洛阳的外国人来说，洛阳城里有平时奉祀外国神的寺院，其中有三所寺院是拜火寺，从而证明了波斯移民的存在。武周时代的洛阳城延续了隋炀帝时代开创的风范，时尚潮流，繁华异常，并且是国家重要的考场，在当时尽显风流，众多

△ 牡丹 | 清 | 恽寿平 | 台北故宫博物院藏

才俊会集于此，开后世建立书院研究典籍之风。

　　武则天时代洛阳的宫殿群——洛阳宫和万象神宫，是历史上最华美的宫殿群之一。而高宗在洛阳时行政的上阳宫，"南临洛水，西拒谷水，东即宫城，北连禁苑"，其正门正殿皆东向，傍洛水做横亘一里长的长廊，并做虹桥跨洛水与西上阳宫相连。宿羽宫和高山宫亦辉煌壮丽，承高临深，有眺望之美。因宫室过于壮丽，其建造者司农卿韦弘机被指责为诱导皇帝弃俭从奢，获罪丢官。

　　时至今日，洛阳南市已消散于市井的犄角旮旯，从洛阳王城广场东市百货大楼的名字里依稀可寻东市的印痕，至于那些琼楼玉宇，只能站在隋唐遗址公园上想象了。而温柔坊和恭安坊这两个有名的坊，现在蹲着洛阳师范学院。定鼎门则被高尔夫球场占据了，只是不知精英们挥杆的时候，是否会击中唐朝的尘埃。

　　洛阳还因为武则天与牡丹的关系而为人所知。据说这位女皇是一个极富感情的人，尤好牡丹，她将长安的一些牡丹带到洛阳来，牡丹也就在洛阳繁盛了。据唐人舒元舆《牡丹赋序》说，那个时候，从贵族到平民，每家都种牡丹，盛开的牡丹弥漫开来，如同四野的河水般灿烂。每年暮春之月，游玩的书生、花痴和狂士如同犯了"花粉期综合征"般迷醉，这一场面成了洛阳的一大盛景。

　　每一年，牡丹花盛开的时候，整个洛阳城，都充满了花香，这种香味很特别，不冲，却香气袭人。随着阵阵春风吹拂，牡丹花的香味传得更远。面对这名花，纵然有无限春愁秋恨，都可以消除。

益州成都

　　今天翻开中国古代的城市历史可以发现，对于唐代来说，两京之外

△ 明皇幸蜀图 | 唐 | 李昭道 | 台北故宫博物院藏

的扬州，只是诸多大城市中的一个。成都在当时叫益州，在天下长安、洛阳之外的各州郡排名中位列第二——扬一益二。扬州自古就是烟柳繁华之地、温柔富贵之乡，成都则以丰富的物产和发达的商业、手工业著称。唐代中期的成都，其规模和人口是隋朝时的十倍。成都的闻名，还在于它是唐帝国大逃亡时的后花园。有唐一代，皇帝逃跑的第一选择必然是过秦岭下成都。以至到了唐朝后期，皇帝不得不在成都屯下重兵，保证自己成功逃亡。

天宝十五年（756）七月二十八庚辰日，玄宗的车驾抵达成都。他们在成都城外清点士兵和宫女时，发现"扈从官吏军士到者一千三百人，宫女二十四人而已"。这些狼狈的士兵和宫女日夜兼程，穿越秦岭崎岖的山路，日晒雨淋，个个蓬头垢面。玄宗在成都待了一年又两个月。成都有当今天子驻扎，蜀郡升为成都府，号"南京"。史籍没有记载玄宗在成都的生活细节，只说禁卫军和蜀军发生矛盾，把这个逃难的皇帝吓得胆战心惊。

一百二十多年后，广明元年（880）十二月，黄巢的军队攻入长安，当天百官退出朝堂，听说乱兵已入长安城，分路躲藏。只有五百名神策军士兵护卫着唐僖宗自金光门悄悄出城，福王、穆王、泽王、寿王及几个妃嫔也随銮驾而去，百官竟无人知晓皇帝去向。唐僖宗昼夜不停地奔驰，随从大多跟不上。唐僖宗的车驾既已远去，长安城中的军士及坊市百姓争先恐后地闯入皇家府库盗取金帛。入城的黄巢坐在一架金色马车上首先到达。随后的军队——此时已达数十万众——全部穿着锦缎，头发一律扎着红丝带。僖宗一路奔逃到成都，途中没有人供给粮食，幸亏后面赶上的汉阴县令李康用骡子运糇粮数百驮献给行营，随从逃亡的军士才有饭吃。

光启元年（885）正月，僖宗自成都起程，三月重返长安。不料到了当年腊月，河中节度使王重荣的大军又进逼长安，僖宗第二次逃亡成都，结果在半路上生病了，跑到兴元（汉中）就煞住脚。

唐代成都的城市人口数量约为十万户，五十万人。街道共有三四百条，各类"坊"也有一百二十个。季节性的专业市场有春天的茶市、夏天的扇市、秋天的药市等。这时候，成都的造纸业、制瓷业跟织锦、漆器一样名闻全国。唐朝政府曾经做出规定，凡各种公文和重要图书，一律以益州麻纸书写。邛崃产的"邛三彩"，寓居成都的诗人杜甫曾经用手摸过，说它的质地像玉一样温润，胎底像霜雪一样洁白。

浣花溪，在成都西郊。明人钟惺《浣花溪记》说："出成都南门，左为万里桥。西折纤秀长曲，所见如连环、如玦、如带、如规、如钩，色如鉴、如琅玕、如绿沈瓜，窈然深碧，潆回城下者，皆浣花溪委（指水流汇聚处）也。"杜甫在浣花溪边建立了草堂。薛涛也曾居浣花溪，这个女校书喜欢在住处造纸，采用木芙蓉皮做原料，加入芙蓉花汁，制成深红色的精美小彩笺，用于写小诗酬和，人称"薛涛笺"或"浣花笺"。浣花溪水清滑，所造纸笺光洁可爱，为他处所不及。关于"浣花笺"，有很多题咏，韦庄有诗曰："浣花溪上如花客，绿暗红藏人不识。留得溪头瑟瑟波，泼成纸上猩猩色。手把金刀擘彩云，有时剪破秋天碧。不使红霓段段飞，一时驱上丹霞壁。"（《乞彩笺歌》）李商隐也有诗赞曰："浣花溪纸桃花色，好好题诗咏玉钩。"（《送崔珏往西川》）

《太平广记》卷一二二《报应二十一》收录唐人卢氏《逸史》的片段，记载了成都一则传奇的官员夺别人妻子的故事。

天宝末年，有一个姓张的人任剑南节度使。中元节那天，他下令给成都城内的寺院隆重装扮，任凭善男信女去游览。原来，华阳人李尉的妻子非常美丽，有闭月羞花之貌，蜀地的人都听说过。张某也知道这些传闻，忍不住想一窥究竟，特意制造机会。

各寺院如期展出各种奇器珍宝，全城百姓都出来游览了，凡是有州县官员的眷属前来观赏的，手下人一定去报告张某。唯有李尉之妻没来。张某失望至极，又派人向邻居打听，原来李妻"果以貌美不出"。张某再次下令，召集成都的能工巧匠，在开元寺的大院里制造奇器。工匠们"极其妙思，作一铺木人音声，关戾在内，丝竹皆备"。这是一整套能演奏出各种音乐的木人，并有控制木人动作的机械装置，而且乐器种类齐全。张某对此非常满意，"令百姓士庶，恣观三日，云'三日满，即将进内殿'"，也就是说，木人乐队只展出三天，其后将送往京城献给皇帝。

这次展览异常火爆，百里之内，车辆和轿子塞满道路。"二日，李君之妻亦不来。三日欲夜，人散。"这时，有探子报告，李妻乘轿子出门，带着一个丫鬟朝开元寺方向而来。张某连忙换上衣服到开元寺去，躲入院内一尊中空的佛像，以便偷看。一会儿，李妻抵达，先叫丫鬟确认屋内无人，才下轿。张某见到她，不禁感叹道："乃神仙之人，非代所有！"

意思是说李妻一定是仙女，如此美丽，绝非人间所有。张某暗自思量如何能得到李妻。凑巧，"李尉以推事（审理案件）受赃（贿赂），为其仆所发（举报）"。张某乘此机会，加重惩罚李尉，"奏杖六十，流于岭南"，李尉蹊跷死于流放途中。张某再施手腕，最终得到了李妻。

这个故事中类似今天音乐八宝盒的机械木人乐队，十分奇巧，实际上，唐传奇记载了很多类似的机关和神奇物品。如唐人牛肃《纪闻》说，开元年间，东海郡的马待封担任宫廷技师，"能穷伎巧"，"于是指南车（方向仪）、记里鼓（计算距离的仪器）、相风鸟（测定风向的仪器）等，待封皆改修"，其精良巧妙，超过前人。尤其是为皇后造的梳妆台，"中立镜台，台下两层，皆有门户"。皇后梳洗打扮时，开启梳妆台，便有木制机械美人，手执毛巾、梳篦出现在面前，"至于面脂、妆粉、眉黛、髻花，应所用物"，都是机械美人拿着，按照次序来到皇后面前。皇后妆罢，机械美人手持梳妆用品离去，妆台诸门皆关闭。"其妆台金银彩画，木妇人衣服装饰，穷极精妙焉。"

广州港

广州是另外一个重要的港口城市，和扬州不同的是，广州被称为"通海夷道"，主要用于对外交往。当时从广州出发，沿今越南海岸航行，穿过新加坡海峡、苏门答腊岛、锡兰岛（今斯里兰卡岛）到达印度半岛西岸。在此分为两路：一路进波斯湾，沿东岸抵幼发拉底河口的乌剌国，陆行至当时世界商业中心之一巴格达；另一路由印度半岛横渡印度洋，到达非洲东部的三兰国，也可通到乌剌国。这是当时世界上沟通亚非两洲最长的一条远洋航线，全长一万多公里。

薛爱华在《撒马尔罕的金桃：唐朝的舶来品研究》中记载了这些海

客在广州的生活、贸易情形："那些皮肤黝黑的外国人，在广州出售他们带来的气味芬芳的热带木材和几乎近于神奇的药材，求购大捆的丝绸、成箱的瓷器和奴隶。他们从事的贸易活动使那些甘愿放弃北方的舒适生活，来到南方经商营利的商人发了大财，同时也使广州城和岭南道的统治者得以具有了超乎寻常的崇高地位……"

《唐大和上东征传》讲到天宝九年（750）鉴真从海南岛来到广州，看见珠江上的情景是："江中有婆罗门、波斯、昆仑等舶，不知其数，并载香药、珍宝，积载如山。其舶深六七丈。师子国、大石国、骨唐国、白蛮、赤蛮等往来居住。种类极多。"婆罗门即现在的印度，波斯即现

△ 东征传绘卷（局部）｜日本唐招提寺藏
新任遣唐使藤原清河前来拜会鉴真。

在的伊朗，昆仑即现在的马来半岛、印度尼西亚，师子国即现在的斯里兰卡，大石国即大食国，指阿拉伯帝国，骨唐国、白蛮、赤蛮现已无法弄清其具体方位。鉴真看到的这些外商，大抵来自从今马来半岛到阿拉伯半岛之间的地区。

《中国印度见闻录》记载，回历二六四年（877年9月13日至878年9月2日），黄巢率叛军进攻广州，遭到了城内居民的抵抗。黄巢围城多日，才得以破城，入城后，便放纵士兵，屠杀城内居民。据熟悉中国的人说，不计罹难的中国人，仅寄居城中经商的伊斯兰教、犹太教、基督教、拜火教的教徒，总共有十二万人被杀害。后来，另一位阿拉伯地理学家马苏第（Al-Masudi）在《黄金草原与宝石矿产》（*Meadows of Gold and Mines of Gems/Muruj adh-dhahab wa ma'adin al-jawhar*）中说被害的人数是二十万人。

广州还有着唐帝国最先进、数量最多的战船。德宗兴元元年（784），杜佑为岭南节度使，在广州督造战船，有楼船、艨艟、斗舰、走舸、游艇、海鹘六种，"其船，阔狭、长短随用大小；胜人多少，皆以米为率，一人重米二石。其楫、棹、篙、橹、帆、席、绹索、沉石、调度，与常船不殊"。

《唐国史补》卷下记载："南海舶，外国船也，每岁至安南、广州。师子国舶最大，梯而上下数丈，皆积宝货。至则本道奏报，郡邑为之喧阗。有蕃长为主领，市舶使籍其名物，纳舶脚，禁珍异，蕃商有以欺诈入牢狱者。舶发之后，海路必养白鸽为信。舶没，则鸽虽数千里，亦能归也。"彼时，远航的海客已经知道使用驯养的信鸽来传递信息。又记载："舟人言：鼠亦有灵，舟中群鼠散走，旬日必有覆溺之患。"人们也发现了动物对于自然危险的预知性，在海船上养一窝老鼠，如果老鼠仓皇乱窜，那意味着有大浪或海啸。

1世纪，波斯湾北岸的阿曼（Oman）出现一种用棕榈纤维捆扎的马达拉塔船（madarata）。后来，这种造船技术在尸罗夫（Shiraf or Siraf,

波斯最大的海港）和阿曼发展成用椰索绳缝合、用油灰填塞船缝的新式缝合木船。中世纪早期，阿曼和阿拉伯半岛南部沿海的船工还创造出用椰索缝合的单桅木船，叫作"马卡布"（markab）和"赛发纳"（safinah）。直到9世纪，阿拉伯的船只仍然有"用绳索（不是用钉子）拼合的"，"用绳索栔拴合船板，是尸罗夫船特有的特点"。

唐代，这种用桄榔纤维缝合木船的技术在岭南沿海流传。刘恂《岭表录异》卷中云："桄榔树，枝叶并蕃茂，与枣、槟榔等小异。然叶下有须，如粗马尾，广人采之，以织巾子。其须尤宜咸水浸渍，即粗胀而韧，故人以此缚舶，不用钉线。"刘恂还记载了时人发明用"橄榄糖"填塞船缝的方法："橄榄树……树枝节上生脂膏如桃胶，南人采之，和其皮叶煎之，调如黑饧，谓之橄榄糖。用泥船损，干后，坚于胶漆，着水益干耳。"

为了模拟和验证唐代"广州通海夷道"（远洋航线帆船利用季风及海流的航海术航行到广州）的便利，纪念阿曼著名航海家艾布·阿比达（Abu Ubayda）曾于8世纪中叶乘船来广州的事迹，以及庆祝阿曼的国庆，1980年由阿曼苏丹卡布斯（Sultan Qaboos Bin Said）倡议和资助，仿照唐代的木双桅三帆船，造成了以阿曼国古都苏哈尔（Sohar）命名的"苏哈尔"号帆船，搭载航海家、海洋生物学家、潜水员、摄影师、医生等二十多人，于11月23日从阿曼首都马斯喀特（Muscat）出发来广州。全船不装近现代动力设备，全凭季风鼓帆行驶；也不配备科学仪器，而是借助于罗盘针、占星术等中世纪方法判断方位和航行。"苏哈尔"号战胜了大海的浩渺鲸波，沿着唐代大食到广州的航线，驶过了唐代中外文献所记载的七个海——波斯海、拉尔海、海尔肯德海、质或硤海、军突弄海、孟加拉国海、西支那海，历时二百一十六天，航程长达六千英里（9600公里至9800公里），于1981年7月1日顺利到达珠江口，并驶入广州港洲头咀码头。

杭　州

另一座江南名城杭州此时还没有达到南宋国都临安的辉煌，但已经显露出风华绝代的颜色。隋初把钱唐县升为杭州州治，特别是接着而来的江南运河在7世纪初开凿，从此，杭州到中原，有了直达的水路交通。杭州成为江南运河的终点，又是运河与钱塘江的交汇处，而作为州治的柳浦，恰恰又是南渡去会稽的要津。这样，杭州就跃升为一个商业城市，因而得到了迅速的发展。此外，喜爱狎妓的白居易在杭州充分展示了自己的政治才华，他主持疏浚了西湖，并疏通了六井的阻窦，使之恢复充沛，自此，西湖成为中国人心目中最喜爱的湖。

有唐一代，平民百姓来西湖是散步，游历的诗人则是来西湖怀念一个女子——苏小小。

苏小小，钱塘名倡，身世没有详细记载，却出现在众多唐代文人的笔下。长着一张丝瓜脸的诗人李贺，曾经骑着小毛驴，在西湖边写下怀念这位女子的传世诗歌："无物结同心，烟花不堪剪。"

开元十三年（725），大理少卿袁仁敬出任杭州刺史时，发动百姓造林，"植松于行春桥西，达灵竺路，左右各三行，每行相去八九尺，苍翠夹道，阴蔼如云，日光穿漏若碎金屑玉，人行其间，衣袂尽绿"（清雍正《西湖志》卷三）。这就是后世闻名的西湖九里松，可惜在清季毁于一旦。

很多中国人都知道"缘定三生"这句话，三生分别代表"前生""今生""来生"，《红楼梦》第一回便有这么一个缘定三生的故事："只因西方灵河岸上三生石畔，有绛珠草一株，时有赤瑕宫神瑛侍者，日以甘露灌溉，这绛珠草始得久延岁月。后来既受天地精华，复得雨露滋养，遂得脱却草胎木质，得换人形，仅修成个女体，终日游于离恨天外，饥则食蜜青果为膳，渴则饮灌愁海水为汤。只因尚未酬报灌溉之德，故其五

△ 西湖图 | 元 | 佚名 | 美国克利夫兰艺术博物馆藏

内便郁结着一段缠绵不尽之意……那绛珠仙子道:'他是甘露之惠,我并无此水可还。他既下世为人,我也去下世为人。但把我一生所有的眼泪还他,也偿还得过他了。'"彼岸花也就是曼珠沙华,在古梵文佛经中,意指地上之花。在西方,它是由神魔之血混合后诞生的。

而三生石便在杭州,唐人袁郊《甘泽谣·圆观》记载。隐士李源住在洛阳惠林寺,和住持圆观(他书或作圆泽)交好,互为知音。两人相约去四川游玩,上青城、峨眉,同访道求药。圆观想游长安、出斜谷,从北部陆路入川,而李源想上荆州、出三峡。争此两途,半年未决。最后在李源的坚持下,两人从长江水路入川。行舟至南浦时,停泊于山下,遇见一群妇女正在河边汲水。圆观一见她们就哭了,说他之所以不愿意走水路,正是因为他注定要做其中那个怀孕三年的王姓妇人的儿子,现在既然遇到了,就躲不开了。他和李源相约十二年后的中秋月夜在杭州天竺寺外相见。当晚,圆观便圆寂了,孕妇也顺利产子。过了三天,李源去探视婴儿,褓褓中的男娃果然冲他一笑为验。十二年后,李源如约来到杭州天竺寺,见到一个牧童唱道:"三生石上旧精魂,赏月吟风莫要论。惭愧情人远相访,此身虽异性常存。"李源与之相认,牧童说他就是圆观,但是尘缘未了,不能久留,唱道:"身前身后事茫茫,欲话因缘恐断肠。吴越江山游已遍,却回烟棹上瞿塘。"唱完他就离去了。

如今,人们天天穿梭在唐代大城市废墟之上的人流里,赶公共汽车,然后在菜市场和电视机旁边度过日子。在西安、扬州、成都、广州和杭州这些昔日盛唐的大城市中,有许多人像蒲公英一样飞走,五年之内,他们当中有百分之八十左右的人都会离开,嫁人生子、改行、跳槽到对手公司、自立门户。曾经,一个来自英国北部的乐队 The Verve,在巅峰时刻毅然宣布解散,留下的是告别碟"History"唱片封套上的一句话:"所有告别都该是突然而来的。"有的时候,你会发现,迷恋一个城市远远比迷恋一个人的灵魂容易得多。

第三章 从扬州到长安

坊 市

1893年，在芝加哥举办的哥伦布纪念博览会（World's Columbian Exposition）引发和推动了美国的"城市美化运动"（"City Beautiful Movement"），带动了美国地方政府一系列的改革运动，如卫生改革运动、保证城市开放空间运动、住房改革运动等，形成了许多影响至今的规划制度。

当时美国进行"城市美化运动"及城市规划的动机，一是用城市建设来炫耀，同时促进城市经济的发展；二是企图以政府有限的介入来协调对土地资源的使用，控制土地投资等资本主义市场经济的自发行为。

实际上，唐代的城市规划已经预设了各种社会势力追求控制城市土地资源以谋取利润的土地投机行为，因此唐代自立国开始，承袭了前代的一些做法，在城市建设上实行坊市制度，即严格区分商业贸易的"市"与居民住宅区"坊"，并加以严密的管理控制。

当时，从京城到各地州县均设置"市"，各大城市的"市"中更是店铺林立，贸易繁荣。在北方，京城长安东市，南北居二坊之地，"街市内货财二百二十行，四面立邸，四方珍奇，皆所积集"（宋敏求《长安志》卷八）；而在南方的扬州，古称广陵，"当南北大冲，百货所集"，也吸引了诸道节度观察使来此与民争利，"多以军储货贩，列置邸肆"（《唐会要》卷八十六《市》）。

自唐中期起，商业的繁荣和市场的扩大日益冲破坊市制度的限制。一方面，在"市"以外各坊有形形色色的商肆店铺日渐散布，贸易交换不再局限于"市"内进行。而且，有许多小商贩挑着担子走街串巷，直接深入居民区进行商业贸易。另一方面，严格实施的夜禁措施渐渐放松，夜市开始出现在长安、扬州、汴州等大城市。同时，唐代城市中的市场规模也不断扩大，成为市民进行商品性消费时最重要的硬件。

商业发达使唐朝的城市更具吸引力，很多胡商和使节在唐朝各个城市定居，富豪也涌入了城市置业。于是，房地产业成了城市最热门的行业之一。

唐中宗嫡女长宁公主就是一个知名的"房地产开发商"。她出嫁时，母亲韦后赐给她两千五百户的采邑，比亲王的待遇还多三倍，另外还有数不清的金银赏赐。哪知道，这位酷爱房地产开发的公主为了把府邸打造成洛阳城的地标，又是圈地，又是搞装修，愣是把公主府里的钱花光了。

随后，为了缓解资金压力，长宁公主又打着韦后的名义在长安圈占了两块升值潜力巨大的地皮——高士廉府邸和左金吾卫的军营。圈到手后，她立即开始盖房，硬是把两处合二为一，成为长安城的新地标。接着，长宁公主开始进军商业地产，她把府邸西边的空地圈了过来，开发成豪华马球场，以增加自己开发物业的配套价值。后来，她听说当年唐太宗爱子魏王李泰的老宅子不错，有池塘三百亩，升值前景可观，就再次出手，强行圈了过来，开发成超豪华别墅。除了在京城城区拿地，她还特别留意郊区有升值潜力的地块。洛阳刚取消了永昌县的设置，她就把县衙抢到手，开发成自己的新府邸。

李隆基平定韦后之乱之后，贬长宁公主驸马杨慎交为绛州别驾，命夫妇二人一同前往。长宁公主当时在洛阳的府邸刚刚建好，还没来得及住进去。她含泪退出房地产界，交出这片宅邸作为景云祠，也就是唐睿宗李旦的纪念堂，又出售了长安的两处豪华府邸。长宁公主在卖府邸的时候，光木石等建筑材料的价值便值二十亿万钱，这还不包括家具、装修、地段价值，着实让帝国人民开了一回眼界，要知道，在开元、天宝年间，一斤米也不过十文钱。

建中四年（783）六月，经历过安史之乱后的唐帝国，藩镇与朝廷的战火愈演愈烈，自讨伐叛藩以来，"月费钱百三十余万缗，常赋不能供"。掌管户部实权的判度支赵赞把目光瞄向了数百年积累的"房地产"，向当朝皇帝德宗建议实行税间架与除陌钱二法（《资治通鉴》卷二二八）。

所谓税间架，就是征收房屋税。根据《资治通鉴》的记载，"所谓税间架者，每屋两架为间"。也就是说，两个并列的屋架之间的空间为一间，以此为征税单位。此外，还按照房屋分为三个等级，"上屋税钱二千，中税千，下税五百"。与此相配合的除陌钱就是征收房地产交易税。不管公私赠予还是买卖，每缗（千钱）官留五十钱（收百分之五）；以物相贸易者，折钱计算。为防止偷税漏税，德宗在物业税征收上有着严格规定，凡是胆敢隐藏实有房间的，杖打六十。对于勇于揭发这些藏匿行为的举报人，则奖励五万钱（敢匿一间，杖六十，赏告者钱五十缗）。一时间，全帝国不见纳税人，只见线人满天飞。

然而，经历过安史之乱后，帝国的元气大伤，再不复贞观、永徽、武周、开元、天宝的盛世，彼时的帝国，战乱纷纷，房地产价值一落千丈，人们居无定所，保不准明天就要因为战争卷铺盖跑路了，因此，这个短命的唐代房地产改革只有几个月就夭折了。

商业社会

如何在大城市的繁杂格局中统一人的内部世界和外部世界，充分维护和发展城市中各个区域、各种文化、各种人群的多样性和各自特性，这个问题是美国城市理论家刘易斯·芒福德（Lewis Mumford）1961年在《城市发展史》(*The City in History: Its Origins, Its Transformations, and Its Prospects*) 中提出的。实际上，在唐朝，伴随着大城市的出现，这些问题也显现了出来，然而，唐朝的大城市在一个相当长的时间里保持着昌盛的发展——至少从表面上看是如此。

薛爱华在《撒马尔罕的金桃：唐朝的舶来品研究》一书中做过论述。第一，这一时期是一个时间漫长、富足安定、物价低廉的时代，"南诣荆、襄，北至太原、范阳，西至蜀川、凉府，皆有店肆，以供商旅。远适数千里，不持寸刃"（《通典·食货七》）。第二，随着商业贸易的发展，古老的自然经济开始动摇，并最终在开元十九年（731）被得到官方认可的货币经济取代了。货币经济地位确立的结果，促成了经济状况的空前繁荣，而像扬州和广州这样的商业中心尤其如此。第三，新的金融界不仅代表了商人和中间商的全盛时代，而且也宣告了独立自耕农的崩溃，唐朝创建初期授予自耕农的小块土地在8世纪时就已经丧失殆尽了，大量无土地者为庞大的城市运转提供了人力资源。

城市商业社会的建立，相当程度上是由于唐代农业社会的安定与富足，唐朝政府很重视农田水利灌溉。据史载，在唐前期一百三十多年中，兴修的水利工程达一百六十多项，分布于全国广大地区。随着水利的发展，唐代的灌溉工具也有相应的进步。当时，除了以前已有的桔槔、辘

△ 耕渔图（局部）｜唐｜李思训｜台北故宫博物院藏

轳、翻车还在普遍使用，人们又创造了连筒、筒车和水轮等灌溉新工具，大大提高了灌溉效率。唐自统一全国以后，农业生产开始恢复，到玄宗开元年间发展到高峰。农业生产发展的结果，使粮价越来越便宜。开元十三年（725），"东都斗米十五钱，青、齐五钱，粟三钱"（《资治通鉴》卷二一二）。此后直到天宝末年，物价长期稳定。

唐人李翱《平赋书》说："一亩之田，以强并弱，水旱之不时，虽不能尽地力者，岁不下粟一石。"《新唐书·食货志》载："宪宗……乃以韩重华为振武、京西营田、和籴、水运使……因募人为十五屯，每屯百三十人，人耕百亩……垦田三千八百余顷，岁收粟二十万石，省度支钱二千余万缗。"由此材料计算，屯田者共耕田 1950 亩，合亩产为 1.025 石。唐量亩产一石合 3.81 石，再考虑到种豆等因素，打九四折，折合为亩产 3.75 石，折合今市制为亩产 334 斤。而据经济史专家吴慧研究，清代的平均亩产比明代（亩产 346 斤）共增加 21 斤，也不过为 367 斤。

除此之外，帝国强大的影响，保证了前来交易的各国胡商的安全和相对公平，那个时候，从中亚到长安的丝绸之路纳入帝国的统治版图下，使这条商路不但可以受到帝国军队的保护，还有顺畅的邮路和驿站。

于是，商业的繁华、富足安定的农业社会、强大的帝国影响，自然造就了文艺的繁华，这也使今天我们能够从各种典籍诗歌中体味唐代给予的想象力。从物质到精神，唐代呈现给我们的是一个完整的盛世 DNA 图谱，而城市，只是其浓缩的体现罢了。

第四章　胡人的唐

西 市

贞观四年（630），来自唐帝国西北的酋长们为皇帝李世民献上了一个令后世中原皇帝羡慕不已的尊号——"天可汗"，意为李世民不仅是大唐皇帝，更是诸蕃共尊的万王之王，"敬之如父，礼之如天"。

实际上，"天可汗"的称号被后世皇帝羡慕甚至仰慕，不仅在于其称呼上的尊贵，更在于一种实质性的政治体系。李世民以大唐皇帝的身份兼行可汗事，诸蕃既维持本族风俗，又接受大唐官职。

此后，胡人开始以大唐公民的身份登上大唐帝国的历史舞台，从西北的丝绸之路到南方的大海，甚至高丽和日本，都有胡人的踪迹。这些天生的漂泊者和游牧者，就像中世纪游荡欧亚大陆的吉卜赛人，不同的是，吉卜赛人以卖艺为生，胡人则大多数以经商闻名。当然，长安也云集了很多胡人艺术家。

唐德宗贞元年间，来自西域康国的少数民族音乐家，宫廷里的著名乐师康昆仑代表东市，与西市推出的琵琶高手斗曲。后来各种笔记描述的现场场景，大都做过艺术加工，突出了其中的戏剧化效果。段安节《琵琶录》载："正（贞）元中，康昆仑琵琶第一手。两市楼抵斗声乐，昆仑登东彩楼，弹新翻羽调《绿腰》，必谓无敌。曲罢，西市楼上出一女郎抱乐器云：'我亦弹此曲。'兼移在枫香调中，下拨声如雷，绝妙入神。"白居易《琵琶行》中"轻拢慢捻抹复挑，初为霓裳后六幺"一句，便来自这场比拼。

今天，当我们在西安高新区的唐城墙遗址公园看到地面上那幅唐长安城全貌图时，会发现"东市""西市"镶嵌在诸多"坊"间。东市位于现在西安交通大学一带，在当时主要是国内市场。西市则位于西安市劳动南路和东桃园村之间，是当时世界上最重要的国际性市场和时尚娱乐中心。相比东市，西市更嘈杂，更大众化。西市也是处决犯人的地方。此外，西市的外国货也比东市多。

依照唐朝法令，每个集市都要陈列出写明其专营货物名称的标志，每个集市都被货栈环绕，而且都有自己独特的商品种类和一位首脑（行头）。大多数胡商都来到西市，陈列出自己带来的要出售的商品。通过西市时，你会看到一排排的屠宰市、金属器皿市、衣市、马市、丝绸市和药市。

8世纪中叶以后，茶叶商人特别受消费者的欢迎。新的饮茶风尚并非仅在汉人中流行，据说，来到长安的回纥人在办事之前，第一件事就是驱马前往经营茶叶买卖的店铺。这些嗜茶者的同胞——回纥高利贷商人，在西市的胡商中占有重要的地位。

当其盛时的西市，是长安城中一个著名的酒类生产地，唐代名酒"西市腔"即产于此。唐代手工业与商业分工并不明显，按照《唐六典》对工商业所下的定义，"工作贸易者为工，屠沽兴贩者为商"。工作贸易者是自制自销，也就是手工业者兼经商。造酒业就属于此类。西市不仅经营酒买卖，也进行酒类生产。"西市腔"是产于西市酒家的最有名的品种，质量高，价格贵，享誉全国——唐代的茅台也。

由于西市的国际化地位，这里的传奇逸事多被载入史册。唐人张鷟《朝野佥载》卷六记载，唐代魏伶做长安西市丞时，养了一只红嘴乌鸦，经常在热闹的地方向人要钱。如果有人给它一文，它就衔着送到魏伶的住处，每天能收几百文，人们叫它魏丞乌。

那个时候，长安胡人荟萃，奇货云集，突厥王子仔细揣摩着来自印度的珠宝商的神情举止，日本的参拜者则以惊奇的目光凝视着粟特的商

△ 唐胡人俑　　△ 唐加彩胡人俑　　△ 回纥王供养像｜莫高窟第409窟

队。而有些人则得到了财富。薛爱华在《撒马尔罕的金桃：唐朝的舶来品研究》一书中讲道，一位阿曼的犹太商人从唐朝带回了一只黑瓷瓶，瓶子上盖着金盖，里面放着"一枚黄金制作的鱼，鱼的眼睛是用红宝石镶嵌成的"，而且"瓶子里还添加了质量最上乘的麝香"，"光是瓷瓶里盛放的东西的价值就达五万第纳尔"。

突厥人

在来往帝国的胡人中，最骁勇的是突厥人，传说他们的祖先是中亚大陆上的草原狼。现在全球约有一亿三千万名操突厥语族语言的人，他们大多自称突厥人或突厥人后裔。

贞观四年（630），来自唐帝国心脏的部队大破突厥颉利可汗（阿史那咄苾）于阴山，东突厥灭亡，帝国的势力控制到贝加尔湖以北。颉利可汗和家人在这次战役中沦为俘虏。作为突厥君主的颉利可汗，曾经在贞观元年（627）带领十万名突厥骑兵攻入渭水，但最终以退兵收场，或者是因为胆怯，或者是因为李世民的确有出众的才华，这一次是突厥离长安最近的一次，他们屯军的泾阳，离长安只有七十里。颉利可汗被捉到长安城后，李世民授其为右卫大将军，赐以田宅。他的形象也被刻成石像，列置于唐太宗昭陵北司马门内，为十四位少数民族首领石像之一。但他的后人最终没有回到他们熟悉的阿尔泰山。2005年10月，颉利可汗之子阿史那婆罗门的墓志铭发现于西安市东郊，现藏西安碑林博物馆。

阿史那是突厥的王室姓氏。《周书》卷五十《突厥传》记载了突厥起源的传说。突厥人的祖先出于索国，在匈奴之北。其部落大人叫阿谤步，兄弟十七人，其中一个叫伊质泥师都，狼所生也。后来突厥人的部落被灭，伊质泥师都由于身具异禀，能征召风雨，而活了下来。伊质泥师都娶了两个妻子，据说是夏神和冬神之女。伊质泥师都的大儿子讷都六后来被奉为共主，定族号为突厥。讷都六有十个妻子，所生子皆以母族为姓，他最疼爱的小老婆，就姓阿史那。

5世纪，突厥人成为柔然的种族奴隶，被迫迁居金山（今阿尔泰山）南麓，为柔然主人锻铁，被称为"锻奴"。后来，这个自诩为神狼子孙的民族强盛之时，建立了草原帝国，其疆域从西域的葱岭（帕米尔高原）到北庭的牙帐，再到辽东的渤海、回纥、室韦、契丹、薛延陀、铁勒、粟特、党项（羌）、奚族等数十个族群蜷缩在它的脚下瑟瑟发抖，吐谷浑、高昌、龟兹、于阗、疏勒、朱俱波、葱岭、高句丽、百济、新罗等十几个国家对之俯首称臣。就连中原汉人王朝，也一度因为隋帝国的崩溃，被摆上了汗国的餐桌当待宰羔羊。在大唐统一天下的过程中，每一场重要战役，背后都有这个北方霸主的影子。

突厥人的武力一度震慑了中原，成为强者的标志。据《资治通鉴》卷一九六记载，李世民的长子李承乾"好效突厥语及其服饰，选左右貌类突厥者五人为一落，辫发羊裘而牧羊，作五狼头纛及幡旗，设穹庐"，他自坐帐舍之中，命左右烹羊以进，拔佩刀割肉，与众共啖。突厥人给中原汉地留下印象最深的，就是它那支来去如风、骁勇善战的骑兵部队。这支骑兵最盛时有四十万人，虽然人数较中原王朝的军队并不为多，但往往能以寡溃众，令对手不寒而栗。一般来说，突厥骑兵由三部分组成，即侍卫之士、控弦之士和柘羯。李渊太原起兵之后，从突厥购买了良马两千匹，还借来了小部分突厥骑兵，西突厥部落的史大柰更是率领部下的骑兵在会宁归附了李渊。

《大慈恩寺三藏法师传》记载了玄奘曾经目击突厥人围猎、服饰、营帐以及宴饮的情况。"循海西北行五百余里，至素叶城，逢突厥叶护可汗方事畋猎，戎马甚盛。可汗身着绿绫袍，露发，以丈许帛练裹额后垂。达官二百余人皆锦袍编发，围绕左右。自余军众皆裘毼毳毛，槊纛端弓，驼马之骑，极目不知其表"，"可汗居一大帐，帐以金花装之，烂眩人目。诸达官于前列长筵，两行侍坐，皆锦服赫然，余仗卫立于后。观之，虽穹庐之君，亦为尊美矣"。可汗出帐迎接玄奘，一同入席。突厥人拜火，不设床（坐榻），因木里含火，所以敬而不居，只是在地上铺上一层层毯子。但仍为法师安放了一张铁交床，铺上褥垫请他就座。不一会儿，又请随行的大唐使者和高昌使者进入幕帐，递交国书、信物，可汗一一过目，很是高兴，让使者就座。接着命人摆酒奏乐，可汗与各大臣、使者饮酒，另外要来葡萄浆请玄奘喝。于是，相互敬酒酬谢，种种酒器交错递倾，四方音乐铿锵起伏，虽然是蕃俗之曲，也很娱人耳目，乐人心意。又过一会儿，又有食物送到，都是烹制好的新鲜羔羊、牛犊之类，摆满面前。另外制作了素食，有饼饭、酥乳、石蜜、刺蜜、葡萄等请法师享用。食毕，又送上葡萄浆，接着请玄奘说佛法。

突厥以狼作为部落的图腾，所以突厥人的酋长在牙帐前竖立绘有狼头的旗帜，"示不忘本"，后世突厥汗国可汗的大旗上亦绘制金狼头，可汗有叫"附离"者，侍卫也称"附离"，附离即突厥语之"bori"，汉语意为狼。可汗征发兵马时，刻木为信，并附上一枚金箭，用蜡封印，以为信符。各部接到信符，立即应征作战，战马的装备、给养皆由牧民自备。突厥人善战，以战死沙场为荣。实行火葬，死者集尸于帐内，子孙及亲属杀羊、马祭奠，并走马绕帐七周，其中一人至帐门前用刀割破自己的脸，血泪交流，连续七次。随后，择日取死者平生所乘之马和经常服用之物，与尸体一同焚化，收其骨灰。春、夏死者，待秋时葬；秋、冬死者，待春季葬。埋葬之日，各地亲友前来会祭，仍举行设祭走马和割面仪式。葬毕，于墓前立石竖标，依生平杀人之数立石，杀一人，立一石，并以供祭的羊、马头挂于石标上，石上刻有死者相貌及生前所经

△ 便桥会盟图（局部）| 明 | 仇英 | 美国弗利尔美术馆藏
唐太宗端坐于龙辇之中，突厥首领颉利在便桥桥头俯首求和。

过的战争场面。

贞观四年（630）之后，很多突厥部落前来投降。唐朝政府把大量的突厥人口安置在长城沿线，很多突厥贵族则住进了长安，有一万户之多，相当于长安人口的二十分之一。若干年后，阿史那的后代因为擅杀牲牛宴宾客，触犯了武则天的耕牛法令，被贬官罢爵，剥夺了阿史那姓氏，赐姓"杀牛"，连同奴从族人被发往庆州洛源县白于山下编管配遣。时至今日，除了昭陵外面的石像和陪葬墓群的土山依然矗立，突厥阿史那家族曾经在大唐居留的所有痕迹都烟消云散了。

唐朝诗人李白的出生地碎叶城，突厥语发音为"Suyab"，就是突厥汗王的夏宫所在地素叶城，位于今吉尔吉斯托克马克（Tokmok）西南。东突厥灭亡后，西突厥可汗阿史那贺鲁曾经在这里被唐帝国大将苏定方擒拿。碎叶城一度名列安西四镇之一，当年唐朝军队修建了周长达二十六公里的城墙。据西去取经的唐僧玄奘记述，自"凌山行四百余里至大清池［热海，今伊塞克湖（Issyk-Kul）］"，"西行五百余里至素叶水城（碎叶城），城周六七里，诸国商胡杂居"。综合李白《寄东鲁二稚子》一诗及魏颢《李翰林集序》的记载，李白与原配许氏生有一女一子，其子名伯禽，小字明月奴；后又与鲁地一妇人同居，生庶子名天然，小字颇黎。"奴"是对孩童的昵称，"明月奴"就相当于明月儿或小月亮的意思，由此可见李白爱月之痴，爱子之深。但"颇黎"用汉语就没办法解释其意义，有人说它和上述突厥语中"狼"的译音一样。

时 尚

"长尾理论"告诉我们，"尾部"和"头部"在各自内部及其相互之间，对于流行和时尚的定义、概念、潮流具有相类似的传染力或者说在媒介的支持之下具有了某种对"主流特质"的传递管道，使"主流""流行""时尚"可以突破时间和空间以及逻辑、身份的限制，迅速向另外的方向和领域转换。

时尚的力量就在于对生活潜移默化的影响，经商的胡人不仅带来了新奇好玩的物品，也使陌生又新鲜的风俗迅速以长安为中心，传到帝国的东西南北，成为帝国最热门的话题。《贞观政要》直接记录了这一时尚盛行的情形："长安胡化极盛一时。"

于是，穿胡服、奏胡乐、坐胡床（交椅，一种可以折叠的轻便绳椅，背后设有靠背）等融入了唐人的日常生活。唐人韦绚《刘宾客嘉话录》记载，大历十三年（778）十二月，刘晏升为尚书左仆射。有一天，他凌晨上朝点卯，"时寒，中路见卖蒸胡饼之处，热气腾辉，使人买之。以袍袖包裙帽（士大夫所戴的一种高顶垂裙的帽子）底啖之，且谓同列曰：'美不可言，美不可言'"。堂堂宰相派人从路边摊买小吃，用袖子包热饼再罩上帽子，捧着大嚼起来，吃得满嘴油香，还不忘给五星好评。这让一起等着去上朝，肚子饿得咕咕叫的同僚看了，情何以堪！

也有人因为买了热饼，边走边吃而丢官，据《朝野佥载》卷四记载："周张衡，令史出身，位至四品，加一阶，合入三品，已团甲。因退朝，路旁见蒸饼新熟，遂市其一，马上食之，被御史弹奏。则天降敕：'流外出身，不许入三品。'遂落甲。"从四品外官即将升为三品大员的张衡，不过是下班时在街头买一张饼，骑在马上就啃起来，结果让晋职机会飞了。都是嘴馋惹的祸，"吃货"当引以为戒。

在唐代，胡饼在长安盛行，以至连皇帝赐予来长安拜访的各国使节杂客的膳食中都有胡饼的名字。日本遣唐僧圆仁在《入唐求法巡礼行记》中就记载："开成六年（841）正月六日，立春，命赐胡饼寺粥。时行胡饼，俗家皆然。"

至于唐代胡饼的样子和制法，百科全书《齐民要术》卷九《饼法》

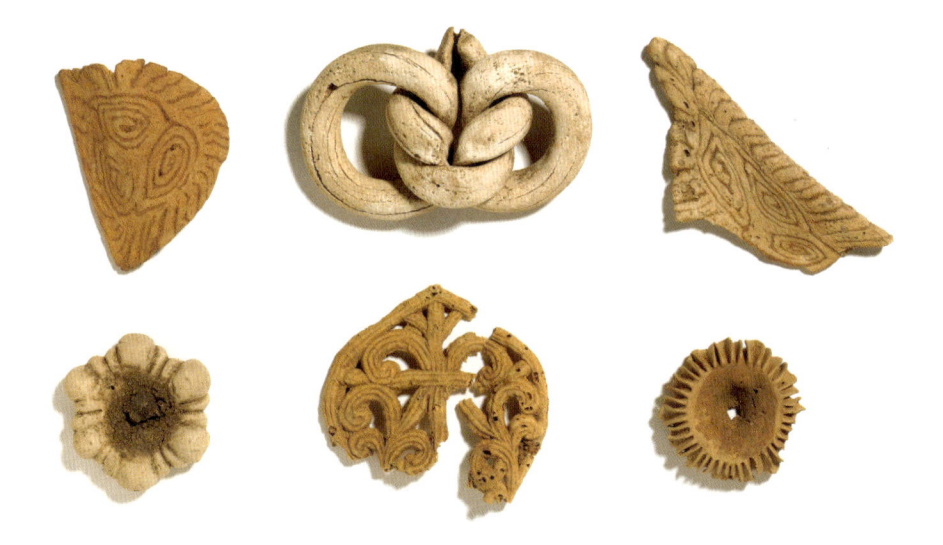

△ 唐代面食｜新疆阿斯塔那墓出土

中记载："作烧饼法：面一斗，羊肉二斤，葱白一合，豉汁及盐熬令熟，炙之。面当令起。"在今天北方常见的烧饼和陕西常见的肉夹馍中，尚能看到些许胡饼的影子。

刘晏的宅邸在安邑坊，位于长安东南，这个地方靠近东市，出幽男怨女，其中一位幽独的安邑坊女写过这样的诗句："巴陵一夜雨，肠断木兰歌。"像安邑坊女这么婉约的女子，在唐人中属于少数人。唐代妇女生活在强健、豪迈的胡风文化氛围中。唐朝女性在家庭生活中拥有一定的法定继承权，女性可以单独为户主，具有独立的经济地位，还可以为女官。这种社会地位的强势，使唐代女性身体丰满，性格也变得"妒悍"。段成式《酉阳杂俎》卷八《黥》记载："大历以前，士大夫妻多妒悍者，婢妾小不如意辄印面，故有月点、钱点。""吃醋"之说便源自唐代。所谓"妇强夫弱，内刚外柔"，"怕妇也是大好"，竟成为唐代意淫式笔记小说中津津乐道的话题。

萨珊波斯

正是由于唐朝对胡人的开放态度,以及唐帝国的强大,在有唐一代,长安不但是胡人定居、经商的天堂,还是流亡人士的避难所。

唐时流寓长安之胡人,最显赫者自推波斯萨珊王朝后裔卑路斯(Firuz)及其子泥涅师(Narsieh)二人,他们上演了一出真实的《波斯王子:时之刃》——关于仇恨、复国和故乡的悲剧史诗。

王朝的始祖萨珊(Sassan),据说是阿黑门尼德家族(Achaemenid)的后裔,大流士(Darius)的子孙,而且武艺高强,被拥护者称为"伟大的战士和猎手"。而他的职业,则是祆教(Zoroastrianism,即拜火教)的祭司,伊什塔克尔城(Estakhr)的安娜希德(Anahita,江河女神)神庙圣火守护者。他是萨珊王朝开创者阿尔达希尔一世(Ardashir I)的祖父或外祖父。

极盛时期的萨珊王朝有四大行政区、二十七个行省,帝国的领土以今伊朗和伊拉克为主要组成部分。都城泰西封(Ctesiphon),其位置大致与现代巴格达重合,不过,就像北宋的开封一样,这里四面平原,无险可守。萨珊王朝统治时期,泰西封被罗马人攻占过两次。

651年,也就是唐高宗永徽二年,立国四百多年的萨珊王朝被大食军队击溃,波斯王子卑路斯穷无所归,逃往吐火罗(今阿富汗北部)避难,他于永徽五年(654)遣使入唐告难并请兵救援。当时唐朝正忙于和西突厥的阿史那贺鲁争夺西域权益,无力出兵葱岭以西,加之高宗认为波斯太远,出兵将消耗帝国的人力、物力,婉言谢绝了波斯王子的请求。

后来,卑路斯在吐火罗人的帮助下,收复了疾陵城(今伊朗东北部),并居于此。龙朔元年(661),因大食人的进逼,卑路斯再次遣使唐朝,请兵救援。此时,唐朝已征服西突厥,葱岭东西原属西突厥的

▷ 萨珊波斯镀金银盘—美国大都会艺术博物馆藏

各个部落的宗主权转归唐朝,唐朝在此设置羁縻州府进行统治。局势的变化使唐高宗答应了波斯王子的请求,他派遣王名远到吐火罗地区设置羁縻州,同时在卑路斯所在的疾陵城设波斯都督府,并于龙朔三年(663)任命卑路斯为都督。卑路斯感激唐朝的帮助,相继于乾封二年(667)和咸亨二年(671)派使者入贡于唐。上元元年(674),卑路斯被大食人逐出疾陵城,不得不来到长安避难,他受到高宗赏赐,拜右武卫将军,但不久即在长安病死,未能回到故土波斯。

卑路斯死后,他的儿子泥涅师被唐朝册立为波斯王。调露元年(679),唐高宗任命裴行俭为"安抚大食使",发波斯道行军,护送泥涅师回国。但这次行动并非真要帮助波斯复国,而是假借册封"波斯王"之名,在途中袭击西突厥余部与吐蕃联合的军事力量。从裴行俭的上书就可知其本意:"今波斯王身没,其子泥涅师充质在京。望差使波斯册立,即路由二蕃部落,便宜从事,必可有功。"因此,当裴行俭率军在碎叶城擒获西突厥余部的首领,平定叛乱以后,随即

第四章 胡人的唐

立碑纪功而还。永隆元年（680），泥涅师在唐军的护送下到达吐火罗，他在这里坚持与大食人作战二十余年，直到景龙二年（708）回到唐朝，被授予左威卫将军。但是，他和父亲一样客死异乡，长眠于长安。

与卑路斯同来大唐的波斯帝国王族中，以阿罗憾（Abraham，原名 Wahrām）最为耀眼。他在唐显庆年中就官至右屯卫将军、上柱国、金郡开国公，还担任过唐朝的"拂林国诸蕃招慰大使"。《大唐故波斯国大酋长右屯卫将军上柱国金城郡开国公波斯君丘之铭》记载了这个波斯人的一生。

阿罗憾生于616年，从小由国王的女仆照料。他十四五岁时，正当库思老二世之女普兰杜赫特（Purandukht）、阿札米杜赫特（āzarmīdukht）相继为女王。从此时起不到两年时间，先后有十二位国王继位，每位国王在位时间平均不足两个月。萨珊王朝灭亡之际，波斯人根据《赞德·瓦赫兰·耶斯恩》，盛传此时为教主琐罗亚斯德（Zarathustra）升天后一千年之末，乌希达尔（Hūshētar）已经出生在塞斯坦（Sīstān）的卡扬塞湖（Kayānsēh）畔，将蒙受启示，成为先知。一个名叫瓦赫兰（Wahrām）的英雄将帮助他击败伊朗诸敌。这个神话中的瓦赫兰就应验在同名的阿罗憾身上。因此，阿罗憾在波斯人中有极大的威望。

龙朔元年（661），援救卑路斯的唐军便是由阿罗憾与王名远率领。他们渡过乌浒水（今阿姆河），以缚喝（今阿富汗北部）为活动中心，在那里立下了高宗御书的纪功碑，然后分遣使节前往十多个国家建立羁縻都督府。阿罗憾本人前往迦布罗斯坦（Kāwulestān），即喀布尔河流域的健驮逻王国，设置修鲜都督府，作为疾陵城的波斯都督府的后援。仍然保持独立的琐罗亚斯德教政权（如里海地区的陀拔斯单诸国），或是仍然有很强的琐罗亚斯德教社团的地区（如帕尔斯），纷纷派兵前来支持。这段历史后来被写进《班达希经》（Bundahishn，即《创世纪》）

和《赞德·瓦赫兰·耶斯恩》，附丽在救世英雄瓦赫兰身上，成为我们今天看到的文本。阿罗憾和王名远完成建立羁縻体制的任务后，返回唐朝复命。

卑路斯、泥涅师两代波斯王先后在唐朝终老之后，阿罗憾一跃成为蕃王中地位最高者。延载元年（694）八月，他召集大唐诸蕃王，聚钱买铜铁，铸造了武则天时代著名的纪念碑——天枢，立于洛阳皇城端门（正南门）。

天枢星，又名北斗一，北斗七星之首，全天第三十五亮星。这座以天枢星命名的纪念碑，全名叫"大周万国颂德天枢"，由太后武则天亲自题字。《资治通鉴》卷二〇五记载，天册万岁元年（695），"夏，四月，天枢成。高一百五尺，径十二尺，八面，各径五尺。下为铁山，周百七十尺，以铜为蟠龙麒麟萦绕之。上为腾云承露盘，径三丈，四龙人立捧火珠，高一丈。工人毛婆罗造模，武三思为文，刻百官及四夷酋长名"。唐人张彦远《历代名画记》卷八介绍几位擅长塑像者，"皆巧绝过人"，其中有"天后时尚方丞"毛婆罗，《新唐书·五行志一》也提到"中宗时……中郎将东夷人毛婆罗"，可知他是高丽人或新罗人。尚方就是尚方监，在唐代掌管百工技巧诸务。曾经媚附武则天宠臣张易之的宋之问，就做过这个官职。

作为初唐有名的诗人，宋之问因其低劣的人品而遭人唾弃，不仅表现在其对待政治趋炎附势的态度上，也表现在一桩广为流传的命案上。自古文人都爱好文字，一日，宋之问见其外甥刘希夷《代悲白头翁》中的两句"年年岁岁花相似，岁岁年年人不同"颇有妙处，而且此诗尚未发表，便想占为己有。刘希夷不从，宋之问恼羞成怒，叫仆人用装了土的袋子将刘希夷压死。这被称作"因诗杀人"。

和天枢一同矗立在洛阳的还有"天堂"，这是电影《狄仁杰之通天帝国》里通天浮屠的真实原型。作为武则天礼佛的宫中道场，天堂是一个神圣的佛教圣地，一共有五层，推测高度达一百二十米，是洛阳历史上最高的建筑。《资治通鉴》卷二〇四记载，垂拱四年（688）十二月二十七日，明堂成，"又于明堂北起天堂五级，以贮大像（原注：怀义所作夹纻大像也），至三级，则俯视明堂矣"。在洛阳城外百余里，都可以与之遥遥相望，由此可见，这是一个极其宏伟壮丽的建筑。

最后的波斯帝国王族寄生的地方吐火罗国，是一个后世看来异常神秘的中亚王国，在今阿富汗北部。四五千年前，一支欧罗巴人几经辗转，来到新疆塔里木盆地北部地区，并在汉唐时期创造了辉煌的文明，这支欧罗巴人就是我们所称的"吐火罗人"。1890年，英国军官鲍尔（H. Bower）从库车当地人手中购得一些桦树皮写本。这些写本辗转到达印度后，在西方学术界引起轰动，吐火罗语开始出现在学界。

唐高宗永徽元年（650）五月，吐火罗国遣使献大鸟于长安，"高七尺，其色玄，足如驼，鼓翅而行，日三百里，能噉铁，夷俗谓为驼鸟"。从此，这种世界上最大的鸟类开始在中国繁衍。时至今日，陕西已经成了中国最大的鸵鸟繁衍基地。

显庆年间，大唐以吐火罗境内的阿缓城置月氏都督府，册其君骨咄禄顿达度为吐火罗叶护、挹怛王、使持节二十五州诸军事。玄宗开元十五年（727），吐火罗叶护阿史那支汗那飞表求援于唐，表称："奴身罪逆不孝，慈父身被大食统押。应彻天聪，颂奉天可汗进旨云：'大食欺侵，我即与你气力。'奴身今被大食重税，欺苦实深。若不得天可汗救活，奴身自活不得，国土必遭破散，求防守天可汗西门不得。伏望天可汗慈悯，与奴身多少气力，使得活路。又承天可汗处分突骑施可汗云：'西头事委你，即须发兵除却大食。'其事若实，望天可汗却垂处分奴身，缘大食税急，不求得好物奉进，望天可汗照之。所欲驱遣奴身，及须已西方物，并请处分奴身，一一头戴，不敢怠慢。"开元、天宝间，吐火罗人数次为大唐献马、异药、乾陀婆罗二百品、红碧玻瓈等珍奇异品。

△ 圉人呈马图 | 唐 | 韩幹 | 美国大都会艺术博物馆藏

肃宗乾元初，吐火罗甚至发兵与西域九国援兵东进中原，帮助唐军打击安史乱军，吐火罗军当时被编在朔方军之下。吐火罗叶护管辖的护蜜国王纥设伊俱鼻施也在乾元元年（758）来朝，被赐姓李。13世纪后，吐火罗消失在历史的长河中。

胡商与宝物

避难到长安的亡国波斯人，后来都成了商人、平民和大唐的贵族，像蒲公英般散落在大地上。他们的海船经常停靠的城市有扬州、泉州和广州。波斯人李元谅曾在潼关领军，后屡立战功，先后升任御史中丞、华州刺史兼御史大夫、镇国军节度使、检校工部尚书、右仆射、右金吾卫上将军、陇右节度使等职务，被唐朝廷实封七百户，赐甲第女乐，并授予其子六品正员官。波斯人安附国也参加了唐军，曾任左领军左郎将、上柱国、右戍卫大将军等军职，封邑七百户。波斯人石处温曾任四川利州司马、万州刺史。

在唐人心目中，波斯人善经商，尤其精于识宝，往往不惜重金以求宝，最终均会得手，而且虽然老病垂死，也要把宝物留给后人。他们藏匿宝物的方式相当诡异和残忍，通常是用刀子割开胳膊或者肚皮，把宝物放进去储藏或者温养。

唐人皇甫氏所撰志怪小说《原化记》中，讲了一则"鬻饼胡"的故事。

某举人住在京城长安，邻居中有一个卖饼的胡人。胡人无妻。数年以后，胡人忽然病了。举人常去看他，并送些热水、草药给他。但是他一直没好。临终时，胡人告诉举人说："我在本国的时候很有钱，因为战乱就逃到这里来。本来和一个同乡约定一起来的，他到现在还没到，所以我只能等在这里，不能到别处去。遇到您这样体恤我，我没有什么报答您，我的左胳膊皮下有颗珠子，珍惜了多年，如今死去，也就用不着了，就送给您吧！我死后，请把我埋葬。您得此珠，也没什么用，此地人也没有识货的，如果听说有胡人到此，您就拿着珠子去找他，应该能卖个好价钱。"举人同意了。胡人死后，举人剖开他的左胳膊，果然取出一颗珍珠。珍珠大如弹丸，不怎么有光泽。举人把胡人埋葬之后，把珠子拿出去卖，乏人问津。

三年之后，忽听新近有胡人到来，举人前去卖珠。那胡人见到珠子，大吃一惊说："您是怎么得到这宝珠的？这不是此处能有的，是从哪儿弄来的？"举人将实情相告。胡人流泪说道："那个人是我的同乡啊！我们本来约定同来寻这宝物，但是我在海上遇上大风，流转好几个国家，所以延误了五六年。到此之后，刚要追寻，不料他已故去。"于是胡人提出了买珠的要求。举人见珠子不太名贵，只要了五十万。胡人依价付钱。举人问他此珠有何用。胡人说："汉人有一种法术，把珠子拿到海上去，用油一石，煎二斗，它就变成一把曲刀。拿着这把曲刀下海，身上不湿，龙神害怕，可以获取珍珠。"

唐人戴孚所撰《广异记》卷七则记载，近世有一个波斯胡人，来到扶风的客栈，见主人门外搁了一块方形大石，就对石头观望了好几天。主人问其原因。胡人说："我要用石头捣衣。"于是他出两千钱求买，主人很高兴，立刻一手拿钱，一手交货。胡人把石头运出来，当众剖得径寸珠一枚。他以刀破臂腋，把宝珠藏在胳肢窝内，便回母国。随船泛海，行十余日，船忽然快要沉了。船长知道是海神求宝，问遍了船中人也没找到，无宝送给海神，就想把胡人扔下海。胡人害怕，只好剖腋取珠。船长念咒："若求此珠，当有所领。"海神便伸出一手，甚大多毛，捧珠而去。

武则天时，西蕃某国献给她毗娄博义天王的下颌骨和辟支佛的舌头，还有青泥珠一枚。武则天把下颌骨和舌头悬挂起来，让百姓瞻仰。下颌骨很大，像一把小交椅；舌头是青色的，大如牛舌头；珠子像拇指那么大，微微发青。武则天不知青泥珠的珍贵，把它送给西明寺的和尚了。和尚把这颗珠子装在金刚的脑门儿上。后来和尚讲经，有一个前来听讲的胡人见了这颗珠子，就两眼死盯着，目不转睛。十几天里，他总在珠下凝视，心并不用在听讲上。和尚心里明白，于是向胡人道："施主想要买这颗宝珠吗？"胡人说："如果一定能卖，我保证出重价。"和尚最初的要价是一千贯，渐渐涨到一万贯，胡人全都答允。于是定到十万贯，成交。胡人买到此珠之后，剖开腿上的肉，把珠子纳入其中，然后回国。和尚不久就把此事向武则天禀奏了。武则天下令寻找这个胡人。几天之后，使者找到了那胡人，询问宝珠在什么地方，他说已经把宝珠吞到肚子里了。使者要剖开他的肚子检验，他没办法，只好从腿肉中取出宝珠来。武则天召见那胡人，问道："你花重价买这珠子，要用它干什么呢？"胡人说："西蕃某国有个青泥泊，泊中有许多珍珠宝贝。但是淤泥很深，无法将珍宝弄上来。如果把这颗青泥珠投到泊中，淤泥就会变成水，那些宝贝便可以得到了。"于是武则天拿青泥珠当宝贝。直到唐玄宗时，这珠还在。

同样地，在《广异记》中还记载了波斯人识宝的故事。乾元中期，国家因为出兵收复长安、洛阳，军情吃紧，粮饷不足。监察御史康云间是江淮度支使，他对江淮一带的商旅百姓提出了加税五分之一的要求，以补充当时急用。洪州是江淮之间的大城市，康云间让录事参军李惟燕掌管洪州之事。有一个和尚，自愿捐输一百万，并从腋下掏出一只小瓶来，瓶子有拳头般大小。问他瓶里装的是什么，他神秘兮兮不肯吐实。李惟燕因为要用这收入供给许多人，不能不接受他认捐，就装作吃惊地说："大师是如何得到这东西的？一定要卖它，可不能违背价格呀！"有一个波斯胡人见了就照价买下小瓶，然后离开了。胡人来到扬州。长史邓景山知道这件事，就问那胡人。胡人说："瓶中是紫䣺羯。人得了它，就能受到鬼神的保护，入火不烧，涉水不溺。这是一种无价之宝，不是明珠珍宝比得上的。"这或许是《阿拉丁与神灯》的中国版本。后来，那胡人又被官方加税一万贯。胡人乐捐了大笔钱财，并不在乎，宁可纳献换来人身安全，保有宝物。其实瓶中装的是十二颗珍珠。

除了珠宝、"紫䣺羯"之外，胡商经营的宝物还有"铜碗""宝骨""冰蚕丝锦""玉清宫三宝""轻绡""消面虫""琉璃珠""象牙""碧颇黎镜""郎巾""宝剑""宝镜""流华宝爵""销鱼精""龟宝""龙食""九天液金""宝母"等，种类繁多，不一而足。

圆形无孔的波斯银币亦因制作精美而备受唐人喜爱，这种银币的正反两面都有花纹，正面为国王的半身像。波斯萨珊王朝时，每一任新王登基，就要为他另铸新币。所以，从这些银币上可以看出各王的冠冕及其特征。王像旁有用钵罗婆文（Pahlavi）书写的古波斯铭文。铭文的周围，环绕有细小联珠组成的圆圈。在联珠圈外还有四个新月抱星图案，分布于上下左右。银币背面的图案是古波斯的国教——祆教的祭坛，坛

△ 菠菜　　　　　　　　　　　　　　△ 茉莉

上有熊熊火焰。祭坛两旁为钵罗婆文书写的"某王之火"铭文，另外还各铸有一个站立人像，或是祭司，或是国王。

"波斯胡"带来唐朝的，除了珠宝和奇珍，还有一种叫"末利"的花朵，这种雪白、清香的花朵一到中国就受到了人们的喜爱，今天，我们称它为茉莉。14世纪波斯抒情诗人哈菲兹（Hāfez, Shams al-Din Muhammad）的诗歌中，"茉莉"一词频频出现，比如"因羞于与你的娇颜媲美，茉莉借风之手用尘遮掩嘴"。

除此之外，唐人的饭桌上，还有时兴的"波斯草"，今天我们称为菠菜。但最初，菠菜是道教方士的密食，服丹药的道士通过吃菠菜抵消摄入汞化合物带来的不适。

胡　姬

在唐代，那条第一次在德国人李希霍芬（Ferdinand von Richthofen）的著作《中国：我的旅行见闻和据此所作研究的成果》（China, Ergebnisse eigner Reisen und darauf gegründeter Studien）中被命名的"丝绸之路"（die Seidenstraße），绝不仅仅是一条从长安通往西域、中亚抑或遥远欧洲的商贸道路。对于一个人来说，如果流浪是一种天赋，那么，穿越过亚细亚的迷雾，你找到的还有你的呼吸，以及你被历史击中的战栗。当你在地图上仔细辨认撒马尔罕、安西四镇和阳关的时候，人类用行走开始的最初的虔诚，会远远超过面对地图上的标尺所能达到的认识。

这些胡人骑着高高的骆驼，经中亚细亚、天山南路，到达长安。他们带来的除了奇珍异宝，还有胡姬。她们身上那些异域的、开放的、幽怨的、迷离的美，瞬间征服了大唐。

胡姬一般长着金黄或黑色的波浪卷发，眼珠是蓝色、绿色或者黄色的，看起来像是猫眼宝石。她们身着翻折领连衣窄袖长裙，衣身宽大，下长曳地，腰际束带。其翻领及袖口均加纹饰，纹样多凤衔折枝花纹。她们头梳椎状的回纥髻，戴珠玉镶嵌的桃形金凤冠，簪钗双插，耳旁及颈部佩戴金玉首饰，脚穿笏头履。

胡姬工作的酒肆主要开设在西市和春明门到曲江一带。往来的除了富豪、贵客和公子哥儿，还有酒徒和诗人。比如帝国有名的诗仙李白在诗作《少年行·其二》中写道："五陵年少金市东，银鞍白马度春风。落花踏尽游何处，笑入胡姬酒肆中。"胡姬是长安那些架鹰遛狗的少年的梦中情人，他们光顾胡姬招手的酒肆，在里面逗留吃酒，流连忘返。李白的另一首诗《前有一樽酒行·其二》还写到了这些胡姬的强颜欢笑："胡姬貌如花，当垆笑春风。笑春风，舞罗衣，君今不醉将安归。"这些从中亚、西亚来到中原的娇客，克服了旅途的艰辛，强颜欢笑的时候，

△ 唐房陵大长公主墓壁画　　　　△ 唐三彩胡姬

也在思念家乡和亲人。

这些胡姬擅长跳一种胡旋舞，她们在音乐中急速起舞，如雪花在空中飘摇，柔软的腰肢蓬草般迎风飞扬，观众几乎不能看出她们的脸和背。但善跳胡旋舞的女子，多数在宫廷，她们是母国送给唐帝国的"贡人"。

所谓"贡人"，是将人作为"方物"，即地方土特产的一种，献给大唐朝廷，供皇室或贵族官僚玩赏。一般而言，这些人大都具有迥异于常人的特点。在记载贡人的《册府元龟》中，就有四批胡旋女子和鹦鹉、玳瑁、生犀及名马一起被送到大唐的宫廷。她们中有一个名叫"曹野那姬"的曹国女子，成为皇帝一度迷恋的姬妾，也是唐史记载中仅有的一位胡人嫔妃。

在唐代，曹国有"曹""东曹""西曹"之分，在今撒马尔罕附近。作为昭武九姓中的小国，曹国在历史中的记述很少，但作为康国的附属国，估计风俗人情大类康国——以国为姓，土地沃壤，稼穑备植，林树蓊郁，花果滋茂，多出善马。

《新唐书》《唐语林》都记载，唐玄宗的女儿寿安公主是由"曹野那姬"生育的，曹野那姬的出身来历不明，甚至连"美人""才人"等低级封号都没有。史书只是说曹野那姬怀孕九个月就生下女儿，按古人说法不足十月，因而唐玄宗不喜欢这孩子，起小名为"虫娘"。他让虫娘穿着道教的羽衣在宫内道家坛观消灾趋吉，以"师娘"称呼之。玄宗退位成为太上皇时，广平王李豫拜见祖父，玄宗指着虫娘说："这是我的女儿，你以后应给她一个名号。"等到李豫即位为唐代宗，就封姑姑虫娘为寿安公主，让她以皇女的身份出嫁。

虫娘下嫁的人叫苏发，《酉阳杂俎》记作苏澄，苏澄在唐史中有其人，为一道士，因此虫娘的丈夫应该叫苏发。但唐史中不见苏发其人事迹。倒是清人《金石萃编》卷七十九记载："大历中，发任华阴县令，时礼部尚书河东裴公出牧鄱阳，敦与发、彻同送……"大历是代宗的年号，因此我们推知，苏发乃武功苏氏家族的世家子，仅此而已。

西出阳关

在中世纪的唐代，往来于唐朝的胡人，让知识分子们可以看到更远的世界，游离的胡商、庞大的帝国版图，让唐人的世界地理观比起之前的时代都丰富得多。更重要的是，自汉武帝时代流传下来的"男儿出塞"的血液被重新点燃。

有唐一代，西出长安是一件悲壮的事情。

当时的咸阳，叫渭城，隶属京畿道。唐人送别，东至三十里灞桥，西至四十里渭城，折柳依依，举杯戚戚，曲终人散，别意无穷。

出了咸阳便是向西的丝绸之路，路上要经过吐蕃人的领地，穿过沙漠和戈壁，远远望见一座关，便是玉门关了。长年住在蓝田县辋川山庄的唐代诗人王维，曾经西出咸阳送朋友往安西都护府赴任，在雨中的咸阳道，他写下了名句"渭城朝雨浥轻尘，客舍青青柳色新。劝君更尽一杯酒，西出阳关无故人"。

在有过远行西域经历的文人中，我们知道的有这些闪耀的名字：骆宾王、岑参、高适、王昌龄、王之涣、王翰、李益、王维、李颀、卢纶、孟浩然……

出西域的诗人，有宦游、任职、探亲等类型，但最多的是奔功名去的。功名只向马上取，真是丈夫一英雄。而其中修成正果者，乃高适也。

高适早年闲散困顿，是一个游侠子，也就是无业的混混儿，直到天宝八年（749）四十九岁时，才因"宋州刺史张九皋深奇之，荐举'有道科'"。他中第后，却只得了个封丘县尉的小官，大失所望，最后在五十二岁"高龄"，挂冠而去，奔赴安西，为功名做最后一搏。天宝十二年（753），高适入陇右，成为河西节度使突厥人哥舒翰的幕僚，为掌书记。安史之乱后，他曾任淮南节度使、彭州刺史、蜀州刺史、剑南节度使等职，封渤海县侯。

《旧唐书》曾言："有唐以来，诗人之达者，唯适而已。"然而，高适这个盛唐诗人第一高官，却因为当官久了而丧失了诗人的本色。安史之乱后，曾经和他在开封喝酒闲逛的好朋友李白因为站错队而入狱，高适却不拉他的哥们儿一把，五十八岁的李白便被发配到贵州的夜郎。这几乎是一个定律，文人一旦富贵，便无悲悯之心；一旦为官，便须从仕途的高度来思考"拯救李白"的政治风险。洗净游侠的油彩，露出来的却是政客的底色。

△ 琉璃堂人物图 | 五代十国 | 周文矩 | 美国大都会艺术博物馆藏
画作描绘王昌龄与其诗友在江宁县丞任所琉璃堂厅前聚会吟唱的情景。

在这些出西域的诗人中，诗歌最好的应当是"诗家天子"王昌龄，"青海长云暗雪山，孤城遥望玉门关。黄沙百战穿金甲，不破楼兰终不还"就出自他的笔下（《从军行·其四》）。可惜这个才华横溢的诗人只当过秘书省校书郎和龙标尉这样的小官。

开元二十八年（740），悲情诗人王昌龄北归，游襄阳，访另一位出过关的诗人孟浩然。孟浩然患疽病，快痊愈了，两人见面后非常高兴，孟浩然吃了些许海鲜而痈疽复发，竟因此而死，真是不幸。

王玄策

出西域的文人想要得到功名，除了参赞军事，还有一条路，那就是

用柔弱的手指，握住带血的陌刀，在战争中取得功名。其中最有名的是一个被我们遗忘的文人，曾经当过今天柳州融水县令的王玄策。

7世纪时，印度分为东南西北中五个部分，其中中天竺很快强大起来，统一了印度半岛，建立摩揭陀国（Magadha）。摩揭陀国的国王尸罗逸多（戒日王）对唐帝国很友好，恰逢唐僧玄奘到印度取经，尸罗逸多就特意接见玄奘，打听唐太宗李世民的为人。当尸罗逸多得知李世民是一位"圣德"的君主后，决定两国通使，以示永好。

贞观十五年（641），尸罗逸多派了一个使团来到长安。李世民接见后，很高兴，过了两年，派了一个使团回访，王玄策担任副使。第一次出使，王玄策只是个配角，不算起眼，也有史学家认为，当时王玄策的身份算是翻译，总之不是很重要。

贞观二十一年（647），王玄策第二次出使印度。这一次，王玄策不仅是正使，还是历史上一场最具戏剧性战争的主角。这次出访，朝廷给他配了一个叫蒋师仁的人担任副使。使团有三十多人，还携带了大量赠给印度半岛各个国家的礼物。因为是第二次出使，王玄策认为会和上次一样，宾主双方在友好气氛中回顾传统友谊，然后设宴欢娱一下，最后带着几部佛经回国交差。

没想到，王玄策刚一上路，摩揭陀国就出大事了。国王尸罗逸多死了，"国中大乱，其臣那伏帝阿罗那顺篡立"。这一年的四月，王玄策使团进入印度境内。篡位的新王阿罗那顺听说大唐使节入境，竟派了两千名兵将伏击。王玄策从骑多死，他本人被擒扣押。

后来，王玄策和蒋师仁寻机逃脱。他们策马自印度大陆北上，渡过冈底斯河，越过兴都斯坦平原，以喜马拉雅山脉为目标，一路来到了尼泊尔王国（泥婆罗）。在这里，王玄策与尼泊尔王谈判，以迎娶文成公主而与唐具友好关系的吐蕃王中之王的名义，向尼泊尔借得七千名骑兵。王玄策大怒之余，继续檄召邻近唐各部军府节度使及近处各大唐藩属国，又集兵马万余，自为总管，以蒋师仁为先锋，直扑天竺。吐蕃赞普松赞干布闻讯，也发兵一千二百人助王玄策。

在中天竺的国都茶镈和罗城外，王玄策一战击溃天竺数万象军。阿罗那顺大惊，守城不出。王玄策一心报仇，拿出唐军攻城的各种方法——用云梯，用抛石车，用火攻——狠攻月余。贞观二十二年（648），茶镈和罗城兵溃城破，王玄策一路追来，斩杀天竺兵将三千人，天竺兵将落水溺毙者万余名，阿罗那顺逃回摩揭陀国。

王玄策乘势攻入摩揭陀国，发誓要尽灭天竺。而天竺兵将与唐军（算是外籍军团）一接战便溃不成军。阿罗那顺弃国投奔东天竺，求助东天竺王尸鸠摩发援兵，接着再收集散兵残将准备反攻唐军。天竺人不通兵法，只知蛮斗，王玄策、蒋师仁设分兵伏杀计，引阿罗那顺上钩，一举全歼其残部，活捉了阿罗那顺，余众尽坑杀。最后，阿罗那顺妻子拥兵数万人据守的朝乾托卫城,也被蒋师仁攻破,远近城邑望风而降,中天竺摩揭陀国灭亡。

由于东天竺派兵支持阿罗那顺,王玄策准备顺势再亡东天竺,尸鸠摩吓得魂飞魄散,忙送牛马万头、弓刀璎珞财宝若干,向唐师谢罪,以示臣服大唐。王玄策方才罢兵回朝述职,同时将阿罗那顺披枷戴锁押回长安。

王玄策俘获的人员中,有一名天竺方士,名叫那罗迩娑婆。这个胡僧吹嘘自己有二百岁高龄,专门研究长生不老之术,并信誓旦旦地说,吃了他炼的丹药,一定能益寿延年,甚至可以在大白天飞升成为仙人。

后来,天竺方士那罗迩娑婆不知道通过何种手段"潜伏"到了唐太宗李世民的身边,接着,唐太宗就命他在金飙门内给自己造"延年之药",并且派人到处采集奇药异石,供作炼丹材料。那罗迩娑婆隔三岔五就拿一些五颜六色的小药丸来给唐太宗吃,不久,唐太宗中毒而死。此时距王玄策归国仅仅一年。唐太宗去世后,王玄策因此仕途受阻,终生再未升迁。

怛罗斯之战

胡风盛行以致影响到社会价值观的情形,终于让关陇士族和关东士大夫警觉,感到了一种国家文化安全的威胁。宫廷之中刮起的胡风,让夫子惊恐不已:万一皇帝不再行周礼,万一天下人不再敬祖宗,那岂不是国将不国?这样的担心伴随着胡风的盛行,贯穿了整个唐代。到了唐后期,杜甫的粉丝元稹还写了一首诗,酸溜溜地表现了士人对于胡风如斯之盛的不满:"自从胡骑起烟尘,毛毳腥膻满咸洛。女为胡妇学胡妆,伎进胡音务胡乐……胡音胡骑与胡妆,五十年来竞纷泊。"(《和李校书新题乐府十二首·法曲》)

实际上，大唐皇帝被拥为天可汗后，需要维系各国间的和平。仲裁列国纷争，为天可汗之首要任务；维护各国独立，不受强国侵略，为天可汗另一职责。为表示对天可汗之绝对服从，各国嗣君即位，必由天可汗下诏册封。各国军队必须接受天可汗之征调，亦得受征召至中国平乱。征吐谷浑、征高丽等，都有征发西域漠北等各族军队参战。然而，这些胡人的可靠度，相当值得怀疑。

天宝十年（751），大食国也就是阿拉伯帝国，对西域的威胁日深。安西节度使高仙芝为翦除大食国在西域的羽翼，率安西军精锐两万人并诸胡各部一万人，进军怛罗斯［Talas，今哈萨克斯坦江布尔城（Jambyl）附近］，与呼罗珊总督阿布·穆斯林（Abu Muslim）率领来援大食国的骑兵及附属国联军十余万人在怛罗斯城下展开决战。最终，却因为随军出征的葛逻禄部胡人反叛，大败而回，安西军精锐几乎损失殆尽。战争中许多唐人被俘，被带到中亚有名的古城撒马尔罕，将造纸术传给大食国人，后来又传入叙利亚、埃及和摩洛哥。1150年，造纸术从北非传入西班牙后，又传到欧洲其他国家。

唐军随军书记官杜环作为俘虏中的一员来到了大食国，被俘之后流离大食国十二年，遍游黑衣大食国（阿拔斯王朝，以巴格达为首都）全境，并由此开始其传奇的游历生涯，成为第一个到过北非并有著作的中国人。杜环直到宝应元年（762）才回国，尽管不是自愿和主动，他的"经行"仍然有着重要的价值。可惜的是，《经行记》早已亡佚，并没能全部留下来。我们所能看到的，是杜环的叔叔（或者伯父）杜佑在自己的书中保留的片段。杜佑是唐朝的一位政治家，著有《通典》。

在阿拔斯王朝的大城市里，杜环不但发现那里已有来自中国的绫绢机杼，还目睹一些中国工匠（金银匠、画匠及纺织技术人员）在当地工作，例如京兆人樊淑、刘泚为"汉匠起作画者"，河东人乐𬀩、吕礼为"织络者"。他甚至到过被唐人称为拂菻国的东罗马："拂菻国亦曰大秦。其人颜色红白,男子悉着素衣,妇人皆服珠锦。好饮酒,尚干饼……其俗每七日一假,不买卖,不出纳,唯饮酒谑浪终日。"这段记载反映了东罗马人肤色白里透红,男人穿单色衣服,妇女爱好服饰,喜欢喝酒,吃面包,每七天有一天休息娱乐的实际情况。

怛罗斯之战时,在长安城内的大食商人尚佩带制作精良的弯刀,唐帝国并没有因此而制裁他们,他们的阿拉伯金币仍然和波斯萨珊王朝的银币一样受唐人的喜爱。其实,真正的阿拉伯弯刀都是取印度乌兹(Wootz)铁矿所铸,有独特的冶炼花纹,十分锋利。在中世纪,印度出产的一种叫乌兹钢锭,是制作刀剑的顶级用钢,每年阿拉伯商人都要向印度进口大量的钢锭用于武器制造。这种钢在铸造成刀剑时表面会有一种特殊的花纹——穆罕默德纹。这种特制的弯刀最终威胁帝国版图,安西都护府首当其冲。但怛罗斯之战是大食国唯一的一次胜利,此后,在高仙芝的战友封常清的带领下,帝国军队又把大食国人赶回波斯或者更远的西亚。

△ 唐中亚人俑　　△ 唐章怀太子墓壁画《客使图》

安史之乱时，高仙芝和封常清由于"出师不利"，在天宝十四年（755）十二月被李隆基草草处死。安禄山父子和史思明父子发动的叛乱，给唐朝社会造成了巨大创伤。安史之乱搅乱了朝廷和人民的心态，致使唐玄宗冤杀两员大将，而且在平乱过程中和以后很长一段时间里，唐朝境内出现了对胡人的攻击和对"胡化"的排斥。

《旧唐书》记载，高仙芝临刑前，对着封常清的尸体说："封二，你从贫贱到显赫，是我提拔你当副将，又代我做节度使，今日咱俩又同死于此，这是命中注定的吧！"但有意思的是，最初热血青年封常清向高仙芝（时任安西都知兵马使）投书自荐为侍从的时候，并未被高接纳。高嫌他长相太差，因为封常清身材细瘦，还斜眼、脚短跛足。而高仙芝则是一位美男子："（仙芝）美姿容，善骑射，勇决骁果。"（《旧唐书·列传第五十四》）

国际化的气场

贞元三年（787），吐蕃占据河陇，西域道路阻绝，安西、北庭前来朝廷奏事的官员以及西域朝贡使节滞留长安，日用所需供给浩繁，使朝廷不堪重负。因为按照唐律，蕃国使入朝，其粮料各分等第给：南天竺、北天竺、波斯、大食等国使，给六个月粮；尸利佛誓、真腊、诃陵等国使，给五个月粮；林邑国使，给三个月粮。

结果检括的结果令唐人大吃一惊，滞留长安的使臣多达四千人，朝廷准备停止供给，但遭到西域国使臣的强烈反对。

大唐的宰相，为儒、道、释三家所共同赞颂的李泌献策，建议由唐朝组织使臣，或假道回纥，或经由海道遣返本国；有不愿归者，应向鸿胪寺提出申请，"授以职位，给俸禄为唐臣"。这时诸国客使在唐朝境内

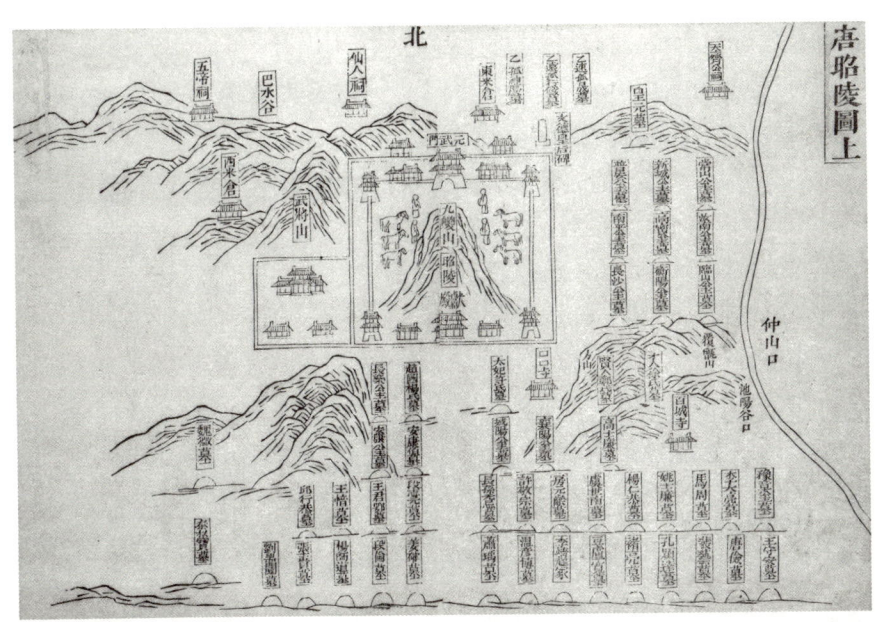

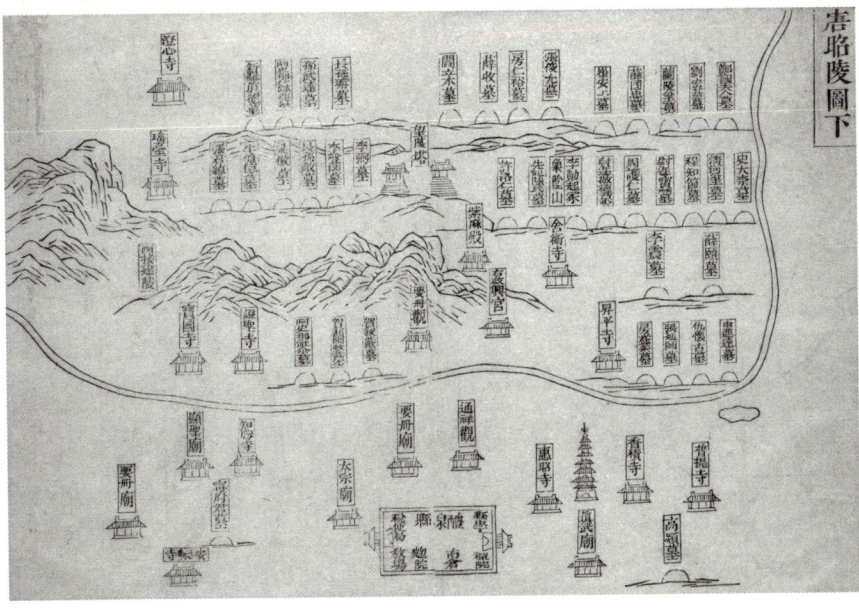

△ 《长安志》所载《唐昭陵图》

已滞留了三十余年，最多者达四十余年，结果没有一个人愿意返回本国，于是朝廷将诸国使臣分隶左右神策军，"王子、使者为散兵马使或押牙，余皆为卒"。每年节省经费达五十万缗。

胡人胡风大放异彩的唐朝，给后世带来了无限遐想，可以毫不夸张地说，正是由于外来民族新鲜的文化，唐朝在中国历史上展现出不一样的包容、大气和开放。正是这种"国际化"的气场，使唐朝成为中国人怀念不已的一个朝代。陈寅恪先生这样说："李唐一族之所以崛兴，盖取塞外野蛮精悍之血，注入中原文化颓废之躯，旧染既除，新机重启，扩大恢张，遂能别创空前之世局。"（见《李唐氏族之推测后记》，《金明馆丛稿二编》）

根据可考证的历史数据显示，唐高祖李渊的母亲独孤氏，是代北鲜卑族。而李渊祖父李虎尽管曾用名"大野虎"，担任过西魏政权的太尉、柱国大将军，但没有史料说明他为汉人还是胡人。李渊的妻子窦氏，生建成、世民、玄霸、元吉四子，其祖上为鲜卑宇文部，源自匈奴。

昭陵为唐太宗李世民的坟墓，有内外两城。外城遗址已难考证，门内当年建有献殿，存放李世民生前服用器物。北门曰玄武门，又称司马门。原有十四个"蕃酋"的石雕像和驰名中外的"昭陵六骏"等浮雕。而在突厥的葬俗中，主人死后，随从会骑着马绕着其墓地转圈，把马杀掉，埋到坟墓里。无论是突厥贵族，还是牧民，死后都要与马共葬，只是数量不同。中国的帝陵中，为什么只有在李世民的昭陵里会有战马石刻？昭陵至今未被打开，据称也未被盗过，或许若干年后我们可以从昭陵里得到答案。

实际上，血缘和种族的问题在唐朝不是很受关注。隋朝只有三十多年，唐朝面对的历史遗产主要是南朝和北朝。魏徵在《隋书》卷七十六《文学传》序中，专门总结了南朝与北朝文学的异同优劣："江左宫商发越，贵于清绮，河朔词义贞刚，重乎气质。气质则理胜其词，清绮则文

△ 唐昭陵六骏碑照片 | 日本东京国立博物馆藏

过其意，理深者便于时用，文华者宜于咏歌。此其南北词人得失之大较也。若能掇彼清音，简兹累句，各去所短，合其两长，则文质斌斌，尽善尽美矣。"

经历过南北朝时期的战争、杀戮和迁徙，到了唐朝，人们更多是对一个大一统的和平、安稳国家的满足，人民相对宽容、明朗，胡人不再只是外来民族，更多的是外来的文化和文明。因此，各个民族的才子、佳人、奸豪、英雄，才会在这个万花筒般的朝代，登上历史的舞台。

第四章 胡人的唐

第五章 帝国时代的庄园

乡　里

在唐代，官方对"村"下了定义："在邑居者为坊，在田野者为村。"意思是，城市里的人居住的地方叫"坊"，城市之外的人居住的地方叫"村"。今天我们经常说"邻居"，唐代"四家为邻"，也就是说四户人家就叫一邻，是邻居。五户为一保，一百户为一里，五里被称为一乡。（《旧唐书·食货志》）

"村"在唐代还不是正式的行政单位，由于"聚族而居"的村落是当时最常见的村民居住形态，"村"在唐代更多是一个社区的概念，而管理一百户的"里"才是行政单位。

之所以说唐代的村庄像"社区"，是因为唐代村庄有围墙、大门，和我们今天的社区极为相似。《太平广记》记载了一对男女在村庄门口一见钟情的故事，说是临汝郡（河南汝州）李家庄有个王乙"因赴集，从庄门过"，结果在庄门遇到了一位十五六岁的女子，两人一见钟情。女子让侍婢传话给他，王乙便不去赶集了，"徘徊槐阴，便至日暮，因诣庄求宿"，在人家村庄前的大槐树下徘徊到傍晚，进去借宿。晚上，女子"适出门闭，逾垣而来"，女子晚上翻墙来与王乙相会。

在唐代，民居是不能随便盖的，不同的阶层住宅的规模、房屋数量、大小都要遵守一定的形制要求。《唐会要·杂录》记载，唐文宗时代规定："又庶人所造堂舍，不得过三间四架，门屋一间两架。"平房的梁与梁之间叫"间"，檩与檩之间叫"架"，三间四架就是房子正面有三间房，进去之后每间房的进深只允许采用四根檩子，所谓门屋就是有屋顶的门。

通过这个规定我们可以想象一下唐代一般的民居样子：一间小小的门屋，周围是一堵有顶的墙围起来的回廊，进门之后是院子，正对面是一座有三间房的悬山式平房。院子里安置着猪圈、鸡圈和牲口棚，农具摆放在廊院台上，回廊的下面种着唐人喜爱的牡丹、芍药和菊花，院子四角或许是桑树、槐树或枣树。

《旧唐书·玄宗本纪》中记载了天宝元年（742）的州县乡数及户部掌握的户口数："其年，天下郡府三百六十二，县一千五百二十八，乡一万六千八百二十九。户部进计账，今年管户八百五十二万五千七百六十三，口四千八百九十万九千八百。"

全国一万多个乡组成了唐帝国最基础的行政单元，让这些乡在国家治理下正常有序地运转，并不是一件容易的事情。

唐代国家政务机构的主体是尚书六部、州、县三个行政层级，国家运转的基本机制是这样的：皇帝作为元首，中央政府的行政命令和裁决都要用皇帝的名义下发制、敕，尚书省则下发"符"到州、县官府，转发皇帝命令文书及处理基本的政务，再由县下"帖"给乡官和里正以传达到每户人家。（《唐六典》说"大事则听制敕，小事则俟省符"。）

白居易《策林·人之困穷由君之奢欲》一文中说，"君之命行于左右，左右颁于方镇，方镇布于州牧，州牧达于县宰，县宰下于乡吏，乡吏传于村胥，然后至于人"，形象地描述了唐代中枢政令下达到基层的行政流程。

唐代的里正也不是什么人都能当的，《通典》记载了里正的任职资格："诸里正，县司选勋官六品以下白丁清平强干者充。其次为坊正。若当里无人，听于比邻里简用。"任职条件为勋官六品以下品德高尚、处事干练之人。一般有军功之人才会授勋，如果里中无勋官，可用邻里中有勋官或本里清平强干之人担任。

到了唐代后期，里正由原来的选任转为向豪民富户轮流差派。到了宋代，乡吏均由乡村富豪轮流担任，中国古代的乡官制最终完成了向职役制度的蜕变，一直延续到民国。

律　令

配合唐代行政运作的，是唐人的律令。

2020年5月28日，第十三届全国人民代表大会第三次会议表决通过《中华人民共和国民法典》，宣告中国"民法典时代"的到来。唐代虽然没有民法典，但唐律和唐令都有不少涉及民法的章节。比如《唐律疏议》的《户婚律》《杂律》。"唐令"中专章设置民法规范《户令》《赋役令》《仓库令》《厩牧令》《关市令》《丧葬令》《杂令》。这些法律条文涉及物权、债权和继承、婚姻，和我们今天的民法典所涉及的法律领域基本相同。

唐代的法律形式分为"律、令、格、式"。律是"正刑定罪"的法律，即明确刑名定罪量刑的法律；令是"设范立制"的法律，即规定国家制度和尊卑贵贱等级的法律；格是"禁违止邪"，即规定各机关官员职责权限和活动原则的法律；式是"轨物程事"，即规定各机关办事程式和公文表式的法律。

今天，很多人都需要租房，租房要签订租房合同。吐鲁番出土有一件《杜定欢赁舍契》（编号65TAM40：28），是唐代人的"租房合同"。

高昌县崇化乡人杜定欢从证圣寺僧人练伯处租了"里舍中上下房伍间，有门壹具"，租金是"钱叁拾文"，租期到"二年二月卅日"，杜定欢分两期交纳房租，每期"与钱拾伍文"。而且"立契已后，不得悔"，若反悔，"钱肆拾文，人不悔人"。然后"画指为验"，就是当事人在契约后部亲手画上自己一根手指长度的线段，并画出指尖、指节的位置。最后还有舍主、赁舍人杜定欢以及第三方保人"知见人所宝悦"一起签名。

这份契约里,租房人、房屋位置、大小、租金、缴纳方式、租房期限、违约条件、担保人全都有,和今天的第三方租房合同极其相似。

1973年,新疆吐鲁番阿斯塔那第509号墓出土了一份唐代宗时期纸本的《唐宝应元年六月康失芬行车伤人案卷》[编号为73TAM509:8(1)(2)号],则记载了762年发生在高昌城的一场"车祸"。

两位八岁的粟特小朋友,男孩儿金儿和女孩儿想子,在高昌南门玩耍,商人张游鹤的店铺就开在这里。一个叫康失芬的三十岁雇工,驾牛车把城里的土坯搬到城外,路过此处时,他的牛车把金儿和想子轧伤了。金儿伤势严重,腰部以下的骨头全部破碎,性命难保;想子腰骨损折。这起交通事故发生后,金儿的老爸史拂和想子的老爸曹没冒一致决定:打官司。

史拂向官府提交了起诉书,说明自己儿子被牛车轧伤的事实,要求官府予以处理:"男金儿八岁在张游鹤店门前坐,乃被靳嗔奴家雇工康失芬将车辗损,腰已下骨并碎破,今见困重,恐性命不存,请处分。"然后是曹没冒提交起诉书,意思与史拂差不多。

随后,一个叫"舒"的官员(唐朝公文中官员署名的时候,只署名不写姓氏)接手了这个案子。他先是查问康失芬。第一次,康失芬承认他赶牛车轧人的事实无误;第二次,"舒"询问康失芬案情详情,康失芬回答说,牛车是他借来的,由于他对驾车的牛习性不熟悉,当牛奔跑的时候,他努力拉住,但"力所不逮",终于酿成事故;第三次,"舒"问康失芬有什么打算,康失芬表示愿为伤者治疗,如果受伤的人不幸身死,再按法律来处罚自己。"舒"最后同意了康失芬的这个意见。

根据审判文书的记述,高昌县勾检官录事"诚"作出勾检的时间是宝应元年六月十九日,"诚"上报给高昌县丞"曾"后,"曾"于当天签署了审理意见:"依判咨,曾示,十九日。"在曾作出审理意见后第三天,高昌县最高司法长官县令"舒"作出了终审判决："放出，勒保辜，仍随牙。余依判。舒示。廿二日。"在本案中，从立案到判决，共计用了十四天。

税与兵役

唐代的农民亦需要缴纳农业税，唐代前期均田制下农民需要缴纳的是租、庸、调三种。所谓租就是纳粮，庸就是劳役，调是指本地织品。《旧唐书·食货志》记载，在"租"的规定上，全国都以粟为纳粮对象，岭南则是纳米。"庸"，是指成年男丁每年要为官府服役二十天，遇闰年加两天。如果你不想服役，可以纳绢代役，每天交三尺绢。"调"，每户每年交绢二丈，绵三两；如果是产布的地方，纳布二丈五尺、麻三斤。那些内附的胡人则需要拿羊抵税："上户丁输羊二口，下户三户共一口。"富足的胡人每个成年人交两只羊，贫穷的三户人家交一只羊。如果遇到"水旱虫霜"的自然灾害，唐政府会根据灾害的危及程度减免税收："十分损四以上免租，损六以上免租调，损七以分课役具免。"

均田制是中国古代最后一次政府颁布实行于全国的田制，自安史之乱后，均田制开始崩溃，贵族和富豪、寺院兼并了大量土地，唐政府能够收到的租庸调急剧减少，政府财政面临破产。大历十四年（779）四月，宰相杨炎上书唐德宗，建议改革赋税制度，创行两税法。两税法不是指收两种税，而是因为这种税分夏秋（农历六月、农历十一月）两次征收，所以叫两税。

两税法具体是什么意思呢？其实就是取消租庸调这种按人头收税的方式，由国家定出总税额，各地依照国家分配的数目向当地人按每户收税。

这中间就涉及两个问题。第一个问题是要把全国有多少户人理清楚，于是唐政府就把土著户和客居户都按照实际居住地编入现居州县的户籍。第二个问题是每户人家情况不一样，要如何量税？唐政府依照每户人家丁壮人数、财产多少（包括田地、动产不动产）、田地肥瘠定出三等九级的户等，每户人家按照自己所处的等级缴税。那些没有固定住处，四处经商的商人，经商所在州县按其收入征收他们财产三十分之一的税。（《旧唐书·列传第六十八》）

两税法以财产的多少为征税标准，开了中国以货币计税的历史先河，这项制度影响了中国此后一千多年中国历代政府的税收机制。

在唐代，由于税收和人结合得非常紧密，所以唐政府对于户籍的管理非常严格。唐代每三年举行一次名为"定户"的全国农户等级评定，每年要进行一次"貌阅"，"阅其貌以验老小之实"，就是通过一对一检阅人的样子，来查核有无低报年龄及伪报老病的种种情况。有多严格呢？北宋编撰的百科全书性质的史学类书《册府元龟》记载："若一人不实则官司解职，乡正里长皆远流配。"2010年，中央民族大学民族博物馆入藏十余件吐鲁番地区出土的唐代文书，其中有一件是交河县要求盐城百姓在指定日期接受县令貌阅的帖文，这是目前我们见到的唯一一件有关唐代貌阅的官方文书。其中有"若将小替代，影名假代，察获一人以上，所由各先决重杖册，然后依法推科"。这佐证了唐代貌阅的严格：如果发现有虚报年龄、冒名顶替的，不管三七二十一，先打四十杖，然后再依法定罪。（《文物》杂志2016年6月刊《新疆吐鲁番新出唐代貌阅文书》）

和唐代农民息息相关的还有唐代的兵役，唐代并不是很多人以为的强制兵役。钱穆先生的演讲合集《中国历代政治得失》一书就对唐代的兵役有详尽解读，唐代前期实行的是延续自隋代的府兵制，当时平民的户口划分为九等，并不是人人都具有当兵资格，政府从中选取上等、中等之家中愿意当兵的民户（当时下三等民户，是没有当兵资格的）单独编入折冲府，称为府兵。府兵平时务农，政府豁免其租庸调。府兵农闲时接受军事训练，二十岁开始服役，服役时自备兵器资粮，分番轮流宿卫京师，防守边境。

折冲府，又叫军府，唐代全盛时有六百三十四个，其中关内地区有二百六十一个，其余军府分布在全国。府兵也是到了二十岁成丁才开始服役，关中和中原的府兵须到中央首都宿卫一年，边疆或偏远地区的府兵则要在本州或邻州服役，这种在中央和地方的服役，称作"上番"。

替代府兵制的是募兵制，募兵制就是由政府出钱，招募社会上愿意当兵的人从军。这些人以当兵为职业，长期在军队服役，由政府负责职业军人的军器和供养，有的还发给军饷，由此而形成的军队是一种职业佣兵。募兵制的基础是，唐帝国中前期国力强盛，国家有财力来支持全职军队。安史之乱后，国家板荡，财政入不敷出，只能由地方节度使通过地方财政来募兵，这导致数个节度镇长期拥兵自重，这也是唐朝后期藩镇割据的重要原因。

四　时

1937年，英国人亨利·斯坦利·贝内特（Henry Stanley Bennett）出版了《英国庄园生活》(*Life on the English manor: A study of peasant conditions 1150—1400*)，这本写作时间长达十二年的巨著，主要研究1150年至1400年中世纪英国农民的生活状况。一扫我们所认识的"庄园法庭""黑暗的中世纪"等概念带来的阴影，贝内特用散文般优美的笔触、学者的视野和对旧时代深深的尊重，为我们描写了那两个半世纪的庄园里，农民如何劳作、收获、起居这些日常琐碎的生活图景，拼成一幅完整的时代画卷，鲜活地铺展在我们面前。

和所有传统中国应有的生活状态一样，唐代的饮食男女也延续着古老的男耕女织生活，那个时候，九成中国人都是农民，日复一日进行枯燥的生产劳作。今日之白领，或许对田园有着割舍不断的乡愁，但若真的回归那种生活，十有八九会逃离，因为下田务农是一件极其辛苦的事情。

唐末的韩鄂有一部农书《四时纂要》，逐月列举唐代的农民要做的农事。正月初一是一年的开始，唐代农家会准备新的历书，并且于庭前燃放爆竹以辟邪，并且要喝屠苏酒。屠苏酒从晋朝产生，以前有人住在草庵，每年除夕，将药囊丢到井中。到元日取水出来放在酒樽中，全家人一起喝就不怕生病了。屠，就是割；苏，就是药草。割了药草来泡酒，泡成的酒就是"屠苏酒"了。

△　摹楼璹耕图（局部）| 元 | 程棨 | 美国弗利尔美术馆藏

△ 韭 　　　△ 薤 　　　△ 葱 　　　△ 蒜

春天，唐人要耕地，除了春麦，桑、瓜、藕、葵、瓠、芋、葱、蒜、苜蓿、蔷薇等作物都可在正月中栽种。正月还是种植竹、柳、榆、白杨、松柏等树木的好季节。二月上旬种谷、瓜，中旬是种大豆、早稻的"上时"，二月末则要种牛蒡、红花。除此之外，二月还是种茶、种胡麻的最好季节，芋头、韭、薤、茄、薯蓣、苍术、黄菁也应该在此月栽种。三月是种谷、黍稷、胡麻、水稻、蔺香、苴、蓼、石榴、冬瓜、莴苣、薏苡等作物的"上时"。各种果树如桃、杏也应在三月种植、移栽。

夏天自立夏开始，唐人叫四月节。四月要对田地进行除草、上肥等管理，五月要收麦，六月还要耕地以备八月种麦。

秋天自立秋开始，唐人叫七月节。七月要开荒以待来年耕垦，种麦是八月的头等大事。

冬天自立冬开始，唐人叫十月节。十月要"收诸谷种、大小豆种"，还要到城中买驴马。十一月要"储雪水"以备溲种之用。溲种法是一种古老的种子处理方法。用斫碎的马骨加水共煮，漉出骨渣，再把附子五枚放入浸渍，三四天后取出附子，再用蚕粪和羊粪搅拌，使之成为糊状，播种前二十天，就把种子放在里面搅拌，使稠汁附在种子上，随即晒干，妥善贮藏。经过这样处理的种子，不仅可使庄稼免于蝗虫等的为害，还可以使庄稼更加耐旱。十二月则需要"造农器，修连加（连枷，一种农具，

153

△ 安石榴 　　△ 萝卜 　　△ 冬瓜

今天仍然在使用）、犁、耧、磨、铧凿、锄、镰、刀、斧"，以备来年耕种。

在古老的唐代，没有天气预报，人们对世界和自然充满了敬畏，在立春、春分、立夏、夏至、立秋、秋分、立冬、冬至这八个节气，他们通过频繁的占卜来祈求收成，《四时纂要》有一大半的内容都是讲在这些节气如何占卜并且如何来根据结果作出判断。

每年最隆重的敬神活动是对"社神"的祭祀，重要程度类似于今天的中秋节或元宵节。社神其实就是土地神的总称，唐代的土地神包括皇天、后土、社稷、五谷之神。

通常而言，唐代庄园中，男子挑起了整个家庭的重担，女子起着辅助的作用。具体说来，男子是家庭中的主要劳动力，扮演着耕、猎、渔、樵、牧等角色，从事着较为繁重的体力劳动，表现在开畦、间柳、整枝、觇泉、耕锄、引水、灌溉、打猎、捕鱼、砍柴、放牧、建房、补屋、饲养等名目繁复的工作，其中每一项都是技术活，需要有长年累月的劳作才可以熟知、熟悉并最后习惯。

这些男子通常劳作时穿着上文提到过的蓑衣，戴着斗笠。蓑笠在乡

△ 倚云仙杏图 | 南宋 | 马远 | 台北故宫博物院藏

第五章 帝国时代的庄园

村的实用不仅体现在遮阳挡雨上，在冬季也有保暖的功效，常见的还有麻和布，麻为纻麻，布多为粗布。

当他们不劳作时，服装则五花八门，有头戴"乌角巾"的，有干脆利落的上下装，也有长袍，它们虽然多为粗麻布质地，但人们往往"短（裋）褐不为薄"。在乡村，草履即草鞋，是很流行的，不仅因为取材容易，做工也不费力。在下雨天，木屐的咯吱声会响遍庭院，"应怜屐齿印苍苔"就是讲这种唐代的雨鞋，今天的日本人仍然习惯穿木屐。

唐代庄园中的女子，则从事诸如炊事、送食、采桑养蚕、织布缝衣、浣洗、负水的活计。王维《山居秋暝》的"竹喧归浣女，莲动下渔舟"一句优美至极，其实，诗中的这些美丽的女子，都是去小溪中洗衣服。此外，妇女还要舂米，照看小孩儿等。李白曾经借宿五松山（在今安徽铜陵县南）下荀妪家，发现"田家秋作苦，邻女夜舂寒"，他深更半夜睡不着，因为邻家妇女尚在舂米，声音从墙外传来，一阵一阵，显得多么凄凉啊！

如此四季轮回里，唐人日复一日地耕种收获，一代一代地繁衍。

庄园与别业

1909年，日本人中田薰发表《日本庄园系统》（见《国家学会杂志》第二十号之一），在文中写道："所谓中国庄的制度，是随着唐朝均田制的破坏，作为土地兼并的原是屋舍，但是到了唐朝，已经从原来意义的庄，转化为郊外私有土地，特别是大地主以经济为目的所有土地，从这个意义上说，唐朝的庄和欧洲法兰克时代的庄园，具有完全相同的意义。"

由此开启了日本学界盛极一时的关于唐代庄园的辩论。

1917年，经济史专家、俳句大师加藤繁发表了《唐代庄园的性质及其由来》（见《东洋学报》第七卷第三号）一文，认为，"唐朝的庄园本来是'别庄'的意思，或者也叫墅园、别业，是配置花木、水竹之娱乐游息场所，可是除了这部分以外，大多包有作为生活资料的田地。换句话说，原来指庄和田园两重意义的庄田或是庄园这样的用语，事实上很多场合和庄字完全一样，因为引申下去，就不问别庄设备的有无，专指田地的也称为庄、庄田、田园等。把别庄称为庄，从梁朝起就已经出现了，而这种用语的盛行是在唐朝"。

隋唐史学家乌廷玉的《唐朝"庄园"说的产生发展及其在中国的流传和影响》有过深入研究，作为一种学术观点，日本学者首先提出唐朝"庄园"说，到了1933年开始传入中国，此前中国学者编写的中国史著作里，从来没有提到唐朝"庄园"问题。

学术界的争议，源于对"庄园"概念的不同理解。学者认为，虽然唐代的土地制度是租佃制发展和成熟的地主经济，并没有形成欧洲式的"庄园制度"，但并不否认唐宋时期存在过较前期更为发达的庄园经济。（崔永盛《唐宋时期的庄园经济研究述评》）

今天我们谈及唐代的庄园，更多是对其"别业"性质的想象——花园、流水、阆苑、阁楼，以及偃仰啸歌、听涛观花的文人。这是中国文化中的庄园，和欧洲骑士的庄园有很大不同，在这些隐于山水间的小天地里，我们看到一个时代的生活图景正在徐徐展开。

唐代庄园最知名的就是辋川别业。

长安以南，群山起伏，连绵不绝，我们熟知的那副对联"福如东海长流水，寿比南山不老松"中的南山，指的就是此处。这座山脉叫终南山，东汉班固把它命名为秦岭。班固《西都赋》中有"睎秦岭，畎北阜"，《东都赋》中有"秦岭九嵕，泾渭之川"。这是"秦岭"这个名字最早的出处。

第五章 帝国时代的庄园

△ 辋川图（局部）|南宋|赵伯驹（传）|美国弗利尔美术馆藏

在几千年的历史中，秦岭一直有着独特的文化地位，不仅仅因为它是长安的屏障、帝王逃跑的必经之道，更因为它是隐士的家园和佛教、道教的乐土。时至今日，尽管五岳的声名早已经掩盖了秦岭的辉煌，但有志之士仍然称它为"中国的国家公园"。诗人、虔诚的佛教徒兼画家王维，他的辋川别业，就在秦岭北麓的辋川山谷，一个离西安市蓝田县城西南十余公里处的谷地中。

辋川别业在中国建筑史上有着赫赫的声名，最初这别墅是初唐诗人宋之问所建，时称"蓝田别业"。宋之问死后，开元十七年（729）前后，别墅为王维所得，并予以增建。经过二十多年的精心营建，三十多里长的辋川，被王维打造成一个综合性的大庄园。

在此后的千年中，辋川别业作为文人最动人的庄园传说流传，王维许多脍炙人口的诗篇都作于此，他还亲手绘制了《辋川图》，清朝的乾隆皇帝就曾在圆明园中特设"北远山村"一景，以仿辋川别业。

辋川别业从山口进，迎面是"孟城坳"，山谷低地残存古城，坳背

山冈叫"华子冈"，山势高峻，林木森森，多青松和秋色树，"飞鸟去不穷，连山复秋色"。背冈面谷，隐处可居，便为辋川庄园。

越过山冈有文杏馆，"文杏裁为梁，香茅结为宇"，馆后崇岭高起，岭上多大竹，题名"斤竹岭"。这里"一径通山路"，沿溪而筑，有"明流纡且直，绿筱密复深"的幽明精致。

登冈岭，至人迹稀少的山中深处，题名"鹿柴"，那里"空山不见人，但闻人语响"。"鹿柴"山冈下为"北宅"，一面临欹湖，盖有屋宇，所谓"南山北宅下，结宇临欹湖"。北宅的山冈尽处，峭壁陡立，壁下就是湖。从这里到南宅、竹里馆等处，因有水隔，必须舟渡，所以"轻舟南宅去，北宅渺难即"。

唐人冯贽《云仙杂记》卷八引《洛都要记》记载了辋川别业的生活图景："王维居辋川，宅宇既广，山林亦远，而性好温洁，地不容浮尘，日有十数扫饰者，使两童专掌缚帚，而有时不给。"庞大的庄园，每天打扫的人就多达几十人，以至要有两个小孩子专门绑用坏的扫帚，即使如此，仍然供应不上。

这样庞大的庄园显然不是普通人家能够拥有的——王维出自河东王氏，他的二弟王缙曾经是德宗朝的宰相。

唐人裴迪曾如此形容欹湖的美："空阔湖水广，青荧天色同。舣舟一长啸，四面来清风。"（《辋川集二十首·欹湖》）王维经常泛舟湖上，与山景、星空和老松一醉方休。在秦岭清秀钟灵的山水间，王维成为一个对禅理有着深刻参透的诗人，"无有恐怖，远离一切颠倒梦想"（《般若波罗蜜多心经》）。

一千二百多年后，辋川别业湮灭在了历史中，加上自然变迁，今天再去蓝田辋川寻找王维的印记，多是荒草野树。

奴婢与豪强

或许是因为那些描绘山水风景的诗歌流传于世，唐人的庄园总是充满了诗意和温情，但这并不能掩盖贵族和豪客的庄园背后的奢靡、浮华和黑暗。如同欧洲中世纪的庄园一样，一旦深入庄园的日常生活，便会发现其中所隐藏的矛盾和纷争。

和之前的朝代一样，唐代建国伊始也开始大封诸侯，凡爵、勋、官（职事官、散官）、公主、命妇，都可以得受永业田，也就是子孙世袭，皆免课役的田产。权贵经过百年繁衍，李唐王朝官僚机构不断扩大，官吏人数膨胀，因此政府授给的永业田不断增加，加上政府赏赐的"赐田"，渐渐地就都变成了其子孙的私家庄园。此外，当然有依靠特权的土地兼并——历史上，凡太平日久，必有地主、官僚、商人用政治权势掠夺、抑买大量百姓良田来扩充其田宅——这几乎成了帝国时代发财的不二法门。

这些大大小小的庄园遍布在江南、关东和关中，大多数庄园除了庄宅及其附近的田地，还包括有果园、茶园、碾硙、店铺、菜园、盐畦、车坊及山泽、森林这些商业和产业，当然，还有无数的佃户、杂役、奴仆和私人武装——部曲。

这些部曲、部曲妻、客女、随身、奴婢的命运十分悲凉，他们"身系于主"，可以被主人随意买卖，同样只准与同类身份者结婚，遇事由主人依唐代的《奴法》处理。奴婢多是卖身的贫苦农民及被劫掠拐卖的平民，在唐代，这是一个很"低贱"的来源，于是唐人眼中的奴婢"律比畜产"，不得与良人为婚。

敦煌研究院藏有《唐代奴婢买卖市券副本》，是奴婢买卖官文书，记载了唐玄宗天宝年间敦煌郡唐人买卖奴婢的过程。卖主王修智要将自己十三岁的胡人奴婢多宝卖给一个叫惠温的人，多宝的身价是"生绢贰拾壹匹"，也就是多宝值二十一匹生绢。奴婢买卖过程中，有六个人联名俱保，也就是做证人，分别是敦煌郡百姓左怀节、安神庆，"行客"也就是行商张思禄，"健儿"也就是戍卒王奉祥、高千丈，官员市令（市场管理官）秀昂。这么多不同身份的保人除了证明交易的有效性，还为了证明多宝"是贱不虚"，也就是说防止把良民当成奴婢贩卖，按《唐律》规定，凡掠卖良人为奴婢的，处以绞刑。这份文书上，卖主、买主、被卖奴婢、保人的身份、年龄，一应俱全，最后官府对契约真实性进行核实，加盖敦煌郡的"郡印"后，成为具有法律效力的文件。

唐代知名的庄园主，除了那些声名不菲的诗人，最有权力也最知名的是镇国太平公主，这个集帝国万千宠爱于一身的女子，没有在浩瀚的唐史中留下名字。

《旧唐书》卷一八三记载，太平公主在没有势力时就已经"崇饰邸第"，下嫁后更是暴敛钱财，生活奢侈："田园遍于近甸膏腴，而市易造作器物，吴、蜀、岭南供送，相属于路。绮疏宝帐，音乐舆乘，同于宫掖。侍儿披罗绮，常数百人，苍头监妪，必盈千数。外州供狗马玩好滋味，不可纪极。"她"食"的实封，曾达到过一万户。唐前期制度，食实封就是享受户丁交纳的租税。太平公主"食"的户都按大户计算，一户七丁。若一丁交绢二匹，太平公主一年仅得绢就有十四万匹，而当时国家年收绢多则百万匹，少则只有七八十万匹，她的收入敌上了国家收入的百分之十四到百分之二十！

甚至一直到太平公主死后一百年，还有人记得她当年的辉煌，韩愈曾经写诗说："公主当年欲占春，故将台榭压城闉。欲知前面花多少，直到南山不属人。"（《游太平公主山庄》）她在曲江池边的乐游原修建的亭台楼阁投下重重魅影，甚至把皇家的园林都遮在了阴影之中。你想知道太平公主的田产到底有多大，她的花园到底走多远才是尽头吗？那你就往南看吧，从长安城一直走到终南山，根本找不到一块属于别人的产业。长安城到终南山，到底有多远呢？五十里，这么远的距离，都是太平公主一个人的产业。

然而，这些辉煌瑰丽的庄园、田产和府邸，都伴随着太平公主的死亡而湮没了。有人说红颜薄命，这不仅仅是宿命论的观点，在历史中，每个"个人"都是苍老的红颜，风流总被雨打风吹去。

儿　童

法国历史学家、社会学家菲利普·阿里耶斯（Philippe Aries）在其名作《儿童的世纪》（*Centuries of Childhood: A Social History of Family Life*）中表示，欧洲在中古世纪以前，社会中儿童的观念并不存在。13世纪，人们对于儿童的概念仍限于"身高大小（size）"的差异，是"身高缩小的成人"。

在中国，唐代以前，我们对于儿童这一概念也是相当模糊的，一个证明就是唐以前几乎很少见儿童的形象，唐代开始才有了一些儿童的形象在诗歌、壁画、雕塑和绢画中出现。中国人真正形成"儿童"这一概念，是在宋代以大量"婴戏图"的出现为代表。

唐代很少用数字来表示年龄，而是借用一些称谓，这就导致唐人对于儿童的称呼有多种。学者姜同绚对唐代墓志中的年龄文化词语做了归纳："推梨"，来源于"孔融让梨"的典故，指代四岁；"鸠车"，儿童玩乐之车，指五岁儿童；"怀橘"，出自三国陆绩典故，代指六岁；"抚尘"，儿童游戏之一，借指七岁；"负剑"，原意是推剑于背，特指对孩子从小的教习，一般指八九岁。（姜同绚《唐代墓志年龄词语考证》）

今天，我们民间在孩子满月时喜欢剃个"满月头"，寓意一切从头开始，都是新的，有时候还会给孩子留一小撮头发。唐代的儿童也有自己专属的发型，《礼记·内则》说："三月之末，择日，剪发为鬌。男角女羁。"唐代大儒孔颖达《孝经注疏》说："三月剪发，所留不剪者谓之鬌。"新疆博物馆藏吐鲁番阿斯塔那唐墓双童图绢画里，两位幼儿顶发悉被除去，仅额上留有一撮余发，和我们今天一些小朋友的发型挺像。莫高窟197窟，有一幅童子拜佛图，画中的童子，光屁股，光头，非常可爱。

等到婴孩稍长，头发渐多，则将头发集束于顶，分作两路扎成小髻，形状如角，故名"总角"。未能编入发髻者任其自然下垂，这部分垂发称"髫"。所以古人也用"垂髫"来称呼儿童。

以烧制陕西大老碗而闻名的铜川耀州窑曾经发掘出土一件唐代素胎黑花盘，该盘内底绘有一个上身赤裸的跳绳儿童，可见，儿童的游戏最经得住时间的考验。

家境较好的乡童，则可以上私塾启蒙。在唐代，教育相当发达，然而，弘文馆和崇文馆是贵族学校，国子学是公侯学校，太学是卿大夫学

△ 宋人婴戏图 | 北宋 | 苏汉臣（传）| 台北故宫博物院藏

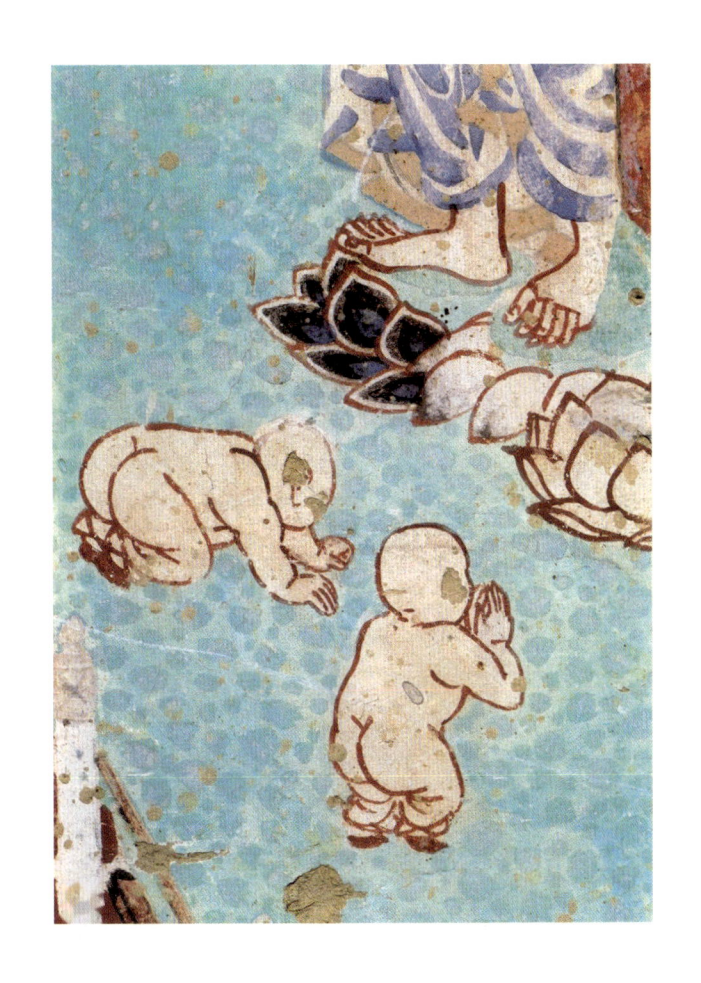

▷ 童子拜佛图｜唐｜佚名｜莫高窟第 197 窟北壁

校、四门学、律学、书学、算学及地方州县学为下级官员子弟学校。对于乡村的孩童来说，他们有生之年能够进蒙学，已经如登天了。即使如是，在诗歌弥漫整个帝国的唐代，儒雅、通透的文化气场仍然让这个国家看起来知书达礼，据《全唐诗》的资料统计，唐代十岁以下的儿童诗人就有四十余人，十三岁以下的就更多。

唐代还有面向十岁以下儿童的科举——童子科。《新唐书》记载："凡童子科，十岁之下，能通一经及《孝经》《论语》，卷诵文十，通者予官；通七，予出身。"十岁以下的孩子，能通《孝经》《论语》，以及

第五章　帝国时代的庄园

△ 调婴图 | 唐 | 周昉（传）| 台北故宫博物院藏

九经能通一经，即可根据通经数目予官或予出身。（唐代官学所立九经包括：《易》《书》《诗》《周礼》《仪礼》《礼记》《左传》《公羊传》《榖梁传》）

由于教育的兴盛，唐代出现了许多部面向儿童启蒙的教材，也就是"蒙书"。学者们在敦煌文献中发现了五百四十九件和蒙书有关的抄本和碎片，统计下来共有四十五种蒙书。

唐代儿童蒙学的核心课程是《孝经》。《孝经》是儒家十三经之一，成书于秦汉之际。自西汉至魏晋南北朝，注解者迨及百家。唐朝建立后，武德六年（623），高祖驾幸国学，命徐文远讲《孝经》。贞观十四年（640），太宗幸国子学，令祭酒孔颖达讲《孝经》。此后，皇帝幸国子监、举人谒先师等儒学典礼和仪式上，多以《孝经》开讲。唐玄宗御注《孝经》，于天宝三年（744）下制，令天下家藏《孝经》一本，"精勤诵习"。今西安碑林博物馆就藏有一方"石台孝经碑"，此碑刻于天宝四年（745），由唐玄宗李隆基亲自作序、注解并书写，当时的太子

李亨篆碑额。

　　唐代士人从事举业,也必须从《孝经》学起。据《新唐书·选举志》,明经诸科须"《孝经》《论语》皆兼通之",进士科也要考《孝经》,上文提及的唐代童子科考试的最主要的内容也是《孝经》和《论语》。

　　对于后世而言,唐代蒙书中最知名的则是南北朝时期周兴嗣编纂的一千个汉字组成的韵文《千字文》和唐朝天宝年间李翰编著的儿童识字课本《蒙求》。《三字经》中很多的典故取材于《蒙求》。

　　对于唐人来说,远离喧嚣、战乱的平和田园生活是一种心灵的信仰,唐人写下了大量的田园诗来表达他们对于田园的眷恋。中国人对于田园、小舟、流水和农人有情感眷恋,一方面是由于我们是一个有数千年农业传统的国家;另一方面是因为田园安放着一种浸透心灵的静。即便是在嘈杂的21世纪,很多人仍然怀有归园田居的梦想。这种渗透在骨子里的文化基因,来源于对安定生活的向往,更来源于人对自由的渴望。

第六章 女人在她们的时代

三个女人

中国大概是世界上少有的既束缚女人的身体和内心，又为女人建立诸多纪念碑的国家。这纪念碑就是贞节牌坊，它们被修建得华丽张扬，而且通常刻有朝廷颁布的皇帝的圣旨，那些把贞节操守看得比身家性命还重要的女性，被当作标本刻在石头上。

但奇怪的是，对于男人来说，他们可以在黑夜里无限放任自己的欲望。这对于历史的影响是严重的，以致我们提起所谓的封建社会，就会想到贞节牌坊，女权主义者也会因此而对男人深恶痛绝，对社会更加绝望。

但是，在唐代，中国的女子命运很不一样。据《古今图书集成》记载，古代女子列入"闺节""闺烈"的烈女节妇，唐朝女子最少，仅五十一人，宋朝为二百六十七人，明朝为三万六千人，而清代则数量更庞大，我们今天看到的贞节牌坊，大多数为清代所立。

中国历史上仅有的两位女皇帝就出自唐代，一为历史承认的唯一女皇武则天，二是自称文佳皇帝的陈硕真。

永徽四年（653），也就是唐高宗李治即位的第五个年头，一个叫陈硕真的女子在今杭州的淳安县起兵，自称文佳皇帝，十一月兵败，陈硕真被俘杀。史学家翦伯赞称她为"中国第一个女皇帝"，其实她只在位一个多月即被消灭，但对处于贞观之治光辉之下的唐帝国来说，这不啻是一记响亮的耳光。彼时，中国历史上唯一的女皇帝武则天才从感业寺中还俗，三十七年之后，她成为武周的皇帝。多年之后，还是在杭州，

◁ 《十八学士于志宁书赞卷》之杜如晦｜唐｜阎立本｜台北故宫博物院藏

一个叫方腊的人深受其同乡陈硕真影响，起兵反宋。

在唐代的历史上，永徽四年是一个极其特殊的年份，这一年，李世民的儿子和臣子因为夺嫡遗留的权力杀戮进入高潮。皇帝李治和拥立他的舅舅长孙无忌在这一年产生了巨大的嫌隙，原因就是长孙无忌借拥戴之功开始弄权和擅杀。

此时魏王李泰已幽死于均州，高阳公主驸马房遗爱是其心腹，贞观年间曾助李泰夺嫡，因此受牵连。长孙无忌除坐实房遗爱夫妻的谋反罪以外，更将此事严重化和扩大化，包括当世名将、丹阳公主驸马薛万彻，巴陵公主及驸马柴令武，荆王李元景，吴王李恪，全部被牵扯进来。永徽四年二月初二，房遗爱、薛万彻、柴令武遭处斩，李元景、李恪、高

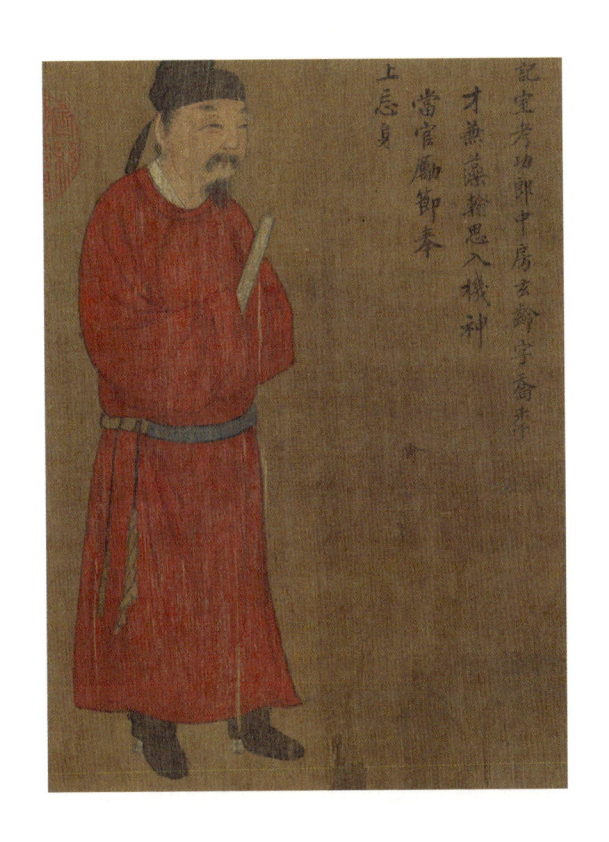

◁ 《十八学士于志宁书赞卷》之房玄龄—唐—阎立本—台北故宫博物院藏

阳公主、巴陵公主一并赐自尽。

这依然不算结束，长孙无忌挟此余威，整治了另外一批政敌。宰相兼太子詹事宇文节，左骁卫大将军、驸马都尉执失思力，江夏王李道宗均因与房遗爱关系近密而获罪，流放到岭南。接着，长孙无忌将李恪的同母弟蜀王李愔废为平民，安置在巴州，房遗爱的长兄房遗直贬为春州铜陵尉，薛万彻的弟弟薛万备流放交州，同时罢除了房玄龄在太宗庙陪祭的殊荣。

长孙无忌一手导演的这一幕大清洗，在历史上被称为"高阳公主谋反案"，其主角高阳公主是唐代最有故事的女人之一，正史记载高阳公主有宠于太宗李世民，深得父皇喜爱。贞观十五年（641）前后，高阳公主十二岁左右，由太宗许配下嫁于开国名相房玄龄第二子房遗爱。但这位皇女流传最广的故事，则是她和三藏法师玄奘的高徒辩机之间的情事。在女作家赵玫的笔下，高阳公主是唐代第一位以色欲而伏诛的贵妇。

永徽四年，是三个女人的时代，一个造反的女皇帝、一个谋反的公主和一个藏锋的未来帝国女皇帝。正是这一年长孙无忌肆无忌惮，才让武则天成为下决心收回皇权的李治的得力助手，此后五年中，武则天帮助丈夫击溃了贞观朝最后的遗老长孙无忌的势力，一跃成为帝国最有权势的女人。

也正是从这个时代开始，唐代大大小小的历史背后，都有女人的存在。今天我们翻看《新唐书》《旧唐书》，甚至《资治通鉴》，都会发现，在中国历史上，唯有唐代，出现在史书中的女子形象最多，而且她们参与了历史的进程，给后人留下了深刻的印象。

窦皇后

高祖李渊的太穆皇后窦氏，或许是开创唐代女政客历史的第一人，这大概与她的皇族血统有关——窦氏的母亲是北周武帝宇文邕的姊姊襄阳长公主。她出生时就有些异象，"生而发垂过颈"，但这仅是开始，到三岁时头发就长到与身体一般长短，这情况容易让人联想到她的见识方面出了问题。一般，父母是不会宠爱这样的孩子的，倒是当皇帝的舅舅甚是稀罕，她因而得以养于宫中，受了不少熏陶。她也不令舅舅失望，幼时就能给宇文邕进些谏言，如宇文邕不爱突厥裔皇后，窦氏便偷偷地规劝说："四边未静，突厥尚强，愿舅抑情抚慰，以苍生为念。但须突厥之助，则江南、关东不能为患矣。"窦皇后的政治头脑由此可见一斑，也足以让人对古人的经验产生怀疑。原来头发与见识并不成反比。

后来，隋文帝杨坚受北周禅，窦氏大哭道："恨我不为男，以救舅氏之难。"父母急忙掩其口说："汝勿妄言，灭吾族矣！"驸马窦毅曾经对妻子襄阳长公主提出要求："此女才貌如此，不可妄以许人，当为求贤夫。"经过广泛而苛刻的"比武招亲"，最终"雀屏中选"的东床快婿也非寻常人，乃是未来的唐高祖李渊。李建成、李世民、李玄霸、李元吉都是她的亲生子。

婚后窦氏"喜好"书法，竟与李渊写得一模一样，李渊的手下也分辨不出，所以她也常替李渊批些公文，就此开了唐代女人替丈夫处理公事的先河，可以说后来武则天批奏章是有例可循的。

窦氏在李渊反隋之前就去世了，时年四十五岁。据说她生前曾经劝说李渊不要把好马留在家里，要及早献给皇帝，以免引起隋炀帝杨广忌妒。李渊当时没有听从，而后来不得不被迫献马以打消皇帝的疑心。李渊回想窦氏当初的劝言，叹息着对子女说："如果我早听了你们母亲的话，哪里会到这地步？"李渊登基以后，追封她为皇后，并追谥为太穆皇后。李渊之后不再立皇后。

中国历史上姓窦的皇后，可查的有六位，分别是西汉孝文窦皇后、东汉章德窦皇后、东汉桓思窦皇后、北魏神元窦皇后、唐太穆窦皇后、唐昭成窦皇后。

窦氏得姓始祖是夏禹的六世孙——龙，可见，这个姓氏从其开始就是从龙的命运。

长孙皇后

从窦氏开始，因为女子活跃在帝国政治的前沿，有唐一代，女子的人格完整得多，她们是为了自己而活，不愿接受性别的枷锁。

中国女权，对于妻妾婢的人身权来说是一直在提高的，在继承权上则一直降低，在婚恋观上则变化更加复杂。从东周到南北朝，整体是从保守到开放或者说混乱的过程。从隋唐到清代，又是从开放混乱到保守的过程。唐代正是这个转折点，但并不是最高点，它的婚恋自由程度恐怕低于汉朝，更加不像南北朝那么混乱。

但正是处于转折点，使唐代的女子地位达到一个社会的平衡点，也正因如此，一部唐史，有半部是属于女人。

在李世民的时代，他的背后是小名叫观音婢的妻子，这个聪慧贤达的女子后来成为中国历史上皇后的代名词——长孙皇后。长孙皇后和窦皇后一样，早逝，史书着墨不多，但她们影响了一个帝国的命运。

长孙皇后是一个十分值得体味的历史人物，她具备一切成为祸国妖姬的特质。她出生于隋仁寿元年（601），父亲长孙晟是北魏皇族拓跋氏之后，母亲高氏是北齐皇族后裔，兄长长孙无忌在李世民登基路上厥功至伟，是凌烟阁二十四功臣之首；她美貌多才，十三岁（大业九年，613年）即嫁给李世民，深得夫君爱惜；她生育力强，有三子四女，分别是李承乾、李泰、李治、长乐公主、城阳公主、晋阳公主、新城公主；她在武德末年储位之争期间，与房玄龄"同心影助"李世民，并在玄武门之变当天亲自激励将士，是深受秦王府旧将爱戴的主母；她贤淑、优雅、智慧、大度，用现代最流行的一个说法，她就是一位知性女子。

在长孙皇后仅存的一首《春游曲》中，我们可以读到这样的诗句："上苑桃花朝日明，兰闺艳妾动春情。井上新桃偷面色，檐边嫩柳学身轻。花中来去看舞蝶，树上长短听啼莺。林下何须远借问，出众风流旧有名。"当皇家园林里的桃花在春日盛开时，深闺中的美妇萌生游兴，前去看花间蝶舞，听枝头莺啼。她骄傲地认为，井上刚刚绽放的桃花之所以娇艳，是因为"偷"得了她红润的面色；檐边初发新芽的柳枝之所以纤柔，是因为"学"到了她窈窕的身姿。不必打听姓名，世人也晓得她是谁，她的风度超群早已遐迩闻名。诗中人暗喻长孙皇后。无须多言，这是一个才貌双全，以"林下之风"自许的奇女子。

但这位起点比武则天好十倍的女子，选择了一条远离权力毒药的道路，做一位安分守己，同时也深谋远虑的皇后。她自称不涉朝政，却时常以古事设喻劝谏皇帝，更留下"朝服劝谏"（以迂回策略保护大臣）的美名；不允许自己的同母兄无忌为宰执，却因不愿留下"恃宠"恶名而向李世民求情，赦免了少时曾虐待她，又参与谋反的异母兄安业。贞观十年六月二十一己卯日（636年7月28日），长孙皇后在立政殿去世，时年三十六岁，同年十一月葬于昭陵，谥曰"文德"。

贞观时期，唐太宗治理天下，长孙皇后掌管内廷，那也是一条看不见的战线。长孙皇后自始至终以自己的方式支持夫君，是太宗的贤内助。在唐代的皇后中，长孙皇后不是最有权力的，却是最受尊敬和爱戴的。长孙氏勤奋读书，一年四季保持不变。读书使她增强智能，积累知识，增广见闻。她生活简朴，需求不多。无欲则刚，这是人所共知的。她树立了一个俭朴的榜样，在贞观初立的时代异常重要。

从青梅竹马到贤慧皇后，长孙氏短暂的一生，享尽平凡夫妻的至情至爱，以及母仪天下的尊荣崇敬。这位贞观之治的重要推手，仅以其柔而韧的背影，浮现于幽幽青史，独绝千古。后来的武则天，其一生的行为准则都笼罩在长孙皇后的光环下，或许称帝本不是她的初衷，她最初也只是想做一个万人爱戴的贤后。

女人的胸部

但唐代女子地位的提高，并不意味着唐代是一个性开放的社会。很多人从唐代的女子低胸装以及野史中的宫闱秘史推断，唐代也如同中世纪欧洲一样，宫廷贵妇和少女穿着露胸的衣服，走在街上。

在中世纪欧洲，人们则十分推崇女子的酥胸，认为酥胸是女性美的象征。有一个时期，法国宫廷的贵妇人和市井巷陌间的未婚少女，是允许穿着露胸上衣的。据说，那时裸胸并非色情风俗，反而是一种对女性美的礼赞。据1世纪罗马的博物学家大普林尼（Gaius Plinius Secundus）记载，古罗马名妓弗劳拉（Flora）曾以白金制成酒杯，酒杯的形状正是她那稀世罕见的美丽乳房。到了欧洲中世纪，还有一些男子由于妻子或恋人有丰满漂亮的乳房，而以其形状铸成酒杯，用来斟葡萄酒，向同伴夸示。在法国大革命时死在断头台上的玛丽王后（Marie Antoinette），也曾将自己的乳房以石膏铸形，路易十六据此定制白瓷碗，作为礼物送给她，供盛放鲜奶。

在中国历史中，女人的胸部则是一个极其危险的名词。

这不仅因为众多皇帝都倒在"胸器"下，更为重要的是，传统中国的道德观对于女性胸部有着一种天然的警惕，女性如果过分突出胸部，会被认为不贞或淫荡。到了民国，人们仍然被这一思想制约。1918年夏，上海市议员江确生以西洋装束有辱斯文致函江苏省公署："妇女现流行一种淫妖之衣服，实为不成体统，不堪寓目者。女衫手臂则露出一尺左右，女裤则吊高至一尺有余，及至暑天，内则穿粉红洋纱背心，而外罩以有眼纱之纱衫，几至肌肉尽露。"

唐代性开放的看法来源，有一半是因为女子的着装。一般的唐代妇女比较正式的女装由衫、裙、帔（披肩）三部分组成。女子穿衣的时候，习惯将衫的下摆束在裙腰里面，显得裙子很长，自胸部以下直到地面，再配上一条随风飘盈的披肩，显得身材修长，妩媚动人，别有一番风韵。后世很多人从壁画上看到梳高髻、露胸、肩披红帛，上着黄色窄袖短衫，下着绿色曳地长裙、腰垂红色腰带的唐代妇女形象，则认为这是一个性开放的时代。

▷ 唐三彩仕女俑—日本东京国立博物馆藏

实际上，唐代在中国历史上确实是一个开放的时代，唐代女性着装风格的形成与历史有着千丝万缕的关系。暂不说胡风对于唐代的影响，单单是从隋唐之前的魏晋南北朝就可以看出些许端倪，中国历史上最盛行的裸奔潮流就发生在那个时代，"竹林七贤"中的刘伶就很喜欢裸奔。

后世美容及运动学家研究说，南北朝和隋唐战乱频仍，人们常常被别国的军队追逐，要跑十多公里，奔跑速度很快，一个时辰可达四十公里，运动量相当大，而且胸部抖动频率可达每秒两到三次，如此这般，胸部肌肉进一步得到发展。不过，由于生活水平有限，胸部发育所需三种有机物——氨基酸、维生素以及葡萄糖，补充不全，人们的胸部也没有实质性的进步。

其实，古代对胸部并无任何审美要求，也无任何标准。描写美女

△ 簪花仕女图（局部）| 唐 | 周昉 | 辽宁省博物馆藏

的文学作品如《诗经》《登徒子好色赋》《洛神赋》等都对胸部只字未提。《洛神赋》铺排华丽，对女性身体极尽描述之能事，唯独对胸部讳莫如深。《汉杂事秘辛》（有学者疑为明朝状元杨慎伪作）描写东汉宫廷选美时，派女官吴姁对故大将军、乘氏忠侯梁商的女儿梁女莹（汉桓帝懿献皇后）做全身体检，堪称事无巨细。但提到她的乳房，也只有"胸乳菽发"四字。可见，平胸并不影响其美。

丰满与苗条

女诗人马莉曾经有一首《石榴花开了》的现代诗，结尾写道："我是盛唐的女人 / 发髻盘得高高的 / 长安的落日拢得低低的 / 正如被时间淡忘的一本本史书 / 丰腴仍是我揳入现实的唯一的美啊。"根据历史研究，唐

朝的确是以丰腴为审美取向的，从史书中对武则天的描写我们可以断定，她正是凭着宽额头、丰脸颊、浑圆而纹路重叠的颈部及富态形象赢得"武媚"的地位，从而为进一步接近权力中心奠定了基础。

但这种丰腴并不等同于肥胖。其实，只要仔细看一下唐朝画家阎立本的《步辇图》和周昉的《簪花仕女图》，不难发现，画中的宫女、仕女，根本说不上肥胖。《步辇图》中的九个宫女，簇拥着李世民缓缓而行，有抬辇子的，有打伞盖的，有举扇子的，看起来都有一把子力气，绝非弱不禁风的病态美女。但是，看她们的身材，实在都是相当纤瘦的。

关于杨贵妃，文献中有体胖惧热的记载。例如，五代人王仁裕《开元天宝遗事》卷四说她"素有肉体，至夏苦热"。但是，杨贵妃的"素有肉体"，也就是《杨太真外传》上所说的"微有肌也"。一个擅长舞蹈（《霓裳羽衣舞》是她的代表作）的人，平常肯定少不了肢体运动，有点肌肉是很正常的。杨贵妃的惧热，其实不是因为她肥胖，而是因为她体

△ 步辇图（局部）| 唐 | 阎立本 | 故宫博物院藏

质如此。《开元天宝遗事》记载，杨贵妃"每宿酒初消，多苦肺热"，常于凌晨独自去后花园，傍花树，以手举枝，吮吸花露，滋润咽喉。

可以肯定，唐朝人的美女标准中，也是有苗条一项的。李德裕《次柳氏旧闻》、王谠《唐语林》等文献记载，唐明皇的儿子肃宗李亨还是太子的时候，被李林甫构陷，处境危险，愁得他须发皆白，远离一切声色娱乐，唐明皇得知后，让高力士派京兆尹"亟选人间女子细（颀）长洁白者五人，将以赐太子"。

对于女子身材最有研究的，当数诗人白居易，我们从他的审美中能看出些许端倪。"樱桃樊素口，杨柳小蛮腰"，这是白居易说的，樊素和小蛮是白居易最为宠爱的家妓，小蛮的腰围只有一尺六寸半，不盈一握。可见，唐代的美人标准，也跟今天一样——身形苗条，身材高挑，皮肤白皙。

唐代瘦削的美女，步非烟即是其中之一。皇甫枚《三水小牍》卷下记载了这个女人传奇的情事。步非烟是河南府功曹参军武公业的爱妾，

"容止纤丽，若不胜绮罗；善秦声，好文笔，尤工击瓯，其韵与丝竹合"。这是一位才貌双全的女子，身材纤细高挑，楚楚动人，仿佛绫罗的衣裙穿在她身上都是一种压迫。邻家子赵象因见非烟容貌纤丽，故以诗文相赠，非烟也回赠诗文，如此一来二去，日久生情，终于私通。他们以为鱼鸟不知，人神相助，或景物寓目，歌诗寄情，来往频繁，不能悉载。一年后，因非烟曾经以小过错鞭打过某婢女，婢女将私情全告知武公业，武质问非烟，非烟坚决不说出实情，结果被缚于柱上鞭打。非烟云："生得相亲，死亦何恨。"深夜，武公业打累了，于是假寐，非烟呼其所爱女仆曰："与我一杯水。"水至，饮尽而绝。

上官婉儿

唐代那些声名显赫的女子大多出自皇家，在鲜花绽放般璀璨的人群中，最复杂的却是一个叫上官婉儿的女官，她是极负盛名的女诗人、为武则天掌文诰的女官、唐中宗的嫔妃昭容、政治家、交际花和美人。

上官婉儿，唐代名臣上官仪之孙女，上官仪是初唐齐梁余风的代表诗人。其人据记载刚直肯谏，因建议高宗废武则天而遭武氏记恨，麟德元年（664），被告发与废太子梁王李忠通谋，上官仪及其子上官庭芝同时被处死，籍没其家。上官婉儿因母亲郑氏是太常少卿郑休远之姊，母女才得免死，被配入皇宫内廷。太常寺属于五寺之一，五寺包括大理寺、太常寺、光禄寺、太仆寺、鸿胪寺，其中，太常寺掌宗庙礼仪，郑休远作为太常寺的二把手，肯定同武则天和皇室有着紧密的关系，上官婉儿母女才得以从诛九族中幸免。

不知道出于何种原因，上官婉儿在十四岁的时候被武则天看中，成为掌管宫中诏命的女官。而她也因为武则天的赏识和重用，在武周时代成了大红人，权倾一时。那是一个属于女人的天下，有武则天、太平公主、上官婉儿，中国历史上少有的女人当政的时代降临了。但奇怪的是，上官婉儿在侍奉武则天的数十年内，没有任何举动来表达她的仇恨。

因为女皇武则天的存在，尽管历代宫闱都有女官存在，以上官婉儿为代表的唐代女官则走到了政治的最高处。唐代女官也叫宫官，是六尚局的各级女官。尚宫局二人，秩正五品，掌导引中宫，凡六局出纳文籍皆署之，若征办于外则为之请旨，牒付内官监，监受牒行移于外；尚仪局二人，正五品，掌礼仪、起居之事；尚服局二人，正五品，掌供服用采章之数；尚食局二人，正五品，掌膳羞品齐之数，凡以饮食进御，尚食先尝之；尚寝局二人，正五品，掌天子燕寝及嫔妃进御之次序；尚功局二人，正五品，掌督妃嫔宫人女红之程课。另外，这六局之外，还有宫正一名，好比宫里的执法官，掌纠察宫闱、戒令谪罪之事。

女皇武则天其实也是女官出身，她由太宗李世民的五品才人起步，最后登上皇帝宝座。但绝大多数的女官在宫中贫贱如泥，连寿终正寝都是一种奢望，每个女官的命运里无不血泪斑斑。她们没有青春，没有爱情，没有家庭，时时刻刻都有伴君如伴虎的风险和尔虞我诈的权谋，史书甚至不屑为她们浪费笔墨。

而上官婉儿能成为众多大唐贵族子追求的对象，是在于她的才华。初唐是中国文学嬗变转折的时代，汉赋的时代逐渐结束，齐梁七言诗开始进入辉煌，这是唐诗的发源，其中最重要的一个环节就是宫廷诗歌的兴起，李世民就是个中代表。而将初唐宫廷诗发扬光大的，就是上官婉儿。上官婉儿现存不多的诗作中，有一首屡被提及，备受重视，那就是其抒怀之作《彩书怨》："叶下洞庭初，思君万里余。露浓香被冷，月落锦屏虚。欲奏江南曲，贪封蓟北书。书中无别意，惟怅久离居。"在上官婉儿之前，宫廷诗大多繁复、拗缀，从上官婉儿开始，一种真实、绵长的深宫幽怨开始深入人心，使"宫怨"成为唐诗中一个重要的主题。

上官婉儿的容貌应当也是美丽至极，段成式在《酉阳杂俎》卷八里有这样一段记载："今妇人面饰用花子，起自昭容上官氏所制，以掩黥迹。"上官婉儿曾经引领盛极一时的红梅妆，起始却是因为她受过黥刑。段成式的家族或许是有着热衷野史和宫廷八卦的狂热血统，他的儿子段公路在《北户录》卷三里详细地摆过这个八卦："天后（武则天）每对宰臣，令昭容（上官婉儿）卧于案裙下，记所奏事。一日宰相李对事，昭容窃窥，上（唐高宗）觉。退朝，怒甚，取甲刀扎于面上，不许拔。昭容遽为乞拔刀子诗。后为花子，以掩痕也。"

如此一个才华与美貌并重的女子，常年行走在宫廷，肯定是武则天的子侄追逐的对象，因此中宗李显上位后迫不及待地立她为昭容，就不难理解了，除却欣赏其美貌与才华，更多可能是对青春期的一种圆梦。

2013年8月，陕西省西安市西咸新区空港新城考古出土了上官婉儿的墓志铭，墓志铭上共刻字九百八十二个，为上官婉儿一生的经历做了简要描述。墓志铭明确记载她十三岁时被封为唐高宗才人，四十二岁册封为唐中宗的昭容。她曾经是高宗的才人，这在史书上从来没有记载过，也颠覆了以往的记录。墓志铭还记载上官婉儿"懿淑天资，贤明神助"，并以唐睿宗的名义，为其篆刻墓志铭，上官婉儿还获得了"惠文"的谥号（唐代女性只有皇后和几位公主能够获得谥号）。

景龙四年（710），临淄王李隆基起兵发动唐隆政变，四十六岁的上官婉儿与韦后同时被杀。这是一个女人的不归路，但也是宫廷女子的必走之路。在混乱、权谋与交易混杂的宫廷，一个女人想要独善其身，基本上不可能。

女　冠

有了上官婉儿的榜样在，唐朝女子学习诗文蔚成风气，仅《全唐诗》中收录的女作者就有一百余人，唐人笔下的美好女性几乎无人不能吟诵诗章，挥毫成文。

许多文士的妻子都是丈夫的闺中诗文之友。诗人元稹的前妻韦氏、继室裴氏，才子吉中孚之妻张氏，进士孟昌期之妻孙氏，殷保晦之妻封绚，都是才女。她们甚至能代丈夫作诗应酬或书写文卷。最著名的三位是薛涛、李冶与鱼玄机。元人辛文房撰《唐才子传》，把这三位女子亦当作才子，收录了她们的事迹，而除此外的二百八十四位皆是男性。

在这三位中，李冶与鱼玄机都是"女真""女冠"，其实就是女道士。女冠亦称"女黄冠"，唐代道士皆戴黄冠，因俗女子本无冠，唯女道士有冠，故名。唐代诗人王建《唐昌观玉蕊花》一诗描写了寂寞的女冠夜晚幽思的情景："女冠夜觅香来处，唯见阶前碎月明。"李冶的另一个名字"李秀兰"也广为人知，这个道姑写过一首诗《八至》，讨论夫妻关系："至近至远东西，至深至浅清溪。至高至明日月，至亲至疏夫妻。"从肉体和利益关系看，夫妻是世界上相互距离最近的，因此是"至亲"，但不相爱的夫妻的心理距离又是最难以弥合的，因此为"至疏"。如果说诗的前两句妙在饶有哲理和兴义，则末句之妙，专在针砭夫妻冷暖，极为冷峻。明人冯梦龙的《警世通言》中有"夫妻本是同林鸟，巴到天明各自飞"，不过如是。

唐朝是道教盛行的时代，因为道家始祖是老子，老子姓李名耳，李唐自称老子的后代，道家和道教自然成了国朝第一教门。贞观十一年（637），唐太宗颁《道士女冠在僧尼之上诏》："自今以后，斋供行立，至于称谓，其道士女冠，可在僧尼之前。"明确规定了男女道士的地位高于僧尼。开元二十一年（733），玄宗亲注《道德真经》，并把《老子》

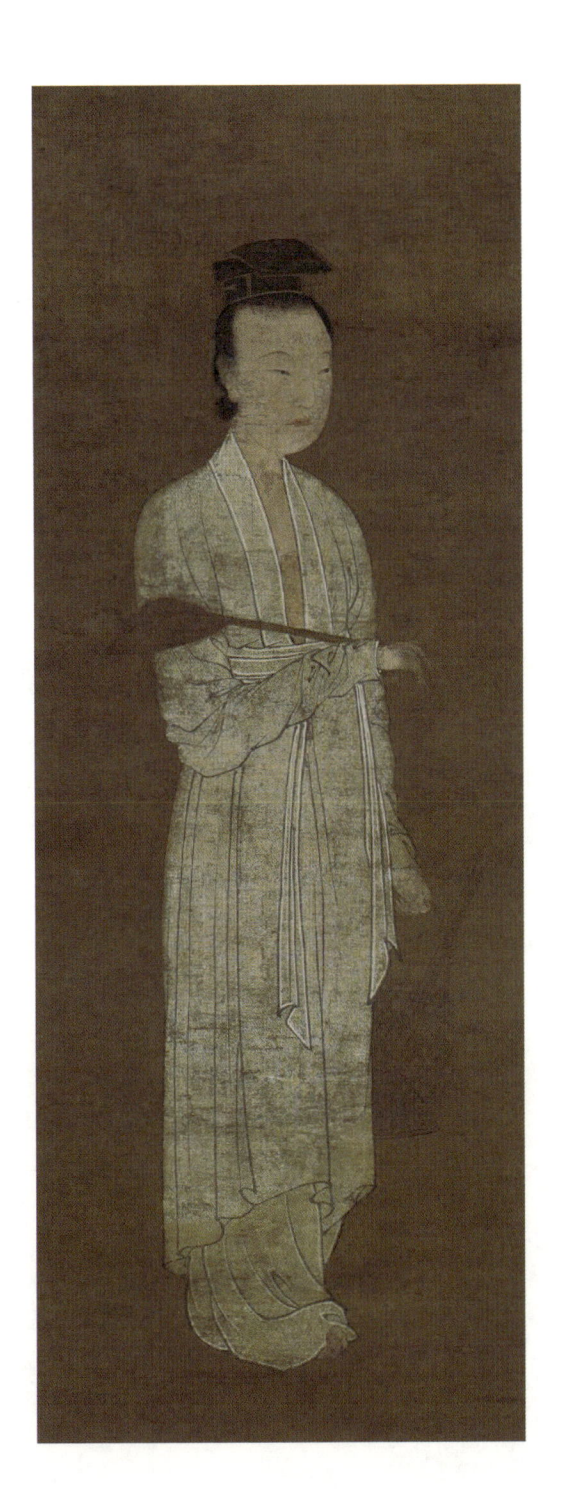

▷ 卢媚娘像［元］佚名［美国弗利尔美术馆藏

第六章 女人在她们的时代

列入科举中的必考书目。

于是，有唐一代，女冠之盛为历代仅有，许多皇家女眷亦遁入道观，或避难，或隐退，或做暂时的休整。《资治通鉴》卷一九九记载，贞观二十三年（649）五月二十六日，唐太宗李世民驾崩，遗诏命"武氏随众感业寺为尼"。一代美人杨贵妃在改嫁唐玄宗之前，也在道观里当过女道士，曾有无数绯闻流传于民间。太平公主在八岁的时候，便曾以"为外祖母杨氏积福"的名义，入道观做女道士，但她仍旧住在宫中。直到她十六岁时，因躲避与吐蕃的联姻，才住进武则天专门为她修建的太平观，成为一位女观主。

而后，唐睿宗的金仙公主、玉真公主，也是以"为祖母武氏祈福"的名义，出家为女道士的。两位公主出家后，分别成为金仙观和玉真观的主人。这对姊妹虽然终身未婚，但有关她们的绯闻，层出不穷。我们可以设想，有这些皇家公主开风气之先河，至于后来的玄宗、代宗、德宗、顺宗及宪宗等朝，都有公主成为女道士或尼姑，也就不足为怪了。

但这些居住在道观中的女冠，其生活方式值得怀疑，唐代狎妓之风盛行，再加上贵族生活奢靡，皇家和贵族女冠实际上生活放荡。她们并未削发，而是住在有园林的道观中，身着"星冠""玉佩""羽衣""霞裳"，她们宴饮、鼓瑟、郊游、赏花，同时和多个士子、诗人交往，探讨房中术。

道教长生乐世的思想对女冠影响颇深，而长生与道教房中术联系密切，中晚唐盛行的上清派典籍《洞玄子》云："人之所上，莫过房欲，法天象地，规阴矩阳。悟其理者，则养性延龄；慢其真者，则伤神夭寿。"于是，这些女冠常与许多男性成为知音，甚至发生恋情。看似神仙的女冠，在唐代那个环境中，既指女仙，又内含"娼妓"之意。陈寅恪先生指出："仙之一名，遂多用妖艳妇人，或风流放诞之女道士之代称，亦竟有以目之娼妓者。"这种观点影响至深，到了清末，龚自珍撰《上清真人碑书后》说道："余平生不喜道书，亦不愿见道士，以其剿用佛书门面语，而归墟只在长生，其术至浅易，宜其无瑰文渊义也……唐之道家，最近刘向所录房中家，唐世武曌、杨玉环皆为女道士，而至真公主奉张真人为尊师。一代妃主，凡为女道士，可考于传记者四十余人，其无考者，杂见于诗人风刺之作。鱼玄机、李冶辈应之于下，韩愈所谓'云窗雾阁事窈窕'，李商隐又有'绛节飘摇空国来'一首，尤为妖冶，皆有唐一代道家支流之不可问者也。"

除了喜欢文人雅士，她们也有喜欢男道士的，女冠王灵妃就曾经托才子骆宾王帮她写情诗给自己心仪的李荣。于是在骆宾王捉刀的《代女道士王灵妃赠道士李荣》中，我们可以读到刻骨铭心的相思、春愁，以及漫漫长夜，寂寞难耐的心情："此时空床难独守，此日别离那可久。""春时物色无端绪，双枕孤眠谁分许。"这首长篇幅的七言排律缠绵悱恻，用情极深，其中"相怜相念倍相亲，一生一代一双人"一句，数百年后被清初词人纳兰容若读到，在其《画堂春》一词中被引用："一生一代一双人，争教两处销魂？相思相望不相亲，天为谁春！"

这些美丽的女冠构成了唐代别具风情的一幕，她们楼上新妆待夜，闺中独坐含情，和文人雅士芙蓉月下观鱼戏，然而，她们又非娼非妓，在红颜渐老中伴随着声势浩大的唐帝国淹没向下沉沦。

当然，也有修成正道的，唐朝宰相李林甫之女李腾空虽出身富贵，但寡欲而慕仙道，后入庐山隐迹修真，居北凌云峰下。她多年苦修，道成，常为人救苦疗疾，远近赖之，备受德宗敬重。她逝世后，得诏封所居为昭德观。李腾空年轻时，也如长安那些王公贵族的女子一样，大胆、猎奇。《开元天宝遗事》卷二有"选婿窗"一则："李林甫有女六人，各有姿色，雨露之家，求之不允。林甫厅事壁间，开一横窗，饰以杂宝，缦以绛纱。常日使六女戏于窗下，每有贵族子弟入谒，林甫即使女于窗中自选可意者事之。"李白曾经赠李腾空两首诗，其二云："羡君相门女，爱道爱神仙。素手掬秋霭，罗衣曳紫烟。一往屏风迭，乘鸾着玉鞭。"

李白写这些诗是有原因的，他第四任妻子——武则天时宰相宗楚客的孙女宗氏，和他结婚十一年后，隐居庐山，跟随李腾空学道，直至终了。

天宝三年（744），李白酒醉河南开封梁园，诗兴大起，便挥笔在墙上写下了那首著名的《梁园吟》，然后歪歪斜斜地走了。走后不久，宗氏就和仆人来到了这里，看见这首诗，久久不能释怀。正好梁园的人看见了，马上就要擦掉，宗氏要求不能擦，并花千金买下了这面墙壁，留下了这段"千金买壁"的佳话。很多史料描述这个宗氏是才貌俱全的大家闺秀，也是忠实的道教信仰者，可以说和李白志同道合。在李白因李璘案下狱，发配夜郎时，宗氏多次施救未果，从此两人没再见面。李白很喜欢宗氏，曾作诗《自代内赠》表达对妻子的思念。

职业与妆容

在唐代，职业女性也开始登上历史舞台，她们从事最多的行业是经商，或者做一些小买卖。唐人吕道生《定命录》记载贞观朝名臣马周之妻原先就是卖馎（饼）媪；杜光庭《墉城集仙录》记载有一位广陵茶姥，"每旦，将一器茶卖于市，市人争买"；戴孚《广异记》卷七中提到的洛阳郭大娘，"居毓财里，以当垆为业"。

在众多的职业女性中，需要穿职业装的则是胡女，她们开设的酒肆里的食客可以尽兴听歌、随意饮酒。贺朝在《赠酒店胡姬》中写过酒肆的狂欢："胡姬春酒店，弦管夜锵锵。红毺铺新月，貂裘坐薄霜。玉盘初鲙鲤，金鼎正烹羊。上客无劳散，听歌乐世娘。"这些胡姬用天蓝色或深蓝色的油膏化妆眼部，衣着装饰上崇尚袒胸露臂，头发梳成高高堆起的髻子，称为抛家髻，涂口红不用胭脂而用乌膏。在古代，乌色是一种浅黑色，这种颜色的唇膏非常性感，一般出现在"啼妆""泪妆"中，顾名思义，就是把妆化得像哭泣一样。诗人白居易曾在《时世妆》一诗中详细形容道："时世妆，时世妆，出自城中传四方。时世流行无远近，腮不施朱面无粉。乌膏注唇唇似泥，双眉画作八字低。妍媸黑白失本态，妆成尽似含悲啼。"这种妆容和 1994 年王菲在演唱会上开创的"泪滴妆"有着同样的意义：受一种盛世下的极端物欲情绪影响，色彩灰暗、妆容颓废的造型反而容易形成时尚，因为时尚即是与生活保持距离。

唐代女子化妆，先薄施铅粉，然后抹胭脂、涂额黄、画眉、点口脂、画面靥、贴花钿（今天的化妆则在上粉之前先用化妆水、润肤液、隔离霜）。《清异录·装饰门》记载，胭脂晕品有石榴娇、大红春、小红春、嫩吴香、半边娇、万金红、圣檀心、露珠儿、内家圆、天宫巧、洛儿殷、淡红心、腥腥晕、小朱龙、格双（晕双）、唐媚花、奴样子等娇俏的品名。唐人对眉毛是极重视的（与今天重视眼睛不同，唐人没有画眼线、

▷ 唐赵逸公墓壁画

△ 摹唐张萱《捣练图》| 宋 | 赵佶 | 美国波士顿博物馆藏

上眼影、涂睫毛膏这些步骤），其他妆饰可以不施，唯有眉是非画不可的，画眉几乎成了化妆的代名词。盛唐时期，流行把眉毛画得阔而短，形如桂叶或蛾翅。元稹诗《有所教》云"莫画长眉画短眉"，李贺在《房中思》一诗中也说"新桂如蛾眉"。为了使阔眉画得不显得呆板，妇女在画眉时将眉毛边缘处的颜色向外均匀地晕散，称其为"晕眉"。还有一种是把眉毛画得很细，称为"细眉"，故白居易在《上阳白发人》中有"青黛点眉眉细长"之句，在《长恨歌》中还形容道："芙蓉如面柳如眉。"到了唐玄宗时，画眉的形式更是多姿多彩，名见经传的就有十种眉：鸳鸯眉（开元御爱眉、八字眉）、小山眉（远山眉）、五岳眉、三峰眉、垂珠眉、月棱眉（却月眉）、分梢眉、涵烟眉、拂云眉（横云眉、横烟眉）、倒晕眉。（见唐人张泌《妆楼记》《清异录·装饰门》，以及明人杨慎《丹铅续录·十眉图》）

她们的眉心还要贴上花钿，这是将各种花样贴在眉心的一种装饰，红色居多。最为简单的花钿只是一个小小的圆点，颇似印度妇女的吉祥痣。复杂的则以金箔片、黑光纸、鱼鳃骨、螺钿壳及云母片等材料剪制成各种花朵之状，其具体形象在西安等地唐墓出土的陶俑上反映得较为清楚。除梅花形，花钿还有各种繁复多变的图案。

唐代女子的华贵富丽，在面妆上的体现便是"浓妆艳抹"。另外还有"血晕妆"，是唐代长庆年间京师妇女中流行的一种面妆。以丹紫涂染于眼眶上下，故名。此外，还有一种面妆名"北苑妆"。这种面妆是缕金于面，略施浅朱，以北苑茶花饼黏贴于鬓上。这种茶花饼又名"茶油花子"，以金箔等材料制成，表面缕画各种图纹，流行于中唐至五代，多施于宫娥嫔妃。也有将茶油花子施于额上，作为花钿之用的。

唐代最为流行的面妆是"红妆"，其中最艳者是"酒晕妆"。不分贵贱，均喜敷之。这种妆是先施白粉，然后在两颊抹以浓重的胭脂，如酒晕然。通常为青年妇女所作。

2005年，考古人员在宁夏唐代墓葬陪葬物品中，发现了唐代妇女化妆用品系列套装：漆器化妆粉盒、铜镜、簪子、骨梳。除了骨梳、漆器化妆粉盒受自然腐蚀，铜镜、簪子大致完好。更令人意想不到的是，漆器化妆粉盒并不是空的，里面装满了保存较好的白色化妆粉末，其色泽洁白，无半点儿杂尘，轻轻在手背研磨开，立刻感到化妆粉特有的细腻滑润。

寡　妇

然而，即使在唐代这样一个开放的社会里，商人也是不入流的行业，因此，经商的女性多是已婚妇女或老妪，其中就有许多寡妇。

《广异记》卷一记载，大唐东都洛阳有一个寡妇高五娘，美于色，再嫁李仙人。李仙人，即天上谪仙也，自与高氏结好，恒居洛阳，以炼制黄金白银为生。唐玄宗开元末年，高五娘和李仙人结为夫妻已经有五六年了。一天晚上，五鼓之后，听空中呼唤李仙人一声，李仙人就飞走了，临行前嘱托五娘炼制金银自给自足即可，万不可露财。高五娘最初还按照他的话做，但后来卖银过多，被坊司告发。当时河南少尹李齐知道了她的事，对高五娘不予追究就释放了，过后秘密地派人把高五娘召唤去。高五娘前前后后共给李齐烧了十多窑银器。李齐把这事转告当朝的显要。不到一年，李齐和高五娘都死了，当时人们都认为这是上天惩罚他们。

《北梦琐言》卷八记载，晚唐时进士赵中行以豪侠为事，一次，在苏州一所禅院与一位名叫"荆十三娘"的寡居女商相识，女商"因慕赵，遂同载归扬州"。

而唐人孙颀《幻异志·板桥三娘子》记载的寡妇商人事件，则更为诡异惊悚。话说唐宪宗元和年间，汴州西板桥有一个名叫三娘子的女商人，是个三十来岁的寡妇，无儿女，也无亲属。她有数家店铺，以鬻餐为业，而且为人善良，对于无钱乘车的人免费或低价提供住宿，故远近行旅多归之。许州客赵季和，将诣东都，来此投宿一晚。因为饮了酒，赵季和半夜睡不着，他听见隔壁三娘子的房间动静很大，于是起身偷窥，结果："即见三娘子向覆器下，取烛挑明之，后于巾箱中取一副耒耜，并一木牛，一木偶人，各大六七寸，置于灶前，含水噀之，二物便行走，小人则牵牛驾耒耜，遂耕床前一席地，来去数出，又于箱中取出一裹荞麦子，授于小人种之，须臾，花发麦熟，令小人收割，持践可得七八分，又安置小磨子硙成面讫，却收木人子于箱中，即取面作烧饼数枚。有顷鸡鸣，诸客欲发。三娘子先起点灯，置新作烧饼于食床上，与诸客点心。季和心动，遽辞开门而去，即潜于户外窥之，乃见诸客围床食烧饼，未尽，忽一时踣地作驴鸣，须臾皆变驴矣，三娘子尽驱入店后，而尽没其货财。"

赵季和惊恐异常，第二天就连忙奔东都去了。月余，赵季和返回时，"将至板桥店，预作荞麦烧饼，大小如前。既至，复寓宿焉"。第二日早上，他偷梁换柱，暗中调包，三娘子吃了自己做的面饼，"据地作驴声，即立变为驴，甚壮健"，成了赵季和的坐骑。四年后，赵季和骑着三娘子变的驴入潼关，在华岳庙东五六里，路旁忽见一位老人，拍手大笑说："板桥三娘子，何得作此形骸？"于是他捉了驴，对赵季和说："彼虽有过，然遭君亦甚矣。可怜许，请从此放之。"老人乃从驴口鼻边，以两手擘开，"三娘子自皮中跳出，宛复旧身，向老人拜讫，走去，更不知所之"。

宫 女

在唐代，最庞大的女性职业群体，则当数宫女。《隋书·食货志》记载，隋炀帝时，宫女人数竟有十万之众。唐朝初建，国力贫乏，为了安抚人心、节省开支，高祖李渊曾下诏放出部分宫女，任由其嫁人，一次性放出宫女三千多人。到了太宗朝，后宫的宫女仍有数万人之多。而到了玄宗开元、天宝中，仅长安大内、大明、兴庆三宫和东都大内、上阳两宫，即有宫女四万人，当时唐朝的总人口也就五千多万人，相当于一千个人里面就有一个是宫女，比唐代的官员总数还多。《全唐文》卷二三九武三思《贺老人星见表》曰："臣守节等文武官九品以上四千八百四十一人上言：臣闻惟德动天，必有非常之应。"武周朝文武九品以上官员数量也不过四千八百四十一人。

如此之多的宫女，当然并不全是杂役，更多是作为皇帝的妃嫔或临幸对象存在的。唐代诗人王建的《宫词一百首》之四十五写道："丛丛洗手绕金盆，旋拭红巾入殿门。众里遥抛新摘子，在前收得便承恩。"皇帝向宫女群中抛掷刚摘下的果实，抢到的人便可以承欢，得到陪侍皇帝的赏赐。

这些有可能被皇帝选中临幸的宫女，都是非常美丽的女子。唐永泰公主墓曾经出土一组《九人宫女图》壁画，画面共有九人，除一人着男装外，其他均云鬟雾鬓，发髻巍峨，有半翻髻、回纥髻、惊鹄髻等，分别着小袖罗襦，上罩"半臂"，披帛结绶，胸微袒露，长裙曳地，穿云头履。宫女们分别掌持方盘、食盒、烛台、团扇、高足杯、拂尘、包裹、如意，彼此顾盼呼应、悄声细语、步履轻盈、动作灵巧、仪态万方。

宫女的生活范围被局限在长安宫城的"掖庭"中，除非有特殊任务或者不再当宫女，否则她们不能踏出宫门半步。大部分的宫女在日复一日的辛苦劳作中逐渐老去。白居易《上阳白发人》一诗说："入时十六今

△ 唐永泰公主墓壁画《九人宫女图》

六十。"待到青春逝去，娇颜不再，她们便只能在尼姑庵中与古卷青灯共度余生，或被发配到帝王陵寝侍奉先王，了此残生。她们死后被集体安葬在一个叫"宫人斜"的地方，在今西安市西郊枣园地区，2008年，这里出土了一块宫女墓志铭，其上铭文印证了白居易的诗："唐，尚宫五品，墓志并序……年六十。"

有些被放出宫的宫女也得到了自己的幸福。唐末的一个秋天，年轻的诗人卢渥赴长安应举。一天，他来到御沟边散步，无意间看见水上漂来一片红叶，捞起之后，发现上面题有一首五言绝句："水流何太急，深宫尽日闲。殷勤谢红叶，好去到人间。"他一时好奇，就将红叶放入箱

△ 丽人行图 | 北宋 | 李公麟（传）| 台北故宫博物院藏

中妥善保存。多年后，唐宣宗即位，放出了部分宫女。卢渥也娶到了这样一位宫女。一天，卢妻无意中看到丈夫收藏的这片红叶，不禁感叹："当年我偶然题诗于叶，谁料想竟然被卢郎收藏。"大家起初并不相信，于是取来笔墨检验笔迹，卢妻笔迹竟和红叶上的一般无二。这就是"红叶题诗"的故事。然而，这些千年难遇的佳缘毕竟少之又少。

被放出宫的宫女，有些嫁人，有些回家奉养父母，还有很多无家可归，流落民间，过着飘零无依的生活。唐代很多出宫的宫女后来都沦为有钱人的"别宅妇"，这在唐代的法律中属于通奸罪。

或许是因为大量的美女流入皇宫，唐代的男诗人非常热衷于写宫怨诗。当时几乎每个成名的诗人，都有宫怨诗，而皇帝竟然默许了这种行为。其中，杜牧的《秋夕》最为著名："银烛秋光冷画屏，轻罗小扇扑流

萤。天阶夜色凉如水，坐看牵牛织女星。"而一生潦倒的诗人王建则主要以描写宫女生活的《宫词一百首》闻名于世，他是唐代第一个大量写作宫词的诗人，这些诗带有七绝连章组诗的性质，王建也因此赢得了"宫词之祖"的声誉。宋人尤袤《全唐诗话》卷三记载了这一百零二首宫词的来由故事，说王建知道的这些宫廷之事，是从王枢密那里听来的。唐代的枢密使是由宦官充任的内诸司使之一，若是如此，便可能是真的。但其实王建本人出任过太府寺丞（掌管皇家财帛）和太常寺丞（掌管皇家祭祀），知晓些许宫闱之事，或当不难。

每年三月初三，是唐代的上巳节，皇帝往往在曲江池宴会群臣，贵妇们则斗富夸奇。杜甫的《丽人行》淋漓尽致地描述了这种盛况。仕女则有斗花的风气，以致"好花皆折尽，明日恐无春"（许棠《曲江三月三日》)。就在这女人最美的季节，皇帝特许宫女们于上巳日与家人相会。南唐人尉迟偓《中朝故事》卷上记载，唐宣宗大中年间，"每岁上巳日，许宫女于兴庆宫内大同殿前与骨肉相见。纵其问讯，家属更相赠遗，一日之内，人有千万。有初到亲戚便相见者，有及暮而呼唤姓第不至者，涕泣而去。岁岁如此"。其场面辛酸，令人感之又叹息。

周昉的《簪花仕女图》一画，绘就六位丰颊厚体的贵妇，她们打扮艳丽入时，云髻高耸，顶戴的折枝花朵皆不相同，脸上又晕染蛾眉，衣饰华丽，身着低胸长裙，外罩薄纱，显出半透明的质感。仕女们神态安闲，或戏犬，或漫步，或赏花，或拈蝶，在庭院中闲散地消磨着时光。这样美人如花隔云端的画面，或许才符合后人对于宫女的想象。

第七章 少年游

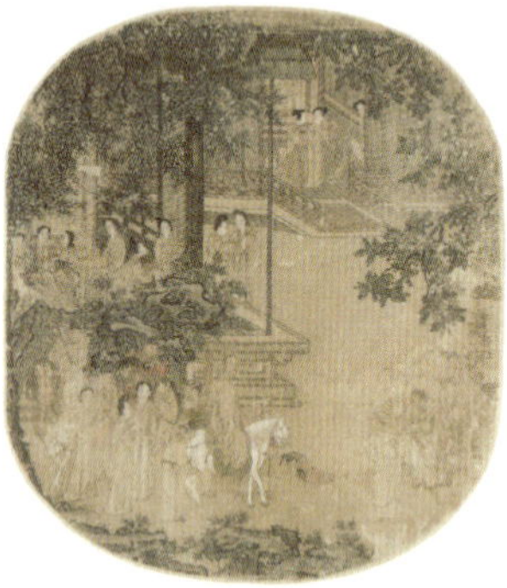

少年心事

在古老的中国宇宙哲学中，盘古开天辟地之后的宇宙是一个鸿蒙世界，而后阴阳相生，清气上升而为乾，浊气下沉而为坤。这种元气论无限推而广之，于是男为阳，女为阴，女人依附男人存在，这种男权理论纲要确立了数千年男性的社会主导地位。

实际上，从汉代开始，"修身、齐家、治国、平天下"的儒家名言，使少年不再如"青青子衿，悠悠我心"那样简单而纯粹，而是与国家的兴盛与衰败、强大与软弱紧紧联系在一起。一个强盛的国家也如同茂盛的年轻人那样，充满了活力和阳光，而这种"少年般的气质"也构成了汉唐两朝国家气质的一部分。

这种情怀很大一部分来自汉武帝时代流传下来的"男儿出塞"的悲壮和热血。汉武帝元朔六年（前123），十七岁的霍去病被任命为骠姚校尉，随卫青击匈奴于漠南，以八百人歼两千零二十八人，俘获匈奴的相国和当户（官名），并杀死同单于祖父一个辈分的藉若侯产，活捉单于叔父罗姑比，勇冠三军，受封冠军侯。此后，三国时代，二十六岁以中护军的身份与长史张昭共掌东吴众事的周瑜曾舞剑作歌："丈夫处世兮立功名，立功名兮慰平生。慰平生兮吾将醉，吾将醉兮发狂吟！"在唐代，玄武门事变时，三位主角的年龄分别为：李建成三十七岁，李世民二十七岁，李元吉二十三岁。

女作家潘向黎有一篇文章《做个唐朝少年郎》，声称自己若生在唐代，当抛弃女儿身，做一个少年郎："只有奔放昂扬的男儿意气，才能和那个时代的雄浑开阔相称。"少年之于唐代，或聪慧，或含蓄，或张扬，或勤恳，或涣散，或高雅，或笑傲江湖，或花前月下。

宋人郭茂倩编的《乐府诗集》卷六十六共有六十三首诗名为"少年行"，其中唐代诗人就占了五十五首。其实，唐诗里的少年就是青年男子，他们风华正茂，血气方刚而又满怀抱负，气冲牛斗，所谓"少年心事当拏云"即此。

写下此句的李贺就是一个英年早逝的少年。李贺，字长吉，十八岁左右即已诗名远播，又最先为当时名公巨卿韩愈、皇甫湜所知。他本可早登科第，振其家声，但"年未弱冠"，即遭父丧。当时，服丧"务必以三年全期为限"，所以直到元和五年（810），韩愈才与李贺书，劝其举进士。该年初冬，二十一岁的李贺参加房式主持、韩愈协办的河南府试并一举获隽，年底即赴长安应进士举。可是"阊扇未开逢猰犬"，妒才者放出流言，谓李贺父名"晋肃"，李贺举进士，"晋"与"进"字同音，犯"嫌名"（指与人名字音声相近，有称名之嫌）。尽管韩愈"考之于经，质之于律，稽之于国家之典"，为其辩解，终无可奈何。李贺不得不愤离试院。

未能参加进士考试的二十弱冠的李贺写下这首流传千古的《致酒行》："零落栖迟一杯酒，主人奉觞客长寿。主父西游困不归，家人折断门前柳。吾闻马周昔作新丰客，天荒地老无人识。空将笺上两行书，直犯龙颜请恩泽。我有迷魂招不得，雄鸡一声天下白。少年心事当拏云，谁念幽寒坐呜呃。"其间的怀才不遇及少年郁郁不得志，"绝无雕刻，真率之至者也"（明人黄淳耀评语）。

李贺诗中提及的马周乃贞观朝的名臣。贞观五年（631），唐太宗下诏令各官言得失，三十岁的马周作为门客，替瓦岗军出身、曾任玄武门守将的常何捉刀，代写二十余策，得到皇帝的赏识，入门下省为官，次年升任监察御史。马周办事周密，尤擅言辞，为时人称颂，唐太宗经常表示："我暂不见周，即思之。"

推荐李贺赴长安举进士的韩愈，七岁读书，十三岁能文，从独孤及、梁肃之徒学习，究心古训，并关心政治，自称"前古之兴亡，未尝不经于心也，当世之得失，未尝不留于意也"（《与凤翔邢尚书书》），确定了一生努力的方向。贞元二年（786），十九岁的韩愈赴长安应进士试，三试不第，直至贞元八年（792），二十五岁时第四次进士考试才考取。按照唐律，考取进士以后还必须参加吏部博学宏词科考试。韩愈又三次参加吏选，但都失败；三次给宰相上书，没有得到一次回复；三次登权者之门，均被拒之门外。

长安不第六年后，元和十一年（816），二十七岁的李贺病卒。1943年，二十四岁的汪曾祺替西南联大同学杨毓珉代作读书报告《黑罂粟花：李贺歌诗编读后》，在文中，汪曾祺以极其深沉的笔触写道："有唐一代，是中国历史上最豪华的日子，每个人都年轻，充满生命力量，境遇又多优裕，所以他们做的事几乎全是从前此后人所不能做的，从政府机构、社会秩序，直到瓷盘、漆盒，莫不表现其难能的健康美丽。当然最足以记录豪华的是诗。但是历史最严刻、一个最悲哀的称呼终于产生了——晚唐。于是我们可以看到暮色中的几个人像——幽暗的角落，苔先湿，草先冷，贾岛的敏感是无怪其然的；眼看光和热消逝了，竭力想找出另一种东西来照耀漫漫长夜的，是韩愈；沉湎于无限晚景，以山头胭脂作脸上胭脂的，是温飞卿、李商隐；而李长吉则守在窗前望着天，头晕了，脸苍白，眼睛里飞舞着各种幻想。"

二十七岁

在唐代，二十七岁是一个具有神秘色彩的年龄，李世民在二十七岁这一年登上了大唐帝国的宝座，开创了贞观盛世；永徽六年（655），二十七岁的李治立武则天为皇后，为后来的武周埋下了浓厚的伏笔；而永徽元年（650），李治到感业寺行香与武则天重逢的时候，武氏亦是二十七岁。

但对于那些才华横溢的年轻诗人来说，二十七岁却是一个致命的年龄，李贺在二十七岁病卒，另外一个知名的天才王勃亦是殁于二十七岁。

王勃，字子安，被称为"诗杰"，生于李治和武则天重逢的永徽元年。王勃出身望族，为隋末大儒王通（号文中子）的孙子，未成年即被司刑太常伯刘祥道赞为神童，向朝廷表荐，对策高第，授朝散郎。

乾封元年（666），十六岁的王勃被沛王李贤召为王府修撰。两年后，王勃因在诸王寒食节斗鸡时，"戏为《檄周王鸡》文"，遭唐高宗怒斥后逐出府，随即出游巴蜀。彼时，唐人痴迷斗鸡，举国以斗鸡为乐，时人有云："生儿不用识文字，斗鸡走马胜读书。"李白在《古风》一诗中也感叹："路逢斗鸡者，冠盖何辉赫！"据唐人段成式《酉阳杂俎》续集卷八《支动》云："威远军子将臧平者，好斗鸡，高于常鸡数寸，无敢敌者。威远监军与物十匹强买之，因寒食乃进，十宅诸王皆好斗鸡，此鸡凡敌十数，犹擅场怙气。穆宗大悦，因赐威远监军帛百匹。主鸡者想其距距，奏曰：'此鸡实有弟，长趾善鸣，前岁卖之河北军将，获钱二百万。'"一只鸡价格高达两百万钱，连诸王子家、外戚家、贵主家、侯家也会因此而"倾帑"。

各位王侯斗鸡，互有胜负。一次，适逢沛王李贤与周王李显（后改封英王）斗鸡，年轻的王勃开玩笑地作了《檄周王鸡》，讨伐周王鸡，以此为沛王鸡助兴，文中写道："两雄不堪并立，一啄何敢自妄？"唐高宗李治看了文章后，勃然大怒："此乃交构之渐。"这是一个在唐代令人毛骨悚然的罪名，意味着王勃在挑动皇子的关系。高宗的父亲李世民就是在玄武门之变中杀了其兄建成、弟元吉而获得政权的，而李治在登上

△ 明皇斗鸡图 | 南宋 | 李嵩（传）| 美国纳尔逊－阿特金斯艺术博物馆藏

第七章　少年游

权力之巅的过程中，他的兄弟们包括太子李承乾、吴王李恪、魏王李泰等先后被杀。高宗当天立即下诏罢除王勃官职，逐出沛王府。

咸亨三年（672），二十二岁的王勃补虢州参军，因擅杀官奴当诛，遇赦除名。其父王福畤亦受累贬为交趾县令。上元二年（675）或上元三年（676），王勃南下探亲，这是他人生最辉煌的顶点和终点交织的年份。路过南昌时，正赶上都督阎伯屿新修滕王阁成，重阳日在滕王阁大宴宾客。王勃前往拜见，阎都督早闻他的名气，便请他也参加宴会。阎都督此次宴客，是为了向大家夸耀女婿吴子章的才学。让女婿事先准备好一篇序文，在席间当成即兴所作书写给大家看。宴会上，阎都督让人拿出纸笔，假意请诸人为这次盛会作序。大家知道他的用意，所以都推辞不写，而王勃一个二十几岁的青年晚辈，竟不推辞，接过纸笔，当众挥笔而书。阎都督很是不高兴，拂衣而起，转入帐后，叫人去看王勃写些什么。听说王勃开首写下"豫章故郡，洪都新府"，都督便说："不过是老生常谈。"又闻"星分翼轸，地接衡庐"，他沉吟不语。等听到"落霞与孤鹜齐飞，秋水共长天一色"，都督不得不叹服道："此真天才，当垂不朽！"《唐才子传》则记道："勃欣然对客操觚，顷刻而就，文不加点，满座大惊。"

当年，辞别南昌的王勃经岭南渡海前往交趾，途中溺水，惊悸而死，时年二十七岁。

在唐代所有的二十七岁男子中，最吸引人的是玄宗李隆基。他少有大志，在宫里自诩为"阿瞒"，被认为是性格、才华及气质最接近曾祖父李世民的皇子。虽然不被掌权的武氏族人看重，但他一言一行依然很有主见。七岁那年，一次在朝堂举行祭祀仪式，当时的金吾大将军（掌管京城守卫的将军）武懿宗大声训斥侍从护卫，李隆基马上怒目而视，喝道："这里是我李家的朝堂，干你何事？！竟敢如此呵斥我家车骑随从！"弄得武懿宗看着这个小孩儿目瞪口呆。武则天得知后，不但没有责怪李隆基，反而对这个年幼志高的小孙子加倍喜欢。到了第二年，李隆基就被封为临淄郡王。

李隆基是唐代转折期的帝王，他在位期间开创了唐朝乃至中国历史上最为鼎盛的时期，史称"开元盛世"，但是他在位后期（天宝十四年，755年）爆发安史之乱，使唐朝国势逐渐走向衰落。中国人常说"盛极必衰"，便是李隆基时代的唐朝留给后世太多强烈对比的缘故。

先天元年（712），二十七岁的李隆基登上了皇位，威胁他的只剩下那位镇国太平公主了。次年七月初三，李隆基果断地先下了手，亲自率领兵马除掉了太平公主和她的手下骨干几十人，将倾向太平公主的官员全部罢官废黜，终于掌握了皇帝应有的权力，史称"先天之变"。当年，他把年号改为开元，表明了自己励精图治，再创唐朝伟业的决心。

天宝四年（745），唐玄宗李隆基将时年二十七岁的杨太真接入后宫并册封为贵妃，其地位仅次于皇后，他视这位女性为自己的生命，赞其为"解语之花"。

书与剑

唐人更熟悉的则是那些遍布长安、咸阳京畿之地的少年任侠，有唐一代，由于突厥、契丹、党项、回纥、吐蕃势力的不断西侵南扰，加之李唐王朝的开国元勋——关陇军事贵族集团尚武风气的潜移默化，整个社会涌动着建功立业、勇猛精进的大潮。

在这种气氛里，出身书香门第的书卷少年（即使是庶族寒士出身）自然要书、剑在身，陈子昂《送别出塞》诗云："平生闻高义，书剑百夫雄。"孟浩然《自洛之越》诗云："遑遑三十载，书剑两无成。"高适《人日寄杜二拾遗》诗云："一卧东山三十春，岂知书剑老风尘。"晚唐温庭

△ 十八学士图之书 | 宋 | 佚名 | 台北故宫博物院藏

筠《过陈琳墓》诗亦云："莫怪临风倍惆怅，欲将书剑学从军。"中国民间一直坚持这样的门庭观念，即才子配佳人。才子者，君子也，白衫飘飘，阳光俊朗。所以，在武侠小说中，常常出现佩剑的书生。或许，只有坐怀不乱的书生才配得上宝剑幽眠高古的光泽。宝剑与书生，也给文弱的书卷气带来些许刚毅。可以说，在唐代，书与剑成了诗人或文人的符号。

唐代的书籍是卷轴装，由卷、轴、褾、带四部分组成，在一长卷文章的末端设一较幅面宽度长出少许的轴（一般为木轴，但也有考究者），以轴为轴心，将书卷卷在轴上。然后，将一张张写有文字的纸或缣帛，依次粘连在长卷之上。卷轴装的卷首一般粘接一段叫作"褾"的、质地坚韧而不写字的纸或缣帛，褾头再系以丝织的"带"，用以保护和捆缚书卷。阅读时，将长卷打开，随着阅读进度逐渐舒展。阅毕，将书卷随轴卷起，用卷首丝带捆缚，平放于"插架"之上。为了便于寻找，卷子外端题有书名。但插架后的卷子，看不到书名，于是在轴头挂上一个小牌子，简列书名和卷次，叫作"签"。每五卷或十卷常常用一块布裹起，叫作"帙"。

游侠的少年或者如李贺般背一个书袋，或者由仆人背着书匣来放置这些卷起来的书籍，在远游的路上，这些少年戴着远游冠，穿着白色的士子服，或者在大石上，或者在篝火边，阅读和思考。

然而，卷起来的书卷要想识别是哪种书籍颇为困难，因为看起来都一样，于是唐人借着卷轴装的装饰，即轴、带、帙、签等所用的材料和颜色的不同做图书分类。隋炀帝时，其嘉则殿藏书三十七万卷，就以轴的贵贱来区别书籍的价值：上品书用红琉璃轴；中品书用绀琉璃轴；下品书则用漆木轴。唐玄宗时，曾用轴、带、帙、签的颜色来区分书籍的种类，其经、史、子、集四大类书，分别以钿白牙轴、黄带、红牙签，镂青牙轴、缥带、绿牙签，雕紫檀轴、紫带、碧牙签，绿牙轴、朱带、白牙签，作为区别。

宝剑更是这些少年的最爱。二十岁登进士第的李峤曾经写过一首《宝剑篇》，描述了一种文人贵族常佩带的华丽宝剑，它们产自吴越之地，由三金合冶而成，剑身、剑柄很考究，"背上铭为万年字，胸前点作七星文。龟甲参差白虹色，辘轳宛转黄金饰"。在他的另外一首五言咏剑诗中，以"锷上芙蓉动，匣中霜雪明"形容这些宝剑发出的光芒。

最爱剑的则是李白，据统计，《全唐诗》所收李白诗中"剑"字共出现了一百零七次，除去作为地名的"剑阁"三次，"剑壁"一次，武器之"剑"犹有一百零三次之多。开元十二年（724），二十四岁的李白出蜀，"仗剑去国，辞亲远游"，"击筑饮美酒，剑歌易水湄"（《少年行二首·其一》）。在他的诗篇《结客少年场行》《侠客行》《白马篇》中，他声称"少年学剑术，凌轹白猿公"，他想象自己仗剑趋驰，杀敌报国，一匡天下。

史籍没有记载李白的剑术如何，但他的师父裴旻将军是一个剑术非常高超的剑客。唐代文人裴敬写过一篇文章《翰林学士李公墓碑》，里面说到这段拜师缘起："李翰林名白……又常心许剑舞。裴将军，予曾叔祖也。尝投书曰：'如白愿出将军门下。'"大唐有三绝，分别是李白歌诗、裴旻剑舞、张旭草书。裴旻，唐开元间人，据李冗《独异志》卷上记载，其舞剑场面，犹如现代的特技表演："旻于是……走马如飞，左旋右抽，掷剑入云，高数十丈，若电光下射。旻引手执鞘承之，剑透空而下，观者千百人，无不悚栗。"李白作为裴旻的徒弟，其剑客身份确定无疑。

李白除了有一个剑客师父，还有一个死士门客。他的门下客叫武谔，排行十七。从《赠武十七谔》这首诗的序里面，就可以看出两人的关系："门人武谔，深于义者也。质本沉悍，慕要离之风，潜钓川海，不数数于世间事。闻中原作难，西来访余。余爱子伯禽在鲁，许将冒胡兵以致之。酒酣感激，援笔而赠。"李白的门客武谔不善于说话，却是个讲义气的人，而且沉稳、凶悍。他听说安史之乱爆发了，就来拜访李白。李白的儿子伯禽在山东，李白没有办法去看爱子，武谔说他有本事把少主救出来。李白在感激之余，就写下了此诗送给武谔。武谔是个杀手，不是诗人，他拜在李白门下，极有可能是因为李白的剑术得自裴将军。

书与剑的少年游，使整个帝国有了一种刚劲的阳刚之气，任侠、好诗文的潮流席卷了帝国的社会。其中，有一个贵族家的仆人出现在唐人的视野里。这个没有留下姓名的小人物，史籍记载为"捧剑仆"，大概是晚唐时人。他在咸阳郭家帮佣，为主人捧剑，"尝以望水眺云为事，遭鞭棰，终不改"，后来不堪嘲辱与鞭笞，便逃亡了，不知所终（见《全唐诗》卷七三二"捧剑仆小传"）。据说他所写的诗，当时"儒士闻而竞观，以为协律之词"。《全唐诗》收有他的三首诗，其中之一云："青鸟衔葡萄，飞上金井栏。美人恐惊去，不敢卷帘看。"用语极为清新，读之令人叹息。

游　侠

唐代在长安城周围的京畿地区，设京兆府，作为郡级建制以统长安、万年等二十余县。大量的少年游侠便是聚居于这些地方，王维《少年行四首·其一》诗云："新丰美酒斗十千，咸阳游侠多少年。"

新丰是今西安临潼的一个镇，这里不但产美酒，而且有着深厚的游侠传统。唐人张守节的《史记正义》征引了《括地志》的一段记载："新丰故城在雍州新丰县西南四里，汉新丰宫也。太上皇（刘邦的父亲）时凄怆不乐，高祖窃因左右问故，答以平生所好皆屠贩少年，酤酒卖饼，斗鸡蹴鞠，以此为欢。今皆无此，故不乐。高祖乃作新丰，徙诸故人实之。太上皇乃悦。"

这些任侠者呼啸于长安的市井街道，免不了干一些坏勾当，最著名

新丰图 清 唐岱 台北故宫博物院藏

的一次是翻入皇宫打劫。唐人康骈《剧谈录》卷上记载了这么一件事：唐文宗时，有一个叫田膨郎的游侠，翻入皇宫盗了皇帝最喜爱的白玉枕，这件玩意儿"置寝殿帐中"，乃是"德宗朝于阗国所贡，追琢奇巧，盖希代之宝"。文宗惊骇良久，下诏搜捕偷玉枕的大盗，对近卫大臣和统领禁军的两个中尉说："这不是外来的盗贼，偷枕之人一定在禁宫附近。倘若拿他不到，只怕尚有其他变故。一个枕头给盗去了，也没什么可惜，但你们负责守卫皇宫，非捉到这大盗不可。否则此人在我寝宫中要来便来，要去便去，要这许多侍卫何用？"

众官员惶栗谢罪，请皇帝宽限数日，自当全力缉拿。于是悬下重赏，但一直找不到线索。圣旨严切，凡是稍有嫌疑的，一个个都捉去查问，坊曲闾里之间，到处都查过了，却如石沉大海，众官无不发愁。龙武二蕃将王敬宏身边有一名小仆，年甫十八九岁，神采俊利，差他去办什么事，无不妥善。有一日，王敬宏和同僚在威远军会宴，他有一侍儿善弹琵琶，众宾客酒酣，请她弹奏，但该处的乐器不合用，那侍儿不肯弹。时已夜深，军门已闭，无法去取她用惯的琵琶，众人都觉失望。小仆道："要琵琶，我即刻去取来便是。"王敬宏道："禁鼓一响，军门便锁上了，平时难道你不见吗？怎的胡说八道？"小仆也不多说，退了出去。众将再饮数巡，小仆捧了一只绣囊到来，打开绣囊，便是那把琵琶。座客大喜，侍儿尽心弹奏数曲，清音朗朗，合座尽欢。

从南军到左广来回三十余里，而且入夜之后，严禁通行，这小仆居然倏忽往来。其时搜捕盗玉枕贼甚严，王敬宏心下惊疑不定，生怕皇帝的玉枕便是他偷的。宴罢，第二天早晨回到府中，对小仆道："你跟我已一年多了，却不知你身手如此矫捷。我听说世上有侠士，难道你就是吗？"小仆道："不是的，只不过我走路特别快些罢了。"那小仆又道："小人父母都在四川，年前偶然来到京师，现下想回故乡。蒙将军收养厚待，有一事欲报将军之恩。偷枕者是谁，小人已知，三数日内，当令其服罪。"

王敬宏道:"这件事非同小可,如果拿不到贼人,不知将累死多少无辜之人。这贼人在哪里?能禀报官府,派人去捉拿吗?"

小仆道:"那玉枕是田膨郎偷的。他有时在市井之中,有时混入军营,行止无定。此人勇力过人,奔走如风,若不是将他的脚折断了,那么便是千军万骑前去捉拿,也会给他逃走了。再过两晚后,我到望仙门相候,乘机擒拿,当可得手。请将军和小人同去观看。但必须严守秘密,防他得讯后高飞远走。"

其时天旱已久,早晨尘埃极大,车马来往,数步外就见不到人。田膨郎和同伴少年数人,臂挽臂地走入城门。小仆手执击马球的球杖,从门内一杖横扫出来,啪的一声响,打断了田膨郎的左足。田膨郎摔倒在地,见到小仆,叹道:"我偷了玉枕,什么人都不怕,就只忌你一人。既在这里撞到了,还有什么可说的。"抬到神策军左军和右军之中后,田膨郎毫不隐瞒,全部招认。

文宗得报偷枕贼已获,又知是禁军拿获的,当下命将田膨郎提来御

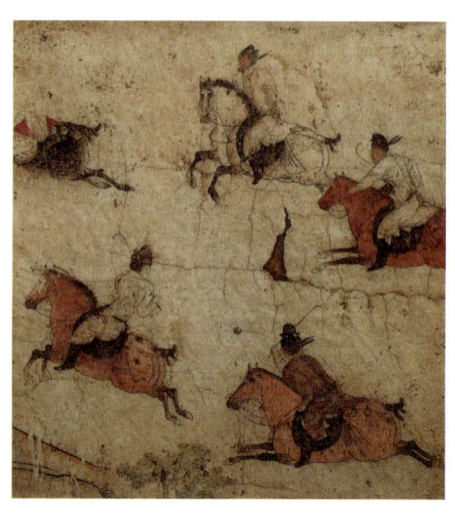

△ 唐马球俑　　　　　　　　　　△ 唐章怀太子墓壁画《马球图》

前，亲自诘问。田膨郎具直奏陈。文宗道："这是任侠之流，并非寻常盗贼。"本来拘禁的数百名嫌疑犯，当即都释放了。

连文宗也知晓长安的任侠，可见这些少年的名声是极大的，晚唐名相李德裕《豪侠论》认为："夫侠者，盖非常人也，虽然以诺许人，必以节义为本，义非侠不立，侠非义不成，难兼之矣。"

任侠之外，在长安的少年郎中，最臭名昭著的是羽林卫中的豪门子弟，王建《羽林行》便记载了一些贵族子弟飞扬跋扈的事迹："长安恶少出名字，楼下劫商楼上醉。天明下直明光宫，散入五陵松柏中。百回杀人身合死，赦书尚有收城功。九衢一日消息定，乡吏籍中重改姓。出来依旧属羽林，立在殿前射飞禽。"

这些羽林军中的"长安恶少"，他们在酒楼下打劫客商，转身上楼，便大吃大喝起来。一般强盗作案后，要隐匿潜逃，而这批恶少，堂而皇之，无视法纪，结伴买醉，毫无顾忌。天亮他们值班完毕，从皇宫一出来，就分头藏入五陵一带的松柏中了。"五陵"，指长陵、安陵、阳陵、茂陵、平陵五个西汉皇帝的陵墓，面积很大，多植松柏，是豪门贵族居住的地方。终于这伙人落网了，因为杀人如麻，本该判处死刑，但皇帝却下赦书说他们曾有军功。恶少们隐姓埋名，暂避乡间，一旦被赦的消息从京城中得以证实，他们就又在乡吏的户籍册中重新恢复了原来的姓名；并且露面之后，继续回羽林军当差，站在宫殿前射鸟。

当然，遇到真正的侠客，恶少们还是害怕的，据《新唐书·胡证传》记载，唐朝名相、晋国公裴度未显达时，羸服私饮，被一群武士戏弄。曾经拜岭南节度使的胡证得知，闯入席上，连喝三大杯酒，众人失色。胡证又拿来铁灯架，摘去灯杆和灯盏，横在膝上，与客人相约行酒令，喝不了的以此击打。胡证一饮就是数升，依次到客人，客人不能喝尽，胡证欲击打之，诸恶少叩头请去，胡证将他们悉数赶走。故时人称胡证为侠。

从　军

更多的年轻人则是在军中效力，这些青年大多来自大唐各个地方的折冲府，他们被称为府兵。唐置六百三十四折冲府于关内外，上府兵一千二百人、中府兵一千人、下府兵八百人，每府最高长官为折冲都尉。府兵由政府授田，平日安居田亩，由折冲都尉于农闲时教习战阵。战时由政府命将率众出兵，战争完毕，兵归于府，将归于朝。除征战外，府兵须每年轮番宿卫京师，有时则派往边疆戍守。平时为耕种土地的农民，农隙训练，战时从军打仗。府兵参战武器和驮东西的马匹都需要自备，这对于一个农家来说压力也是非常大的。

据研究唐代操典的人统计，唐代士兵的单兵装备非常系统：首先是武器，包括贴身肉搏兵器腰刀一口、近战长杆武器矛戈枪、远程精确打击武器弓箭（配备三只弓弦、三十支箭，以及箭匣箭袋一个）。甲胄和战袍依人所需，每人一副。三根皮条，以备捉俘虏用；一人一个粮食袋，围在腰间，以小羊皮做成，装三天干粮。每人一个水袋也是皮革做成的。

以上是单兵随身携带的东西，后面是驮马携带的物品：马盂一个，以上好木料做成，或者是以熟铁皮做成。药袋、盐袋、火石袋各一个。小刀子、小锉子、钳子、锁各一把。解结锥一个。磨刀石一个。裤奴、抹额、六带、帽子、毡帽子各一件。毯子、被褥、毛毡各一套。三双麻鞋，一人一套兽毛呢子大衣。

自从雄才大略的唐太宗被四裔同声拥戴为"天可汗"，大唐帝国步入了鼎盛时代，唐王朝开基创业之初东征西伐，大破突厥，战败吐蕃、招安回纥的光辉史迹，使事业上充满自信的唐代士子对边塞军功梦寐以求。唐高宗显庆六年（661），年仅十一岁的杨炯被举为神童，这位少年曾经写《从军行》一诗曰："宁为百夫长，胜作一书生。"这几乎

△ 唐章怀太子墓壁画中佩虎豹皮弓韬和胡禄的仪卫

成了有唐一代年轻士子，尤其是经年不得铨选的读书人最佳的夺取功名之路。

天宝四年（745），十八岁的洮州人李晟从军，投奔时任河西节度使的名将王忠嗣。在一次与吐蕃的战斗中，唐军遭遇吐蕃悍将，屡战不利，大为恼火的王忠嗣下令招募弓箭高手，李晟报名参加，纵马出阵，一箭干掉敌将，王忠嗣兴奋地拍着李晟的背称赞他是"万人敌"。李晟后来因功被敕封为西平郡王，册拜太尉、中书令，绘像列于凌烟阁，显赫一时。李贺也曾经写诗表达过这种欲投笔从戎，扬名立万的激情："男儿何不带吴钩，收取关山五十州？请君暂上凌烟阁，若个书生万户侯？"（《南园十三首·其五》）

前来大唐参军的还有唐帝国周边国家的年轻人，宪宗元和二年（807），十七岁的新罗人张保皋和好友郑年结伴渡海来到赤山浦（今荣成市石岛港，属山东省威海市，位于山东半岛的最东端），不久辗转南下到扬州。张保皋和郑年浪迹扬州时，适逢镇海军节度使李锜据润州造反。唐军扩募镇压反叛，张保皋和郑年被募编入了徐州武宁军。张、郑二人在唐军中，先后参加了平定镇海镇李锜、淮西镇吴元济和淄青镇李师道的叛乱。因本领高强、英勇善战，累立军功，元和十四年（819），张保皋被擢升为武宁军小将，统率一千多名士兵。他后来回到新罗，不但成了一方名将，而且组建了庞大的船队，往返新罗与中、日三国之间，从事海运和商业贸易，被后人称为"世界历史上卓著的海洋商业贸易王"。

薛仁贵

有唐一代，名将辈出，然而最具有传奇色彩的，却是河东薛氏家族南枝的世家子、绛州龙门（今山西河津）人薛礼（字仁贵）。借由话本评书《薛仁贵征东》、秦腔名剧《五典坡》、京剧传统名剧《红鬃烈马》等的影响，"三箭定天山"的薛仁贵成了后世人们眼中永远的唐代少年英雄"白袍小将"。有意思的是，在戏剧中，薛仁贵往往被叫作薛平贵。

贞观十九年（645）二月十二日，唐太宗亲自率领远征军，从洛阳出发，进攻高句丽。三月，在辽东安地战场上，唐朝郎将刘君邛被敌军团团围困，脱不了身，无人能救，在此危难时刻，三十一岁的薛仁贵单枪匹马挺身而出，直取高句丽一将领人头，将头悬挂于马上，敌人观之胆寒，遂退，刘君邛被救。此役过后，河东薛礼名扬军中。

四月，唐军前锋进抵高句丽，不断击败高句丽守军。六月，至安市，高句丽莫离支遣部将高延寿、高惠真率军二十万人依山驻扎，抗拒唐军。

唐太宗视察地形后，命诸将率军分头进击。据《旧唐书·薛仁贵传》记载，"仁贵自恃骁勇，欲立奇功，乃异其服色，着白衣，握戟，腰鞬张弓，大呼先入，所向无前，贼尽披靡却走"。至此，薛仁贵的白袍形象开始深入人心，但我们也可以看出，真实的历史和传说天差地别，薛仁贵其实是一个大器晚成的军事家，三十余岁才崭露头角，而之后更是有长达十二年的时间在守卫玄武门。到了显庆三年（658），四十四岁的薛仁贵才开始统率军队，成为一位指挥官。在后半生的军事生涯中，他创造了"三箭定天山""神勇收辽东""一貌退万敌""良策息干戈""仁政高句丽国""爱民象州城"等赫赫功勋。道教传言他是白虎星君下凡。

在今西安市南郊大雁塔附近，曲江池东面，有一处名为"寒窑"的地方，据传是薛仁贵的妻子王宝钏苦守十八年的地方。其实，历史上薛仁贵之妻姓柳，见于史传和地方史志，但未记名字。柳姓也是河东大族，以薛仁贵的出身，与河东柳氏是门当户对的士族联姻。当薛仁贵想在家改葬祖先时，是柳氏劝夫速速投军，"今天子自征辽东，求猛将，此难得之时，君盍图功名以自显？富贵还乡，葬未晚"。在这位颇有见识的妻子的劝告下，薛仁贵应征参军，从此戎马倥偬，战功彪炳。

薛仁贵的儿子薛讷，官至大元帅、宰相；孙薛嵩，官至六州节度使、高平郡王；重孙薛平，官至太子太保、韩国公；玄孙薛从，官至上将军、河东县子。其中薛仁贵的孙子薛嵩在安史之乱时，曾经投安史叛军，后来又投降唐朝，或许正因为如此，他也是评书《薛刚反唐》的原型。

在王小波的作品《万寿寺》中，薛嵩是唐代一名纨绔子弟，梦想着建功立业，便花钱买官，结果当上了湘西节度使，到封地才知道受骗上当。此地满目蛮荒，只好管管蛇草鼠蚁，自己动手开天辟地。垦荒的时候，"薛嵩用锄头刨蚁巢的外壁，白蚁在巢里听得清清楚楚，拼命吐唾沫筑墙；薛嵩的锄头声越近，它们就越使劲地吐，简直要把血都吐出来"。最后，白蚁用自己的意志和唾液击垮了薛嵩。

薛嵩也是唐传奇《红线盗盒》里的主人公。魏博节度使田承嗣与潞州节度使薛嵩均为安禄山部将，降唐后各霸一方。田承嗣欲吞并薛嵩之地，薛嵩甚为忧虑。红线是薛嵩的侍婢，具有超人的力量，她以神术潜入戒备森严的田府，巧妙地从田承嗣枕旁取回其供神金盒，薛嵩随即遣人送回。这一有节制的威吓行动，迫使田承嗣收敛其狂妄气焰，红线则功成身退。据南宋人计有功《唐诗纪事》卷三十记载，薛嵩确有一名叫红线的侍女，"善弹阮咸琴，手纹隐起如红线，因以名之"。明人梁辰鱼《红线女》杂剧，亦取材于此。

值得一提的是，有唐一代，薛仁贵衍传的十二世裔孙四十七人和其他河东薛氏裔孙，共出现了三百三十余位文武官员，侍奉唐朝二十一位皇帝，尽忠报国。

爱　情

2010年，河北省平山县发现了一座唐代墓葬，考古人员发掘时看到，墓室中夫妻二人的骨架还手牵着手。一千多年前夫妇携手死去，这个姿态也在墓中一直保持了一千多年，其中蕴含多少事，令人浮想联翩。这不禁让人想起1919年，在汉代居延境内的西北沙漠出土了一批流沙坠简，内容大多是军政等事情，但其中夹着一封私信："奉谨以琅玕一，致问春君，幸毋相忘。"穿越千年，唯有爱情亘古不变。

在金戈铁马的少年郎之外，更多的士子和年轻人在帝国过着平凡的生活。这个"海上明月共潮生"的伟大国度，不缺乏少年的爱情。"两小无猜""人面桃花""青梅竹马""相思红豆""心有灵犀"等和爱情有关的美丽词句，均出自唐人笔下。在这个开放浪漫的王朝，无数才子佳人，谈情说爱，令人神往。

贞元十二年（796），登进士第的崔护，因为一首《题都城南庄》而名传千古："去年今日此门中，人面桃花相映红。人面不知何处去，桃花依旧笑春风。"或许是被此诗中深深的惆怅打动，唐人孟棨《本事诗》中重新演绎了这个故事。

博陵人崔护，资质甚美，性情孤洁寡合，应举进士及第。清明节这天，他一个人去都城南门外郊游，遇到一户庄园，房舍占地一亩左右，园内花木丛生，静若无人。崔护走上前去叩门，过了一会儿，有位女子从门缝里瞧了瞧他，问道："谁呀？"崔护报了自己的姓名，说："我一人出城春游，酒后干渴，特来求点儿水喝。"女子进去端了一杯水来，打开门，让他进去坐下。她一个人靠着小桃树静静地立在那里，对客人有着极为深厚的情意。她姿色艳丽，神态妩媚，极有风韵。崔护用话引逗她，她只是默默不语。两人相互注视了许久，崔护起身告辞。送到门口后，她似有不胜之情地默默回到屋里，崔护也不住地顾盼，然后怅然而归。此后，崔护决心不再去见她。

到了第二年的清明节，崔护忽然想起这姑娘来，思念之情无法控制，于是直奔城南去找她。到那里一看，门庭庄园一如既往，但是大门已上了锁。崔护便在左边一扇门上题诗道："去年今日此门中，人面桃花相映红。人面不知何处去，桃花依旧笑春风。"过了几天，他突然来到城南，又去寻找那位女子。听到门内有哭的声音，他叩门询问，有位老父走出来说："您不是崔护吗？"他答道："正是。"老父又哭着说："是您杀了我的女儿。"崔护又惊又怕，不知该怎样回答。老父说："我女儿已经成年，知书达理，尚未嫁人。去年以来，经常神情恍惚，若有所失。那天我陪她出去散心，回家时，见左边门扇上有题字。她读完之后，进门便病了，绝食数日而死。我老了，只有这么个女儿，迟迟不嫁，就是想找个可靠的君子，借以寄托终身。如今她竟不幸去世。这不是您害死她的吗？"说完，他又扶着崔护大哭。崔护也十分悲痛，请求进去一哭亡灵。女子

人面桃花图│明│张纪│大英博物馆藏

安然躺在床上，崔护抬起她的头，让她枕着自己的腿，哭着祷告道："我在这里，我在这里……"不一会儿，女子睁开了眼睛，过了半天便复活了。老父大为惊喜，便将爱女许给了崔护。

这样结局完美的故事当然令人欣喜，但实际上，这只是人们对于圆满的期望罢了。真实的爱情，往往令人惆怅。唐德宗贞元十八年（802），太子少保韦夏卿的小女儿，年方二十的韦丛，下嫁给二十四岁的诗人元稹。当时的元稹仅仅是秘书省校书郎。韦夏卿出于什么原因同意这门亲事，已然无从考证，但出身高门的韦丛并不势利贪婪，没有嫌弃元稹。相反，她勤俭持家，任劳任怨，和元稹的生活虽不宽裕，却温馨甜蜜。可是造化弄人，宪宗元和四年（809），韦丛因病去世，年仅二十七。此时元稹已升任监察御史，幸福的生活就要开始，爱妻却驾鹤西去，诗人无比悲痛，写下了一系列悼亡诗，其中最著名的是："曾经沧海难为水，除却巫山不是云。取次花丛懒回顾，半缘修道半缘君。"（《离思五首·其四》）

令人心凉的是，三十一岁的元稹在韦丛去世不久，在成都认识了薛涛。当时薛涛已四十二岁，风韵不减当年，元稹是风流才子，两人便迅速坠入爱河。然而，随后元稹远赴长安，抛弃了薛涛。

元稹曾写下举世闻名的《莺莺传》，明朝时被改编成红极一时的戏曲《西厢记》。《莺莺传》名为莺莺

清代崔莺莺绣像版画

的记传，实为元稹之自传。《莺莺传》的末尾，元稹为了替张生遗弃崔莺莺的无耻行径辩解开脱，竟借其口大骂崔莺莺为"尤物""妖孽""不妖其身，必妖于人"。鲁迅在《中国小说史略》中对元稹此举大为不齿："篇末文过饰非，遂堕恶趣。"难怪有人说，世间最薄情的即是男子。

千年的时间过去了，再轰轰烈烈的爱情也消散在了历史的车轮里，再潇洒的少年也成了泛黄的书卷。此间的少年，他们在哪里呢？他们还会不会在寂寞的唐诗里，泛起千古的愁绪呢？他们还会不会相信爱情呢？世间之人最是寡情，但见那悠悠流水缓缓东逝去，海上的明月依稀照人，心中的爱与恨、思念与惆怅，都化作了尘埃。"道不尽红尘奢恋，诉不完人间恩怨"，且让我们"白日放歌须纵酒，青春做伴好还乡"吧！

第八章 未能皈依的寺庙

法门寺往事

1997年前后，一部如昙花一现的电视剧《法门寺猜想》展现了唐代的典雅、绮丽和哀伤，剧中"光明熄灭怨恨和野火，使灵魂充满爱和宽恕"。佛光山的星云法师将此剧引入台湾，造成了轰动。

在今陕西西部的宝鸡市，古周原的中心，有一个叫扶风的地方。在晴朗的季节，乘坐汽车从西宝高速公路向西奔驰，就可以看见秦岭、黄土高原及关中平原构成的三级台地。李白的《扶风豪士歌》说："扶风豪士天下奇，意气相倾山可移。"唐王朝的皇家寺庙法门寺，便坐落在扶风，唐代两百多年间，先后有高宗、武后、中宗、肃宗、德宗、宪宗、懿宗和僖宗八位皇帝在法门寺六迎二送供养佛指舍利。每次迎送都声势浩大，朝野轰动，皇帝顶礼膜拜，等级之高，绝无仅有。据史载，"三十年一开，开则岁丰人和"，可干戈平息，国泰民安，风调雨顺。

这座皇家寺庙以其瑰丽、神秘和气势恢宏，成为唐人最敬仰的寺庙。

五代人王仁裕所撰笔记《玉堂闲话》卷四，记录了法门寺的一段往事：

> 长安西法门寺，乃中国伽蓝之胜境也，如来中指节在焉。照临之内，奉佛之人，罔不归敬。殿宇之盛，寰海无伦。僖、昭播迁后，为贼盗毁之。中原荡柝，人力既殚，不能复构，最须（需）者材之与石。忽一夕，风雷骤起，暴澍连宵。平晓，诸僧窥望，见寺前良材巨石，阜堆山积，亘十余里，首尾不断，有如人力置之。于是鸠

集民匠，复构精蓝，至于貌备。人谓鬼神送来，愈更钦其圣力。育王化塔之事，岂虚也哉。

意思是，法门寺位于长安以西，是中国佛寺建筑的佼佼者，如来佛中指的一节就供奉在此。天下凡是信仰佛教的人，无不皈依崇敬。殿堂之宏伟，四海之内没有可以相比的。唐僖宗、唐昭宗流离在外，寺院被贼盗破坏。中原被洗劫一空，人力也已耗尽，所以不能重建，其中迫切需要的便是木材与石料。忽然有一天晚上，风雷突然出现，暴雨下了一宿。天亮时，僧人们都从屋内向外观望，只见寺院前面，优质木材与大块石头堆积如山，绵延十多里，首尾相接，连续不断，就像用人工搬放在那里的。于是纠集民工匠人，重新修造精美的寺院，乃至恢复全貌。人们说这些木材和石料是鬼神送来的，便更加敬佩佛教的神圣力量。如此看来，阿育王化佛塔的事，怎能是假的呢？

唐懿宗李漼，年号"咸通"，是最后一个在长安城平安度过帝王生涯的大唐皇帝。《杜阳杂编》卷下记载了这一年号的来历："宣宗制《泰边陲曲》，撰其词云'海岳晏咸通'。上（指懿宗）垂拱而号咸通。"咸通十四年（873）三月，唐王朝最后一次迎请佛骨。但是同年七月，唐懿宗来不及送还佛骨就驾崩了。

此次迎请佛骨，事先准备了两年，当时从京城长安到法门寺两百多里，车马昼夜不绝，沿途都有饮食供应，叫作"无碍檀施"。迎请佛骨的仪仗车马，由甲胄鲜明、刀杖齐全的皇家御林军导引，文武大臣护卫，名僧和尚拥奉。当时旌旗蔽日，鼓乐鼎沸，沿途站满虔诚膜拜的善男信女。长安城内各街用绸缎结扎各种彩楼。懿宗也亲御巡福门城楼迎拜顶礼，百官士众则沿街礼拜迎候。佛骨先迎请到皇宫内供奉三天，再迎送到京城寺院轮流供养。文武百官和豪族巨富都争施金帛，四方百姓扶老携幼前来瞻仰，甚至有人断臂截指以示虔诚。

▷ 如来坐像—日本东京国立博物馆藏

咸通十五年（874），即位的僖宗李儇遵照先父的遗志，敕令将佛祖真身舍利及供奉的数千件稀世珍宝送到法门寺塔下地宫结坛供养。正月初四，地宫封门，一千多年不被人知。

1987年4月3日，法门寺佛塔施工现场，考古人员无意间发现了一块白玉石板。清掉石板上覆盖的浮土，在地下沉睡一千一百一十三年的唐代法门寺地宫，浮现出来。

而地宫内的一块《监送真身使随真身供养道具及恩赐金银衣物帐》碑，罗列着二千四百九十九件供佛珍宝的目录，这些宝物包括：四枚佛指舍利，这是目前世界仅存的佛指舍利（有一枚是释迦牟尼真身舍利，称为"灵骨"，其他三枚系唐代人仿制，称为"影骨"）；唐皇室供奉的一百二十一件（组）金银器；首次发现的唐皇室秘色瓷系列；来自古罗马等地的晶莹透明的琉璃器群；上千件荟萃唐代丝织工艺的丝（金）织物。

其中"武后绣裙一腰"是迄今为止我们离武则天最近的实物，这件绣裙是武则天尚为高宗皇后时的衣饰，因此被称为武后裙，裙腰用

第八章 未能皈依的寺庙

231

金丝绣成，这些金丝是把金箔打薄以后用刀裁成细条拧起来，再进行绣花，金丝细度只有零点几毫米，可谓细若发丝。今天，这条武后裙原本艳丽的红色已经褪却，但金丝绣成的图案依然精美绝伦。

还有十三枚玳瑁"开元通宝"，是目前世界上发现的最早的、绝无仅有的玳瑁币。玳瑁是一种食肉性海龟，甲壳上有美丽斑斓的褐色花纹，被古人视为名贵的宝石。刘恂《岭表录异》记载了这么一件和玳瑁有关的事情："玳瑁形状似龟，唯腹背甲有烘点。《本草》云：'玳瑁解毒，其大者悉婆萨石（又名婆娑石，是来自西域或南海诸国的一种治毒药物），兼云辟邪。'广南卢亭（原注：海岛彝人也）获活玳瑁龟一枚，以献连帅（观察使、按察使等地方高官）嗣薛王。王令生取背甲小者二片，带于左臂上以辟毒。龟被生揭其甲，甚极苦楚。后养于使宅后北池，伺其揭处渐生，复遣卢亭送于海畔。或云，玳瑁若生，带之有验，是饮馔中有蛊毒，玳瑁甲即自摇动；若死，无此验。"段公路《北户录》卷一也有类似的经验谈："凡玳瑁甲生取者，治毒第一，其力不下婆萨石，愚曾取解毒，立验。"

其他的宫廷用具，诸如鎏金镂空鸿雁球路纹银笼子、壸门高圈足座银风炉、鎏金飞鸿纹银匙、紫靸鞋、绣幞、花罗衫、秘色越瓷……不一而足，这是一个盛大、华丽而奢侈的唐代宫廷器物宝藏。一千多年前的宫廷生活，借由这些器物传递到今人的眼前。

长安的寺庙

在唐代，长安不但是帝国的政治中心，也是帝国寺庙最多的城市。寺庙、浮屠、兰若、佛堂、经坊等遍布于长安的坊市，日僧圆仁在武宗朝到长安，看见"长安城里坊内佛堂三百余所"。日本佛教学者琢本善隆，根据徐松的《唐两京城坊考》列出唐代长安有名的寺院一百零三所。历史上汉传佛教形成了八大宗派，即三论宗、禅宗、天台宗、华严宗、唯识宗、律宗、净土宗和密宗。汉传佛教宗派各宗祖布教传法之处，成为日后人们所说的宗派祖庭。八大宗派的祖庭，除了禅宗在河南登封少林寺、天台宗在浙江天台山国清寺，其余六个均在长安，分别为三论宗祖庭草堂寺、唯识宗祖庭大慈恩寺、律宗祖庭净业寺、净土宗祖庭香积寺、华严宗祖庭华严寺、密宗祖庭大兴善寺。

这些遍布长安的寺庙，每天用大锅煮白粥食用。慢火熬制的白粥滋味简单而绵甜，口感细致而厚重。薄粥柔滑，稠粥饱满。吃粥在清晨，叫早粥。伸出手掌，如果在自然光线下能看清楚手掌上的掌纹，就到了可以吃粥的时间。强调这个是因为，有时候受八关斋戒，头一天是过午不食的。这个不食的时间，要到第二天天明。天明的标准，也是以在自然光线下能看清楚手掌上的掌纹为度。如果看不清就吃粥或者吃别的东西，那就算破斋，八关斋戒也就白受了，而且有过失。

在长安诸多的寺庙之中，有两座寺庙是为怀念而诞生。其一便是大慈恩寺，贞观二十二年（648），二十岁的太子李治十分怀念他的母亲长孙皇后，彼时长孙氏已经逝世十二年了，而父亲李世民的身体日渐衰弱。这个低调、俭朴，不大兴土木，不信方士长生之术，不喜游猎，胸无大志，与四兄李泰争太子之位时曾流泪哭泣的男子，大抵此时内心十分脆弱，因为就在父皇病重之际，他和后宫的才人武媚有了一丝道不明的关系。于是，李治迫切需要一处道场，可以纪念亡母，希望母亲的灵魂庇佑他。在长安城南风景秀丽的晋昌坊，一处"挟带林泉，各尽形胜"的皇家寺庙就此诞生了。

当年十月初一戊申日，大慈恩寺工程"渐向毕功，轮奂将成"，但僧徒尚缺，于是李治奉太宗皇帝敕旨，度僧三百人，另请五十名大德"同奉神居，降临行道"，同时正式赐新寺寺名为"大慈恩寺"，并增建"翻经院"。很快，翻经院宣告落成，"虹梁藻井，丹青云气，琼础铜沓，金环华铺，并加殊丽"。随后，李治复令玄奘法师自弘福寺移就大慈恩寺翻经院，继续从事佛典翻译，充上座，纲维寺任。

在一首《谒大慈恩寺》的诗中，李治写到了他所看到的大慈恩寺："日宫开万仞，月殿耸千寻。花盖飞团影，幡虹曳曲阴。绮霞遥笼帐，丛珠细网林。寥廓烟云表，超然物外心。"据说参禅需要经过三种境界：第一种境界是"叶落满空山，何处寻行迹"，参禅者执着地寻找禅的本性，却杳无所得；第二种境界是"空山无人，水流花开"，参禅者粗通禅理，似乎已悟道而其实未悟；第三种境界是"万古长空，一朝风月"，参禅者茅塞顿开，直接领悟到瞬间即永恒，永恒即瞬间。在唐代，大慈恩寺所在的晋昌坊位于长安城南，这里南望南山，北对大明宫含元殿，东南与烟水明媚的曲江池相望，西南和景色旖旎的杏园毗邻，清澈的黄渠从寺

△ 番王礼佛图 | 北宋 | 赵光辅（传）| 美国克利夫兰艺术博物馆藏

前潺潺流过，令李治的思念如同"罔极之怀"般绵长，并且有了超脱人世的心情。

今天，大慈恩寺所在的西安曲江，成了城市繁华的新城所在，每天都有来自各地的人们参观广场和喷泉，而大慈恩寺浮屠——大雁塔，在夜晚则被装上了霓虹，分外妖娆。只是，来自大地深处的诵经的声音，只有你闭上眼睛才能听到。

另外一所为怀念而生的寺庙是大兴善寺，隋文帝开皇年间扩建西安城为大兴城，这座寺庙占城内靖善坊一坊之地，取城名"大兴"二字，取坊名"善"字，赐名"大兴善寺"至今。大兴善寺的前身为"陟岵寺"，是西魏文帝元宝炬纪念亡父（北魏京兆王元愉）的道场。"陟岵"之名源于《诗经·魏风·陟岵》的"陟彼岵兮，瞻望父兮"。《毛诗序》云："《陟岵》，孝子行役思念父母也。"后因以"陟岵"为思念父亲之典。

第八章 未能皈依的寺庙

武则天出家的感业寺因为武氏而名闻天下，但其实这座寺院规模并不大，离大明宫也不远，是唐代禁苑内的皇家寺庙，避隐于今西安市北郊的未央区六村堡镇后所寨村。感业寺小学便建造在该寺原址上。感业寺现存明万历时秦府职官傅臻所献的一道《重修古刹感业寺碑》（铭："职官傅臻　大明万历拾叁年季秋月吉日谨立"）、一块石门楣（铭："万历乙酉年季秋吉日　敕建感业禅寺""大唐感业禅寺　武则修焚香火院　万历乙酉年季秋吉日　秦府职官傅臻重修"），以及一些今人修建的仿明清建筑。

在今西安西南铁炉庙一带，还隐藏着一座青龙寺，这里是西安看樱花的最佳地点。唐代中期的日本僧人空海，出身当地一个望族之家，少年时聪颖笃学，受中国文化的熏陶，二十岁皈依佛门。唐德宗贞元二十年（804），为解决佛教中的疑难问题，空海随日本国第十七次遣唐使入唐请教。他在长安滞留近两年，遍访有名的高僧和寺院，后入青龙寺拜密宗高僧惠果为师，研习密教。

唐顺宗永贞元年（805），惠果和尚圆寂，空海代表众弟子为其师撰行状，并书写了碑文。唐宪宗元和元年（806），空海归国，先后在京都的东寺和歌山县的高野山弘传密教，成为日本佛教真言宗的开山祖师。唐文宗大和九年（835），空海在高野山圆寂。空海博综众艺，对日本文化教育的贡献甚大，又是日本真言宗的鼻祖，因此，日本民间尊称空海是"孔子"。日本佛教史上的"入唐八家"，继空海之后，还有圆行、圆仁、圆珍、惠运、宗叡五人先后在青龙寺从师受法。青龙寺被日本真言宗奉为祖庭，广大僧众称它为"心中的故乡"。据说，日本来西安的游客都会去青龙寺，目的就是找寻自己的文化根源。

净土宗祖庭香积寺，则隐匿在今西安市长安区郭杜镇香积寺村，唐高宗李治曾赠寺院舍利千余粒和百宝幡花供养，取名香积寺。当其盛时的香积寺，坐落在长安神禾原西畔，这里南临镐河，北接风景秀丽的樊川，镐河与潏河汇流萦绕于其西，整个寺院幽而不僻，静而不寂。唐代诗人王维在其诗篇《过香积寺》中描绘说："不知香积寺，数里入云峰。古木无人径，深山何处钟。泉声咽危石，日色冷青松。薄暮空潭曲，安禅制毒龙。"今天，前往秦岭野生动物园，会途经此寺，但现代的游客或许更想去看动物园内的猛虎，而不是去寺庙嗅一下蔷薇。"心有猛虎，细嗅蔷薇；盛宴之后，泪流满面"，或许这才是寺庙给予我们的内心感受。

终南山

奇幻作家骑桶人曾经在他的小说《终南》中讲述了一个楼观台的道士练习"蹑云神功"的故事，练成神功的道士在众人艳羡的目光中直直向悬崖上升，越来越小，忽然倏的一声，再无踪影。然而，最终的结果是悬崖之下有一条吐纳的大蟒。

长安南边的终南山，不仅是中国佛教史上第一个国立译经场，也是第一个管理全国宗教事务机构的所在地。这一方山水，集秀峰、异石、幽谷、清流、飞泉、奇洞、天池、寺观、层林、古道于一体，这里也是长安的天然屏障。由于佛教、道教在唐代的兴盛，终南山一直是隐者文人的家园。文人本好山水，加之仕途不得意，就更容易与宗教共鸣，产生一种超脱的情绪，如同蔡希寂《同家兄题渭南王公别业》诗所云："好闲知在家，退迹何必深。不出人境外，萧条江海心。轩车自来往，空名对清阴。"这里既不远离繁华都市，又保有清静脱俗的心境，自然是很好的去处。这些隐逸的文人，大概就如同在江南隐居的茶圣陆羽一样："常扁舟往来山寺，随身惟纱巾、藤鞋、短褐、犊鼻。往往独行野中，诵佛经，吟古诗，杖击林木，手弄流水，夷犹徘徊，自曙达暮，至日黑兴尽，号泣而归。"（《文苑英华·陆文学自传》）

司马承祯隐居在天台山玉霄峰，自号"白云子"，有服用丹药的道术，武则天多次征召他，他都不应。唐睿宗崇尚道教，深深赞赏他见解奇特，要把他留在宫中，封他做大官，他坚决推辞。不久，他告别回山，皇上就赐给他宝琴和花披肩，派人护送他。很多公卿都作诗相赠。常侍徐彦伯选择了其中三十首最好的，结成一本集子，还为诗集写了序言，命名为《白云记》。当时有一个叫卢藏用的人，早年举进士，但不得官职，隐居在终南山，后来借着隐士的名号登上朝廷，身居显要职位。他见司马承祯要回天台山，就用手指着终南山对司马承祯说："这终南山里就有不少佳处，何必非回天台山不可呢？"司马承祯不慌不忙地说："依我所见，终南山是当官的快捷方式而已。"卢藏用听了，羞惭不已。这便是成语"终南捷径"的来历。

唐人最熟悉的终南山隐士则是孙思邈。《太平广记》卷二十一记载了这位唐人心中"药圣"的逸事。开元年间，孙思邈隐居在终南山，与律宗的和尚宣律师结交，经常来往参请宗旨。当时天大旱，有一个西域的僧人请求在昆明池筑坛求雨，皇上下诏让有关部门准备香灯。一共七天，昆明池的水缩下去几尺。忽然有一位老人夜里到宣律师那里求救，说："我是昆明池里的龙，很久没下雨，不是因为我。一个胡僧要用我的脑子做药，欺骗天子说求雨，我的命危在旦夕，请和尚用法力救护于我。"宣公推辞说："贫僧操守戒律罢了，你可以去求孙思邈先生。"老人于是就来到孙思邈那里。孙思邈说："我知道昆明池龙宫里有神仙药方三十个，如果能让我看看，我就救你。"老人说："这些药方上帝不准随便外传，现在紧急了，丝毫无所吝啬！"过了一会儿，老人捧着药方来了。孙思邈说："你天明回去，不用担心胡僧。"从此池水忽然暴涨，几天便漫上岸来，胡僧羞怒而死。

在唐代，终南圭峰山下的大寺（草堂寺前身）与长安城北的逍遥园则成了此一时期长安佛教的大本营。逍遥园是鸠摩罗什译经的地方。弘始三年（东晋隆安五年，401年），后秦皇帝姚兴为延请西域高僧鸠摩罗什弘法传教，发兵攻后凉。大败凉军后，姚兴迎鸠摩罗什入长安，并拜奉为国师。从此，鸠摩罗什在长安逍遥园和西明阁译经说法，招收弟子，组织、主持三千多人的佛经译场。

此外，终南山还因为老子入关传经设教的楼观台闻名，道教的一些主要派别的祖庭就在终南山中。也正因为如此，有人将终南山列为道教名山。金庸小说中的"全真教"发源地便在终南山，其创始人王重阳系陕西咸阳大魏村人，早年习儒，后应文、武科考不第，遂于终南山下刘蒋村隐居，不久自称遇仙得道，并赴山东境内布道，创宗立派，点化马钰等七人，仙逝后归葬于刘蒋村成道宫。马钰于宫内修建一套大厅，亲题横额"祖庭心死"四字，以表其承师弘道之志。此后全真弟子和各方门徒即以此为祖庵。全真教主张儒释道三教同源、三教平等、三教合一，它以王重阳《立教十五论》为行为规范，注重清修，不事烧炼与符箓，不食荤腥，除情去欲，忍耻含垢，苦己利人，兼有儒之谦逊、墨之坚苦，静修以明心见性则与佛教禅宗相仿。全真派道教的这种态度，也许就是终南山佛教衰而不泯、绵延至今的原因之一。

南五台便在终南山之中。南五台古称太乙山，为"终南神秀之区"，山上有清凉、文殊、现身、灵应、观音五峰。从山下看，五座山峰如笔架排列，一览无遗，似乎近在咫尺；从山上向下看，青山连绵，气势恢宏，茫茫秦川，空旷辽阔。"太乙"这个名字也是大有来历，这里在汉代是祭祀太乙天尊的场所，太乙天尊全名太乙救苦天尊，是道教尊神，又称青玄大帝。《封神榜》中太乙天尊号"太乙真人"，是哪吒三太子的师父，曾经帮死去的哪吒以莲花化身复活，又用九龙神火罩扑灭石矶娘娘，法力高强。而在易学中，太乙又称太乙式，是古代术数的一种，为三式之首。"三式"指三大秘术太乙、奇门、六壬，是古人的高层次预测学，相传太乙式产生于黄帝战蚩尤时。

今天，终南山仍然是修炼隐居的佳地，除了美国汉学家比尔·波特（Bill Porter，中文名"赤松居士"）创作的《空谷幽兰：寻访当代中国隐士》(*Road to Heaven: Encounters With Chinese Hermits*) 中提到的那些现代隐士，可能最著名的人物就是善于捉鬼的钟馗了。据传，钟馗的故里就在终南山——今天的户县石井镇。

胡　寺

东汉以来，中国与西域文明的交流逐渐频繁，到了唐代，出于丝绸之路昌盛以及经商、战争等原因，大批中亚、西亚人士前来唐帝国定居，他们所信仰的宗教也在唐帝国逐渐传播，其中以祆教（拜火教）、景教（Nestorianism）、摩尼教（Manichaeism）三大外来宗教组成的"三夷教"最为昌盛。

祆教在萨珊波斯被封为国教，又称火祆教、拜火教，是唐朝对流行于中亚和中原地区的波斯琐罗亚斯德教的称呼。景教，是在唐代进入中国的基督教派，属于基督教聂斯脱里派。摩尼教又称明教，为3世纪中叶波斯人摩尼（Mani）所创立，在巴比伦兴起，也是历史中唯一一个消亡的世界性宗教。

唐人把景教、摩尼教称寺，祆教则称祠。

三夷教作为外来小众宗教，传播程度比不上佛道两教，但其带来的异域文化，一度对唐人的文化生活产生了相当程度的影响，其中以祆教的祭祀最为受唐人喜欢，唐人把这种仪式当成一种娱乐，起名叫"泼寒胡戏"。

唐人段成式在《酉阳杂俎》描述了中亚的祆祠："俱得建国乌浒河中滩派中有火祆祠……内无像，于大屋下置大小炉，舍檐向西，人向东礼。"

杜佑《通典》卷四十"大唐官品"说："祆者，西域国天神，佛经所谓摩醯首罗也。武德四年置祆祠及官，常有群胡奉事，取火咒诅。"可见，祆祠的显著标志是祭祀火。北朝至唐，中央政府设有萨宝府来管理胡人和祆祠，在唐祆教徒以胡人居多，因此萨宝、祆正等管理者往往由胡人担任，而且多为世袭。

长安西市正北醴泉坊十字街南之东，有仪凤二年（677）应波斯王卑路斯的请求创设的"波斯胡寺"，景龙三年（709），中宗曾令诸司长官前往醴泉坊观看泼胡乞寒戏表演。

"泼寒胡戏"或者说"泼胡乞寒戏"是一种什么样的仪式呢？《旧唐书·康国传》说，康国的粟特人"以十二月为岁首……十一月鼓舞乞寒，以水交泼为乐"。原来是泼水节。

祆教历十一月为中国农历五月，在公历6月和7月。粟特地处中亚河中，每年6月和7月，正是西南亚热带季风从阿拉伯半岛自西南向西北进发肆虐于中亚内陆的酷暑之时，所以举行泼寒胡戏来祈福。

但是粟特人入华后，唐人不知泼寒胡戏与祆教节令的关系，误以为祆教历法中十一月为农历十一月，又兼唐代农历十一月（腊月）恰好是傩戏和岁末百戏上演之时，于是粟特人暑期泼水节变成了唐人腊月的泼寒胡戏。

泼寒胡戏在唐代朝野风行多年后，至唐玄宗时，张说上疏称"乞寒泼胡，未闻典故；裸体跳足，盛德何观；挥水投泥，失容斯甚"（《旧唐书列传第四十七·张说》），希望"愿择刍言，特罢此戏"。唐玄宗遂于开元元年（713）下《禁断腊月乞寒敕》："敕：腊月乞寒，外蕃所出，渐积成俗，因循已久。至使乘肥衣轻，竞矜胡服。阗城溢陌，深点（玷）华风……自今已后，无问番汉，即宜禁断。开元元年十二月七日。"

至此，泼寒胡戏就消失在唐代的历史中。

但是，中国人对于外来文化的接受和本土化能力是非常强劲的。祆教在赛祆仪式中，会使用剖心破面等血腥恐怖的幻术，增加宗教仪式的神秘和震慑性。这在唐人看来，既刺激恐怖又新鲜，唐代张鷟笔记小说《朝野佥载》卷三就记载了这种仪式："河南府立德坊及南市西坊皆有胡祆神庙。每岁商胡祈福，烹猪羊，琵琶鼓笛，酣歌醉舞。酹神之后，募一胡为祆主，看者施钱并与之。其祆主取一横刀，利同霜雪，吹毛不过，以刀刺腹，刃出于背，仍乱搅肠肚流血。食顷，喷水咒之，平复如故。此盖西域之幻法也。"

安史之乱后，粟特胡人及其信仰的祆教受到打击，逐渐在中原消失，某些赛祆仪式被保留在中国民间艺术中，今天陕西宝鸡的"血社火"就是粟特人赛祆仪式在关中的遗存。

雕　塑

在唐代，寺庙的存在、佛道两教的兴盛，带来的还有艺术。1935年冬，伦敦皇家艺术院举办了一个"中国古代艺术国际展览会"，三千五百多件中国文物精品第一次赴英国参展，引起了极大的轰动。一位叫王子云的青年参加了"中国留法艺术学会赴英伦参观团"，跟随师友去看展览，他的老师，世界著名雕塑家保罗·兰多斯基（Paul Maximilien Landowski）指着中国古代的雕塑说："真正的艺术在你的祖国，你来这里学什么？"这句话对王子云造成了强烈的震撼，这个古希腊艺术的崇拜者，隔山跨海去西方寻梦，却在大洋彼岸寻到了自己老祖宗的灿烂艺术。

此后一甲子岁月，艺术家王子云从西安到敦煌，从乾陵到莫高窟，一直在追寻华夏艺术的真谛。在这位曾在西安居住近四十年的雕塑大家眼中，华夏民族的美和艺术就是唐朝月夜、孤城、壁画斑驳、芳草萋萋，是菩萨在繁复璎珞里的低眉，是飞天舞姿翩跹、衣袂飘飞，是繁花撒下九重天，是千百年来无人参透的佛祖拈花……

中国雕塑艺术在唐代达到了全盛时期，唐时有专门掌管雕刻艺人的官署，各种形式的雕塑都得到了普遍的发展，其中以佛教塑像最为发达，最负盛名者莫过于龙门石窟。

法国汉学家维克多·谢阁兰（Victor Segalen）曾经这样评价龙门雕塑："龙门造像具有艺术与技艺的优长，为别处匠师所不可及。"奉先寺是龙门石窟中规模最大、艺术最精湛、气势最磅礴、最具有代表性的重要洞窟。这一组摩崖型佛龛，南北宽约三十四米，东西深约三十六米，置于九米宽的三道台阶之上，有龛雕一佛、二弟子、二胁侍菩萨、二天王及力士等十一尊巨像。主佛"卢舍那佛"为龙门石窟最大的佛像。奉先寺那种唐代皇家寺院专属石窟的恢宏气派，正体现了大唐帝国强大的物质力量和精神力量。卢舍那大佛面容庄严典雅，表情温和亲切，表现出富于同情的性格和睿智明朗的特点，它的右手掌心向前举在胸前，五指自然地微屈，也能表现出内心的宁静和坚定（不是冷酷的，也不是焦躁的），它向前凝视的目光仿佛看见人类的命运和归宿。

唐代的佛像雕刻在衣着外形上的一种表现形式，后世称为"薄衣贴体"，即佛衣被刻画得轻薄，能显出肉体感，犹如湿水贴体。唐朝高僧如玄奘大师等再度西天取经，请来优美的佛教图像，这图像的一大特色，就是薄衣贴体。因此，这时期出现的佛像，丰胸健体，衣着轻薄柔软，褶纹均衡疏朗流畅，肉感透露明显，正是受这种外来艺术潮流的影响。

而唐代佛像在人体造型上的一大特色就是以胖为美，但这仅是一种通俗的称法。这"胖"，就是丰满，有肥硕感，唐代陶俑是如此，人物画也是如此，佛的形象何尝不是如此？其特点是雄浑、丰满、温和，多以现实中的高僧为原型。如佛鎏金铜像，头作螺旋式高髻，面相丰腴，广额宽颐，眉目修长，向左右上挑，眼睑微开，作下视状，鼻挺唇厚，大耳垂肩，神态静穆端详，体躯健壮丰满，具体表现佛家思想和世俗追

第八章　未能皈依的寺庙

求相结合的形象。

唐代佛像雕塑家中最为人知的是杨惠之。杨惠之是开元、天宝年间人。据说原来曾和吴道子一同师法六朝名画家张僧繇派的绘画，达到了同样的水平。但后来吴道子成了名画家，他为了避免和画友吴道子竞争，便放弃了绘画，专攻雕塑，"为天下第一"。时人说："道子画，惠之塑，夺得僧繇神笔路。"

"塑壁"技术和千手千眼佛的形象创造，据说都是由杨惠之开始的，其作品有京兆府长乐乡北太华观玉皇大帝像、汴州安业寺（大相国寺）净土寺院大殿内佛像和枝条千佛、东经藏院殿后三门两神像与当殿塑维摩居士像、河南洛阳广爱寺三门五百罗汉像及山亭院楞伽山、陕西临潼骊山福严寺塑壁、陕西凤翔东天柱寺维摩像、江苏昆山慧聚寺大殿佛像等。杨惠之的塑像合于相法，据宋人刘道醇《五代名画补遗》记载，他曾在长安塑造了演员留杯亭的彩塑像，并把它面向墙壁，摆在市集街道上，人们看了后背，就辨认出是留杯亭。后来各地都有一些塑像附会或传说为他的作品。

从某个方面来说，杨惠之和法国雕塑家罗丹（Auguste Rodin）有些相似，罗丹写作了《艺术论》（*L'art*），杨惠之也著有《塑决》一书。不同的是，罗丹的书流传于世并被奉为经典，而杨惠之的艺术总结散佚在历史长河之中。但确实可知的是，唐代出现了很多在当时受到重视的雕塑家，如武则天时期的尚方丞窦弘果、毛婆罗、苑东监孙仁贵等人。

窦弘果在洛阳大敬爱寺所塑的多尊佛像，被当作一时的名作。大敬爱寺更有工匠巧儿、张寿、张智藏兄弟和宋朝、陈永承、赵云质、刘爽等人的作品。另有张阿乾以善于拨蜡铸铜出名。这些雕塑家大多擅长绘画，名画家吴道子的徒弟如张爱儿、王耐儿就从事捏塑及石刻。另外，还有因塑光明寺中鬼子母与文惠太子像而出名的工匠李岫，以造道宣像出名的韩伯通，塑九子母出名的刘九郎，以及其他留下名字的工匠员名、程进、张宏度等。

　　在制作佛像的时候，还有一种罕见的古老手工技艺叫"干漆夹纻"，它采用生漆、苎麻布、细瓦灰、五彩石粉等为原料，经过夹纻、阴干、上灰底、涂漆、打磨、髹漆研磨、装饰等四十八道工序完成。其做法是先以木头大概雕成佛像内胎，或以木柱为芯，敷泥、土或石膏塑成内胎，然后用生漆调瓦灰作为黏剂，在其上裱贴苎麻布，再刷漆糊布，如此交错相叠若干层，等到干固后，划开一道口子把内胎挖出，留下中空的漆布雏形，再施以表面的细部加工。纻是一种麻属科植物，即苎麻。唐释慧琳注《释迦方志》卷上"夹纻"条注云："按《方志》本义，夹纻者，脱空像漆布为之。"后世称干漆夹纻为"脱胎"或"脱沙"漆器，又称活脱，可以说是最早的翻模技术。经过干漆夹纻工艺的处理，佛像质量轻巧，色彩鲜艳，呈现出一种光润亮泽的质感，并且不易开裂、变形，能更好地保存佛像原本的神韵、细腻的纹路和流畅的衣纹。

　　"干漆夹纻"造像工法繁复耗时，因此历史上并未大规模使用，但其精美使得这种工艺造型下的佛像，具有了一种恒远的艺术价值。目前，我们已知的四尊唐代干漆夹纻佛像，分别存在美国纽约市大都会艺术博物馆、美国华盛顿特区弗利尔美术馆暨塞克勒美术馆、美国巴尔的摩市沃尔特斯美术馆以及日本（原藏山中商会，已不知去向）。它们都出自河北正定县隆兴寺（大佛寺）。

　　唐天宝年间，扬州大明寺住持鉴真东渡日本弘法，也带着干漆夹纻造像的匠人同行，在奈良唐招提寺制造了日本第一尊干漆夹纻佛像（丈六本尊卢舍那佛像）。从此，这门手工技艺便传入彼邦。鉴真圆寂后，弟子如宝、思托等人也采用干漆夹纻工艺为他恭造真容像。这尊鉴真和尚坐像，一千多年来一直被精心供奉，迄今尚存于唐招提寺。

第八章　未能皈依的寺庙

△ 唐干漆夹纻佛像 | 美国大都会艺术博物馆藏

△ 唐干漆夹纻佛像 | 美国克利夫兰艺术博物馆藏

第八章 未能皈依的寺庙

印度僧人

西游的唐僧玄奘带回了大量的佛法和见闻，还让印度的僧人看到了更远的东方，于是在玄奘之后，东游的印度僧人也来到了大唐。最著名的是金刚智、善无畏和不空三位僧侣，他们在玄宗时代被称为"开元三大士"。

金刚智是中天竺刹利王伊舍那靺摩的第三王子。他十岁能背诵婆罗门的经典，后来在中天竺那烂陀寺出家，随寂静智学习《声明论》，十五岁到西天竺留学，回到那烂陀寺后，于二十岁受具足戒。据说金刚智学成密法之时，正值南天竺久旱不雨，国王为此迎请金刚智到宫中求雨。果然，不到数日，天降大雨。国王欢喜，金刚智因而受到至高供养及诸大臣、百姓的崇拜。开元初，金刚智取海路到中国，携带《大般若经》和其他各种佛典，以及天竺的七宝器具和许多名贵香料珍品，路经锡兰、苏门答腊，于三年后，开元七年（719），抵达广州，建立密宗灌顶道场，开始弘扬密教。次年，金刚智来到洛阳、长安，面谒玄宗，成为大唐国师，得以积极从事密教经典的翻译，并传授密法。他译有《金刚顶经》《瑜伽念诵法》《观自在瑜伽法》等八部十一卷。金刚智所到之处，必建金刚界大曼荼罗灌顶道场，有时奉敕为国祈雨，或为妃嫔、公主加持除病等。开元二十九年（741），金刚智奏请返回天竺，经玄宗准许后，便动身返乡。金刚智到了洛阳广福寺，因病而示寂，世寿七十一岁，法腊五十一，葬于龙门。

善无畏出生于东天竺乌荼国，是释迦牟尼的叔父甘露饭王的后裔，他十三岁登王位，施行仁政，深得爱戴，后因诸兄嫉妒其贤能而引起内乱。善无畏勇猛镇暴，曾为流箭所伤，但仍大赦其兄，并让出王位。他因感悟世间无常，毅然出家学佛。开元四年（716），善无畏以八十岁高龄抵达长安，玄宗礼他为国师。他奉诏住兴福寺南塔院，后移西

◁ 不空和尚碑（拓片）［唐］佚名

第八章　未能皈依的寺庙

明寺。

兴福寺是一个诡异的寺庙，唐人张读《宣室志》卷十记载："长安兴福寺有十光佛院，其院宇极壮丽，云是隋所制。贞观中，寺僧以其年纪绵远，虑有摧圮，即经费计工，且欲新其土木，乃将毁撤。既启户，见有蛇万数，连贯在地，蛇蟠绕如积，摇首呿㖞，若吞噬之状。寺僧大惧，以为天悯重劳，故假灵变，于是不敢除毁。"这一场万蛇大示威，拒拆古建筑的惊魂记，玄得很。

不空便是不空金刚，据说他是狮子国（今斯里兰卡）人，幼年时便来到大唐，后来成为中国密宗创始人之一。他曾经为玄宗灌顶，而且自玄宗迄代宗，皆为灌顶国师，官至鸿胪卿，封肃国公。

《酉阳杂俎》卷三记载了这么一件事情："唐玄宗尝诏术士罗公远与僧不空同祈雨，校功力。俱诏问之，不空曰：'臣昨焚白檀香龙。'上命左右掬庭水嗅之，果有檀香气。"皇帝让术士与和尚斗法，结果不空赢了，因为他说自己昨天施行"人造雨"时，燃烧的是白檀香龙，而落在庭院中的雨水果然有这种檀香气。

印度出产的最重要的香木便是白檀香，而白檀香油正是人类历史上唯一从两千年前一直流行到现在的重要香料。白檀香木约有十米高，树龄小的植株并不怎么香，一直要到树龄三十年，才会产生珍贵的白檀香油。长成的白檀香木树心质地细腻有光泽，故有"植物象牙"之称，高级白檀香油正是取自树心部分。白檀香油色黄有黏性，味道闻起来香甜怡人，古天竺有一种香叫作"Chavela"，就是由白檀香加入鸢尾、芦荟、地衣等制成。白檀香香味持久，还是极佳的定香剂，它在现代香水中有崇高的地位。

罗公远是唐代有名的道士，据说会隐遁之术，玄宗十分羡慕，要跟他学隐形，结果被他严词拒绝："陛下……岂可以万乘之尊，四海之贵，宗庙之重，社稷之大，而轻狗小术，为戏玩之事乎？若尽臣术，必怀玺

入人家，困于鱼服矣。"（《太平广记》卷二十二）

据《宋史·艺文志》著录，罗公远（永元真人）与僧侣一行（六通国师）、道士叶法善（光辩天师）合注《天真皇人九仙经》一卷，此经已散佚，今天可以读到辑本。在这本讲炼金丹、成仙侠、炼五脏、修元气的奇怪的书中，讲到了"九仙"。什么是神仙？在另一部《真龙虎九仙经》中，罗公远做了解释："身隐凡世，神气俱灵，出入分明，曰神仙也，亦曰气仙，来去自在。"原来神仙也修的是凡人。

遥远的踪迹

唐武宗会昌五年（845）三月，皇帝敕令不许天下寺院建置庄园，又令勘检所有寺院及其所属僧尼、奴婢、财产之数。同年四月，唐帝国境内的僧尼不论有牒或无牒，皆令还俗；一切寺庙全部摧毁；所有废寺的铜像、钟磬悉交盐铁使销熔铸钱，铁交本州岛铸为农具。八月，下诏宣布灭佛结果："天下所拆寺四千六百余所，还俗僧尼二十六万五百人，收充两税户；拆招提、兰若四万余所，收膏腴上田数千万顷，收奴婢为两税户十五万人。"千年的历史过去了，大唐消失在风云中，那些遍布帝国的寺庙、僧侣以及依赖寺庙为生的庄园都已经面目全非，难寻踪迹。

20世纪30年代，一个偶然的机缘，在敦煌第117号洞窟中，梁思成发现有一幅唐代壁画"五台山图"，上面绘制了佛教圣地五台山的全景，并指出了每座寺庙的名字。其中有一座叫"大佛光寺"的建筑。这让他看到了发现唐代建筑的希望。按图索骥，梁思成和夫人林徽因骑着毛驴跋山涉水，开启了寻觅唐代木构古建的旅程，佛光寺从此成为第一座被发现的唐代木构建筑"活化石"。

目前中国仅存唐代建筑四处，全部在山西省境内，而且全部是寺庙

第八章 未能皈依的寺庙

251

建筑。规模较大的南禅寺和佛光寺在五台县,其余两座是平顺县的天台庵和芮城县的广仁王庙。这很难说不是历史留给我们的机缘,宫殿楼台别业都消失了,唯有隐藏在山野的和宗教有关的建筑,被底层人小心翼翼地供奉。

在洛阳,出潼关南游或东行时,帝国最负盛名的白马寺是唐人必经之地。和武则天有暧昧绯闻的薛怀义曾经在这个花开见佛的寺庙当过住持,当时白马寺出门直抵洛河北岸,寺周围河水环绕,寺内殿阁辉煌,梵音袅袅。实际上,在没有隋唐地表建筑,只有遗址的洛阳,今天的白马寺更多是洛阳的一个符号,储存着历史的片段一幕幕在每一个来到的人的脑海里播映。外面的世界喧嚣,依然车流不息,身后香烟缭绕,经声缠绵悱恻,白马寺在城市的狭隙里固守一片天空。

在扬州,大明寺作为"清代"古建筑,被国务院批准列入第六批全

△ 敦煌壁画《五台山图》

△ 大佛光之寺

第八章 未能皈依的寺庙

国重点文物保护单位名单；在杭州西湖畔，唐代招贤寺的遗址自从北山路改造后，已成了生意红火的"大宅门"酒店；在西安，全盛时期的唐代规模最大的寺庙，北宋人宋敏求《长安志》卷七称其"尽一坊之地""寺殿崇广，为京师之最"的大兴善寺，变成了一间很普通的寺院。1924年，康有为到西安，曾慕名来这里参观，只见一片破壁残垣，不禁感慨道："怅惘千房今尽毁，斜阳读偈证真空。"

日本存有一座伟大的唐代建筑——唐招提寺，这个和"唐"有着千丝万缕联系的寺院，伫立在奈良以西，秋川的流水之旁，森林之中。画家和散文家东山魁夷在《通往唐招提寺之路》一书中说："通往唐招提寺之路是一条漫长的道路，即使我贴近唐招提寺，可实际上还在极为遥远的地方。"这种感觉其实也是中国人面对唐朝的感觉，"南朝四百八十寺，多少楼台烟雨中"。

第九章　最后的长安

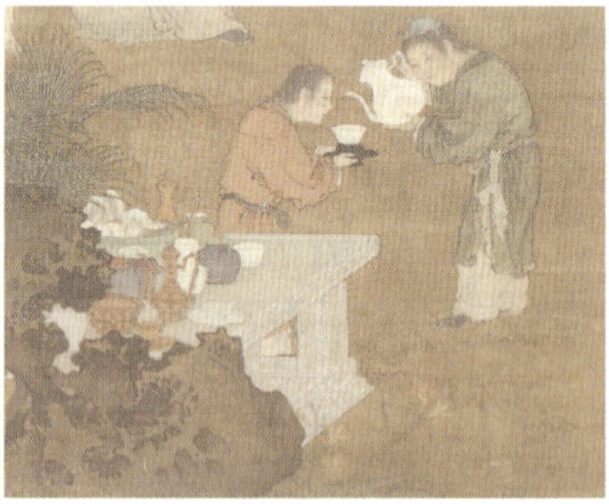

人间之都

长安是上帝将天上的威严投射到大地上的人间之都。唯有一人受天之命，成为在大地上统治人间的代表"天子"，长安便是为天子统治人间而建立的王都。这是一座曾经异常繁华的历史之城。而今天要说的，并非它的繁华，而是它的惆怅。每一座有历史的城市，都有无数的惆怅沉积。比如洛阳，比如金陵，比如长安。

千年之前，它已成为世界上最繁华的城市之一。今天的人们走过颗粒感很重的西安，已经无法想象那些车马的喧哗和精致的宫殿。每一个对长安怀有乡愁的人，对它的印象或多或少都有些惆怅。

这种莫名其妙的惆怅，在一首并不著名的唐诗《长安古意》中最为突出。《长安古意》是唐代诗人卢照邻的代表作，其中有青牛白马的七香车，有空空落落的浮华，但让人数年来嚼味心头，越发不忍卒读的句子，只有四句："寂寂寥寥扬子居，年年岁岁一床书。独有南山桂花发，飞来飞去袭人裾。"

我们熟知的长安由外郭城、宫城和皇城三座相连的城池组成，所有城墙均为夯土筑成，十分高大雄伟。外郭城为一大长方形，面积约八十四平方公里，每面各有三个城门。皇城和宫城在外城郭北部中央，宫城在北，皇城在南，是唐长安城的核心。皇城又名子城，是政府机关所在地，宫城是皇帝和皇族居住及处理朝政的地方。如此大的城市，每天却按部就班照着自己的秩序运转——承天门击晓鼓，听击钟后一刻，鼓声绝，开启皇城门、京城门；第一咚咚声绝，开启宫城门、左右延明门及乾化门；

第九章　最后的长安

第二咚咚声绝，开启宫殿门。夜幕降临，第一咚咚声绝，关闭宫殿门；第二咚咚声绝，关闭宫城门、左右延明门、皇城门及京城门。承天门击鼓，皆听漏刻契至乃击；待漏刻所牌到，鼓声乃绝。京城门与皇城门在同一时刻开关，宫城门在其前关，其后开。(《唐六典》卷八)

这个庞大的城市有着诸多的城门、宫门、阙门、殿门及阁门，每天开启和关闭这些门，就要花费数小时的时间，但唐人遵循这样的"开阖之节"，以一种缓慢流逝的时间观来过自己的生活。皇帝和政治家们栖息在长安灯火通明的大明宫，演绎着惊心动魄的故事，像一只鸟无数洁白的羽毛一样一片一片飘下来；后宫的女人则在太液池边的亭台楼馆中，消磨着年华；百姓奔走在坊市间讨生活；在长安的外面，胡人的驼队络绎不绝，秀才骑着驴上京赶考，女子在灞水边浣衣……

每天长安的晨曦中，排队在这座城市南边的明德门外的人是最多的，这座长安的南大门是外郭城中唯一有五个门道的城门，五门道同宽同高，各由十五对直立的排柱和十五道木梁架构成梯形城门道顶，门楼数为东西十一间，南北三间，城门外面并有门外廊，上面绘有红彩的砖块和粉面彩皮的瓦当，远远看去，异常鲜艳壮美。

每逢皇帝登基，或冬至、正月上辛与孟夏之时，所有的人都要沐浴斋戒，皇帝亲率百官从远在长安城北的宫殿，乘坐玉辇一路浩浩荡荡往南。到了明德门，常年封闭的当中一门缓缓打开，这是专供皇帝通行的御道，这个门道内的石门坎极其精致，上面刻有流畅的卷草花纹，线雕鸳鸯，顶面还有浮雕的卧狮。皇帝礼节性地走过这道门，前往明德门外的圜丘坛进行祭天活动。礼毕归来，复入明德门，鼓乐高奏，导引回宫。这是皇帝难得的出宫机会，也是百姓难得的一见皇家威仪的时刻，长安城笼罩在一片端庄与祥和之中，令那些远来的人，感受到一种深深的震撼和灵魂的肃穆。

进了明德门，便是长安的天街——朱雀大街，这条街宽约一百五十

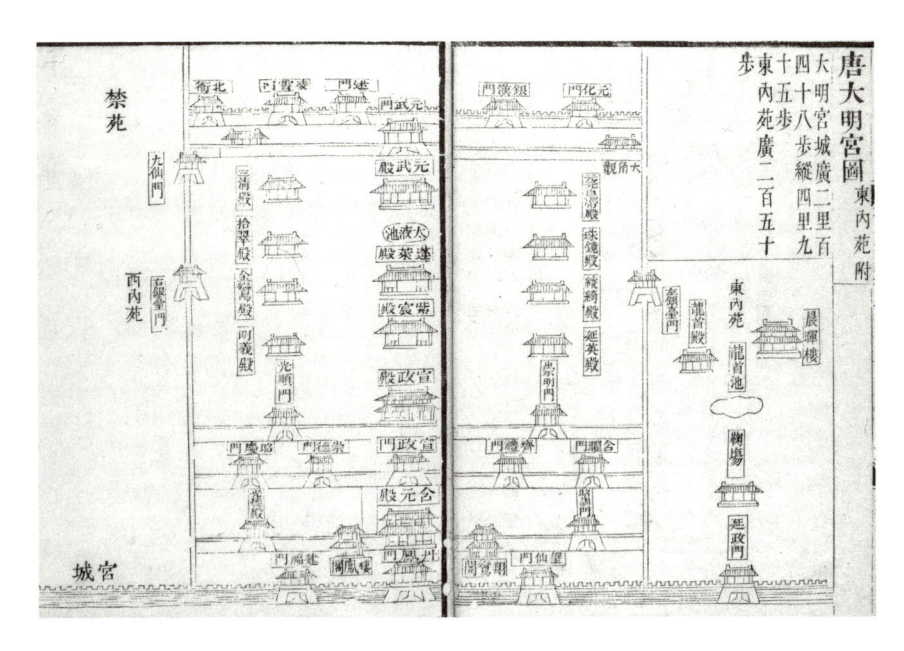

△ 《长安志》所载《唐大明宫图》

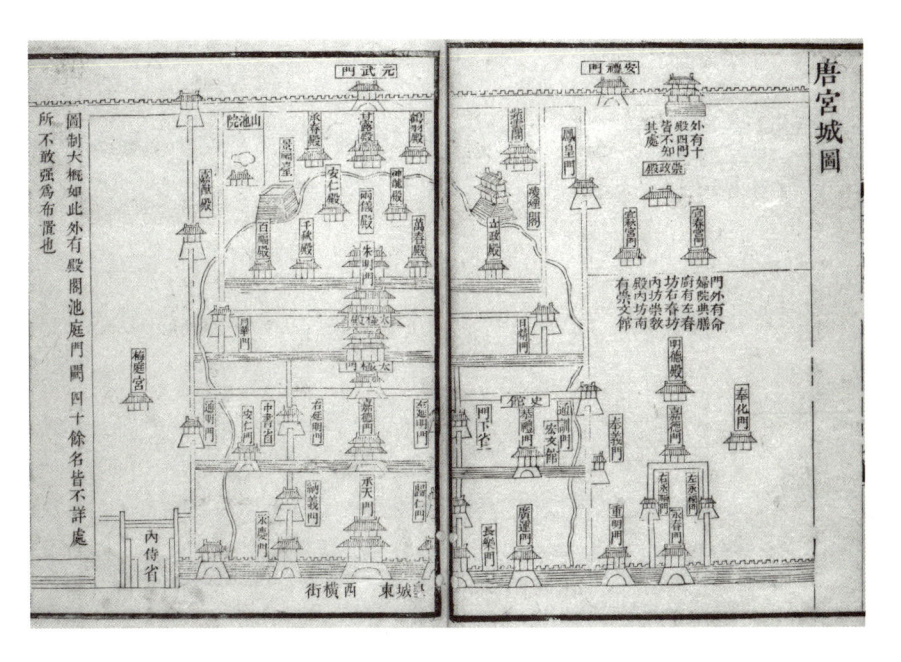

△ 《长安志》所载《唐宫城图》

第九章　最后的长安

米，长五千米，走完这条街需要一个小时。这条笔直的大道连接着皇城之朱雀门，宫城之承天门，是长安的中轴。这种中轴对称布局带来的震撼，我们今天在凡尔赛宫还可以领略到。作为古典欧式建筑的代表，法国凡尔赛宫谨遵对称原则，十字形水渠和水池位于中轴线，两侧喷泉、坛植、池沼、雕像一一对称展开，修剪成几何图形的花草树木整齐地排布于园林中，整体感觉严谨而井然有序。朱雀大街这种恢宏的布局，被后世称为理性美的典范。

朱雀大街的路面构造一般取中部略高，两侧较低，略呈弧形，以便于及时排除积水。长安城中的街道，全是黄土路面，作为主干道的朱雀大街也不例外，因此，遇风则尘土飞扬，逢雨则泥泞不堪，故此，杜甫有"长安秋雨十日泥"的诗句。为了避免尘土飞扬和道路泥泞，唐朝政府就在一些通衢大街路面之上，铺撒细沙甬道，称为沙堤。但由于路面很宽，所铺沙堤，仅是路面中间或是两旁够一轨行车的甬道，所需的细沙是由官牛、官车从东郊浐河中载运而来。朱雀大街两旁，排列着高大的中国槐树。每年夏天，这些槐树便会茂盛生长，以当南日，当唐人从它们下面走过的时候，清风徐来，即可感受到一种透心的阴凉。所以民间又称朱雀大街为"槐街"。

春天的慵懒

朱雀大街的尽头便是连绵的宫城和皇城，皇家的宫殿雄壮、华丽、肃穆，门禁森严，有着不可替代的压迫感。在长安城内，以太极宫、大明宫、兴庆宫形成的宫殿群，是中国历史上最庞大的宫殿建筑群落，尤其是大明宫依山而建，雄伟壮丽，为后世留下了难以磨灭的思念，这座"银烛朝天紫陌长，禁城春色晓苍苍"（贾至《早朝大明宫》）的宫殿似乎总是有一种春天的慵懒气氛在整个朝堂上弥漫。

大明宫的正殿含元殿,坐落在三米高的台基上,整个殿高于平地四丈。远远望去,含元殿背倚蓝天,高大雄浑,慑人心魄。皇帝在含元殿听政,可俯视脚下的长安城。殿前有三条"龙尾道",是地面升入大殿的阶梯。龙尾道分为三层,两旁有青石扶栏,上层扶栏镂刻螭头图案,中下层扶栏镂刻莲花图案,这两个水的象征物是用来祛火的。或许在某个春天的傍晚,高宗李治和武则天曾经站在含元殿的殿脚,神情倦怠地看着殿外的光影与飞絮,殿外城南的大慈恩寺浮屠和曲江的楼亭若隐若现。

长庆四年(824)四月,十六岁的唐敬宗李湛即位,他热衷于马球运动,昼夜不停歇,以致宫城外的平民都知道皇帝怠政,志不在此。于是有两个蓬头的长安黔首希望进入大明宫,睡一睡皇帝的卧榻。他们一个是官营染署的役夫张韶,另一个是在长安街头卜卦的苏玄明。

《资治通鉴》卷二四三记载了这一事件的全部过程。长安卜术士苏玄明和朝廷染坊的供役人张韶关系亲近,苏玄明对张韶说:"我为你占卜了吉凶,你将来应当进宫升殿而坐,与我共食,同享富贵。现在皇上昼夜踢球游猎,大多数时间不在宫中,可以图谋大事。"张韶认为言之有理,于是,和苏玄明在暗地里交结染坊工匠无赖者一百多人。丙申(十七日),他们把兵器藏在紫草车上,打算运进银台门,趁夜黑时作乱。还未到达目的地,有人怀疑他们的车超重,加以盘问。张韶着急,立即杀死盘问者。然后,和他的同党换去外衣,手握兵器,大喊着直冲宫中。

敬宗这时正在清思殿踢球。宦官们发觉有人向宫中冲来,大为吃惊,急忙跑进来关闭宫门,然后奔去向敬宗报告。顷刻间,张韶等人攻破宫门,冲入宫中。原先,敬宗宠爱右神策军护军中尉梁守谦,每次左、右神策军比试武艺,敬宗常常为右军助威。这时,敬宗狼狈不堪,想到右神策军营中避难,左右侍从说:"右军路远,恐怕半路遇上盗贼,不如到左军近。"敬宗同意。左神策军护军中尉、河中人马存亮听说敬宗驾临,

◁ 蹴鞠图 南宋 马远（传） 美国克利夫兰艺术博物馆藏

急忙跑出军营迎接，他两手捧住敬宗的双脚哭泣不已，亲自把敬宗背到军中，然后，命大将康艺全率骑兵入宫讨伐乱党。敬宗担心太皇太后郭氏和他的母亲皇太后王氏留在宫中有危险，马存亮又派五百名骑兵把两位太后接到军中。

张韶登上清思殿，坐在皇帝的御榻上，和苏玄明一同吃饭，说："果然像你说的那样！"苏玄明大惊，说："难道你所企求的就是吃吗？"张韶畏惧而逃。正在这时，康艺全和右神策军兵马使尚国忠率兵到达，合击敌人，杀张韶、苏玄明及其同党，尸体遍地。直到夜里皇宫方才安定，张韶的余党"犹散匿禁苑中"，第二天全部被擒获。

太极—大明—兴庆宫殿群之广大令人吃惊，造反者极有可能藏在大明宫的北部，这里是皇家苑囿，建筑布局疏朗，形式多样。其中的太液池又名蓬莱池，面积约一万六千平方米。水池的形状接近椭圆形，在池内偏东处有一土丘，高五米多，称作蓬莱山。池的沿岸建有回廊，附近还有多座亭台楼阁和殿宇厅堂。而事发时间是农历四月中旬，长安正值草长莺飞、烟花漫天的时节，这个宫殿群的角角落落，或许那些直到红颜苍老仍不得出宫的宫女都未曾走遍。

坊　事

以朱雀大街为界，长安分为东西两部分，街东归万年县辖，街西归长安县辖。唐长安、万年两县是京畿地区的两个重要县域，县治均设于长安城内，《旧唐书》卷三十八《地理一》云："都内，南北十四街，东西十一街。街分一百八坊。坊之广长，皆三百余步。皇城之南大街曰朱雀之街，东五十四坊，万年县领之。街西五十四坊，长安县领之。京兆尹总其事。"

1961年，都市计划界的传奇人物简·雅各布斯（Jane Jacobs）在《美国大城市的死与生》(*The Death and Life of Great American Cities*)中这样描述城市街道的生活形态："孩子们在街头空间嬉戏玩耍，相识的人在街边店铺前散步聊天，街坊们在上班途中互相点头致意……"雅各布斯的"街道"似乎带着乌托邦式的淡泊和恬静，与现代喧嚣嘈杂的城市现实相去甚远，但是，在最后，她不得不承认，街道其实就是城市中最富有生命力的器官。

长安的这些一百零八坊便将城市分割为无数的街道，这些街道排布整齐，"百千家似围棋局，十二街如种菜畦"（白居易《登观音台望城》）。即使如此，也给人一种纵横交错的迷宫般的感觉，这些网格般的坊，都有着坊墙，如同今天城市郊区的大型楼盘，呈现出一种围合式的布局，而且面积很大，在规模上相当于一个古代县城。因此，在这庞大的长安城中，如果从南到北，或者西向东，去办事情、走亲戚、旅行，步行的话，中途或许需要找一家客栈打尖才得以完成。因此，在唐代，很多平民或许终生只在坊内或临近的坊活动，长安城对于他们而言，是一个庞然大物。他们一生都在这座城市里度过，但对于这座城市的了解永远难以达到全面。

唐长安城中林立的寺院散落在这些坊之间，每坊至少有一个寺庙，不少寺庙还建有佛塔。这些寺庙是长安人的公园，寺观内部各种殿堂的绿化园林，定期向公众开放，发展为中国古典园林的一个独特类型——寺观园林。高耸的寺塔、阁楼和流水淙淙的园林突破了坊墙的遮挡，成为唐人重要的社交场所，也是婚外恋或者邂逅的场所。唐代小说家李公佐的《南柯太守传》有这么一段："又七月十六日，吾于孝感寺侍上真子，听契玄法师讲《观音经》。吾于讲下舍金凤钗两只，上真子舍水犀合子一枚。时君亦讲筵中于师处请钗合视之，赏叹再三，嗟异良久。顾余辈曰：'人之与物，皆非世间所有。'或问吾氏，或访吾里。吾亦不答。情意恋恋，瞩盼不舍。君岂不思念之乎？"中元节前后，少年利用在孝感寺听和尚讲经的机会，专心打探女子的名字和居处。这在当时也是风俗，因为去寺庙烧香、听经是当时仕女们为数不多的出门的借口，而青年们频繁往寺院里跑的一个很大的动机，也是物色年轻女子。

在坊里的住宅建筑中，贵族高官的宅第豪华奢侈，宜阳坊虢国夫人的"合欢堂"花费千万钱，曾有暴风拔树砸到堂顶，竟无损伤，原来陶瓦覆盖下皆用精致的木瓦铺垫，其中木构技术令后人难以推测。安仁坊元载修建的"芸辉堂"，采用于阗出产的洁白如玉、入土不烂的芸辉香草碎屑泥壁，这种草本植物用于建筑装修的具体方法，至今不明。长庆四年（824）九月，唐敬宗继位之初，波斯商人李苏沙千里迢迢专门献上沉香木料，在长安盖了别具匠心的沉香亭子，其独特的构建技术已无记载。

在长安城内，唐人充分利用东南高、西北低的地势，开凿了五条管道，把城外八条河流的水引到城中。这五条管道分别是龙首渠、清明渠、永安渠、漕渠、黄渠，水渠流经长安的各个坊，每日清晨，坊内的居民或者在水井中打水，或者在水渠中取水，满足日常的饮用和洗濯。今天，西安仍然有唐代长安城唯一留存至今的含光门遗址下水道"过水涵洞"以及十数口唐代水井遗址。

坊内每户人家的院子后面还有一口"渗井"，这种井直径大约为五十厘米，深度大约为四米，日常的生活污水就随时流入其中。由于长安的土壤疏松，吸水力很大，经过一段时间，污水在井中就会慢慢被井壁的土壤吸收，而水中的不溶物质就会沉淀下来，待到污物堆满井中的时候，就可以直接把这口井封死，重新挖一口井。

尽管长安城内有着百万以上的唐人，但这座城市的范围还是足够庞大，它并非全部都是住宅相连，坊内居住起来很宽敞，于是城中便遍布

△ 大明宫图（局部）| 元 | 王振鹏（传）| 美国大都会艺术博物馆藏

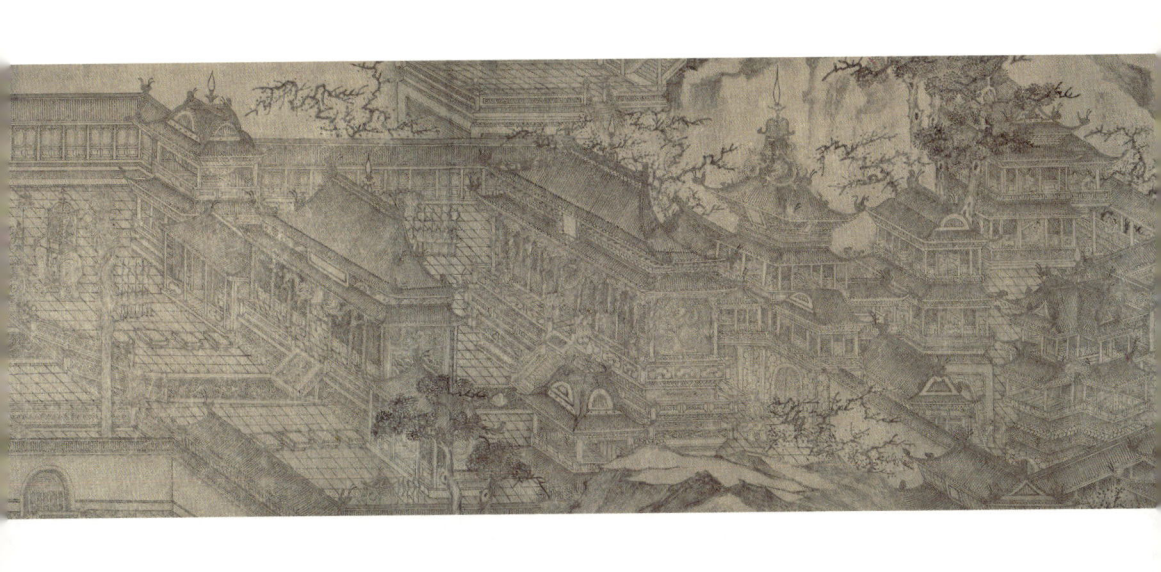

第九章　最后的长安

果园、菜园和小块的田地。很多属官家所有的园子便在各坊内。徐松的《唐两京城坊考》记载:"次南昌乐坊……官园。坊西官园,供进梨花蜜。""(光宅坊)横街之北,光宅寺……《寺塔记》:光宅寺。本官蒲(葡)萄园。""次南升平坊……西北隅有乐宫药园。"其收成专门供应皇宫或官署日常所需。由贵族、官僚、寺观、私人拥有的农田园圃亦不在少数,以种植五谷果蔬为主,甚至兼具观光休憩的功能。比如"修德坊……西北隅兴福寺……寺北有果园,复有藕花池二所",夏日的长安,这里是唐人游玩赏荷的好去处。

在长安,还有人靠种树发家致富,最终一发而不可收。《太平广记》卷二四三引《乾馔子》,记载了唐德宗年间长安富商窦乂的发迹史:"扶风窦乂年十三,诸姑累朝国戚。其伯检校工部尚书交闲厩使、宫苑使,于嘉会坊有庙院……五月初,长安盛飞榆荚,乂帚聚得斛余。遂往诣伯所,借庙院习业,伯父从之。乂夜则潜寄褒义寺法安上人院止,昼则往庙中。以二锸开隙地,广五寸,深五寸,密布四千余条,皆长二十余步。汲水渍之,布榆荚于其中。寻遇夏雨,尽皆滋长。比及秋,森然已及尺余,千万余株矣。及明年,榆栽已长三尺余。乂遂持斧伐其并者,相去各三寸。又选其条枝稠直者悉留之,所间下者,二尺作围束之,得百余束。遇秋阴霖,每束鬻值十余钱。又明年,汲水于旧榆沟中。至秋,榆已有大者如鸡卵。更选其稠直者,以斧去之,又得二百余束。此时鬻利数倍矣。后五年,遂取大者作屋椽。仅千余茎,鬻之,得三四万余钱。其端大之材,在庙院者,不啻千余,皆堪作车乘之用。此时生涯已有百余。自此币帛布裘百结,日欺食而已。"

五月初,正是京城长安榆钱黄熟的季节,满城飞落着。窦乂扫聚到榆钱十余斗,然后到伯父家,说他要借用嘉会坊的宗祠院子学习功课。伯父答应了他。窦乂每天晚上都偷偷寄宿在附近的褒义寺法安上人院中,白天则回到宗祠来,用两把小锹(这是他变卖舅舅送的一双丝履,

唐长安城里坊示意图

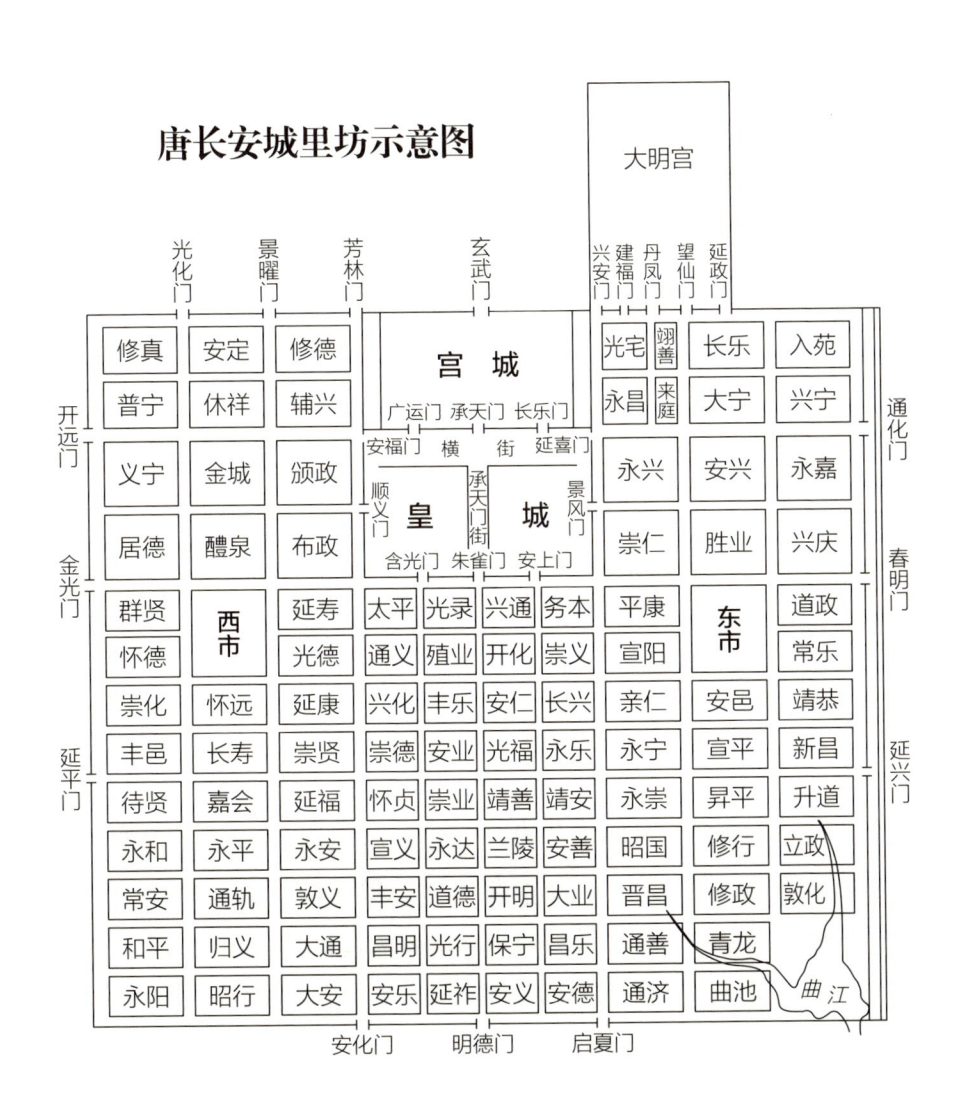

			宫城			大明宫		

城门（自外环顺序）：光化门、景曜门、芳林门、玄武门、兴安门、建福门、丹凤门、望仙门、延政门；开远门、金光门、延平门；通化门、春明门、延兴门；安化门、明德门、启夏门

修真	安定	修德	宫城		光宅	翊善	长乐	入苑
普宁	休祥	辅兴			永昌	来庭	大宁	兴宁
义宁	金城	颁政	皇城		永兴		安兴	永嘉
居德	醴泉	布政			崇仁		胜业	兴庆
群贤	西市	延寿	太平	光录	兴通	务本	平康	东市	道政
怀德		光德	通义	殖业	开化	崇义	宣阳		常乐
崇化	怀远	延康	兴化	丰乐	安仁	长兴	亲仁	安邑	靖恭
丰邑	长寿	崇贤	崇德	安业	光福	永乐	永宁	宣平	新昌
待贤	嘉会	延福	怀贞	崇业	靖善	靖安	永崇	昇平	升道
永和	永平	永安	宣义	永达	兰陵	安善	昭国	修行	立政
常安	通轨	敦义	丰安	道德	开明	大业	晋昌	修政	敦化
和平	归义	大通	昌明	光行	保宁	昌乐	通善	青龙	
永阳	昭行	大安	安乐	延祚	安义	安德	通济	曲池	曲江

第九章　最后的长安

269

得五百钱，偷偷到铁铺打造的生财工具）开垦院子里的空地，挖成宽五寸、深五寸的浅沟共有四千多条，每条长二十多步。打水浇灌，将榆钱播种在沟内。过几天下了一场夏雨，每条沟里都长出了榆树苗。等到秋天，小树苗已长到一尺多高，很是茁壮，共有榆树苗一千万多株啊！到了第二年，榆树苗已长到三尺多高。窦乂手持利斧间伐树苗，株距三寸，挑选枝条茁壮直挺的留下来。间伐下来的小榆树，窦乂将它们捆成二尺粗的柴捆，共有一百多捆。这年秋天，天气阴冷，连降大雨。窦乂将这一百多捆榆柴运到集上去卖。每捆卖钱十多枚。第三年，窦乂依旧为榆苗提水浇灌。到秋后，榆树苗有的已长成鸡蛋那么粗了。窦乂又挑选枝干茂盛的留下来，用斧砍间伐，又得榆柴二百多捆。这时卖了，已获利好几倍。又过了五年，当初种植的小榆树苗已经长大成材。窦乂挑选粗大的，伐下来制成盖房屋用的椽材一千多根，卖得三四万钱。枝干大的，制成可打造车乘的木料一千多根，堆在宗祠院子里等待机会出售。到这时，窦乂的生活用度已经非常富裕，钱财、绸缎、布匹、皮衣，样样不缺，只有每天吃的食物需要现买而已。

唐人卢肇《逸史》记载，大历年间，有王员外好道术，一位叫裴老的修道者约他在兰陵坊西边的大菜园后相见。兰陵坊就在今西安市小寨十字的西南，汉唐书城对面的一大片地方。韩愈老夫子的家，就在小寨十字东北角。从隋代开始，小寨这个地区就属于长安县管辖。唐因隋制未改。唐代以后，只有朱温的后梁将县名改成大安，到后唐又改回长安县。一直到民国初年，这里都是长安县的辖境。今天，小寨成为西安城南的商圈和商业街的组合，这一法国诗人波特莱尔（Charles Pierre Baudelaire）眼中的"商品的迷宫"，每天来往的行人摩肩接踵。而离这里不远的唐代长安城南门明德门，则成为地地道道的地名，遍布小区。长安，已经模糊成了电视塔更南边的那个西安下属的行政区。

时间的流转

长安的时光流转在唐帝国二百余年的每一个角落，无数的诗人、豪客、士子从四面八方涌入这里，又都四散而去，更多的不知名的人把一生都耗费在这座城市里。于是，长安春夏秋冬四季的流转，成了见证光阴最好的印鉴。在季节的轮换中，长安如火、如膏、如芒，深埋在每一个唐人的心中。

春天，长安城外的终南山郁郁葱葱，暖温带半湿润大陆性季风气候让树木、灌木、藤类、青草、蕨类、地衣茂盛生长，从秦岭一直蔓延到长安城南。这是长安人出门踏青游玩的季节，城东南的乐游原上，玫瑰和苜蓿相映成辉。据葛洪《西京杂记》卷一载："乐游苑自生玫瑰树，树下多苜蓿。苜蓿一名'怀风'，时人或谓之'光风'，风在其间，常萧萧然，日照其花，有光采，故名苜蓿为怀风。茂陵人谓之'连枝草'。"乐游原的所在，乃今西安市北池头、铁炉庙一带（唐朝名为"修政坊"）的高地。千年之前，在这片可以远望皇家别业的原上，有人为不能等大雁塔题名而嗟叹不已，有人为睹踏春的西市丽人惆怅不已，还有野宴的女子心中怀春，如小鹿啾啾。在晴翠的荒野中，远来的李商隐驱车登上乐游原，悲由心生，写下了"向晚意不适，驱车登古原。夕阳无限好，只是近黄昏"的诗句，乐游原的落日是那么圆满。微风中，从渭北到江南，湖上的明月，打开了所有看得见它的人们的心扉。

唐人沈既济有一篇关于乐游原上狐仙的笔记小说《任氏传》，讲的是天宝年间一段生死恋。故事说长安有一人名叫郑六，一日骑驴过昇平坊北门，遇到三位妇人，其中有一位穿白衣的，容色尤为秀丽。郑六不禁心向往之，与白衣女子搭讪，那女子也不拒绝。郑六跟她一起到了她的住处，只见房屋修整，甚是华贵。女子置酒招待郑六，并留郑六歇宿。女子自称为任氏，美艳丰丽，歌笑俱绝。郑六不觉被其迷惑。任氏称郑六不便久留，天还未亮，就送他离开。

郑六见时候尚早，就坐在一家饼铺里休息，顺便跟主人闲谈，问方才任氏所居之处是谁家的宅子。饼铺主人却说那宅子荒废多年。郑六大骇，不肯相信。主人这才想起那宅子中住着一位狐仙，常诱惑男子同寝。

郑六心下惊异，不敢多说。但他对任氏的美艳无法相忘，过了十余日，偶然在西市衣铺里见到任氏，郑六连声招呼，任氏却以扇遮面，不肯回答。郑六再见佳人，心中大喜，立誓赌咒，并不因她是狐妖而嫌弃，任氏这才与他相见，欢会如初。

郑六另外买了一座宅子，与任氏同住，视之如妻室。后来郑六因官赴任，想带任氏一起去，任氏无论如何不肯同行。郑六再三恳请，过了很久，任氏才皱眉说，有个巫师说她今年不宜西行。郑六大笑，觉得这都是迷信妄言。不得已，任氏只好同行。当他们到马嵬时，任氏乘马走在前头，郑六乘驴跟随其后，婢女另有坐骑，在他后面。正好路上遇见了西门的官家养马人在洛川训练猎狗，一只苍犬自草丛中突然蹿出，任氏大惊坠马，化成狐狸狂奔，苍犬狂叫着在后面追赶。郑六悔恨交加，策驴在后连声呵斥，奔走了一里多路，见任氏死于苍犬之口。郑六倾囊而出，赎下任氏尸体埋葬，并削一块木头插在坟上做标记。他回首看见任氏骑过的马在路边悠然吃草，任氏的衣服散落在马鞍上，鞋袜还挂在马镫间，正如一只蝉蜕。只有首饰掉落在地，其他的就看不到什么了，连婢女也失踪了。

这大抵是中国古代关于狐仙的最早、最动人的小说了，文中虽有死别之悲，却无凭栏挥涕之颓，读之唯有陈年的寂寞、深深的寂寞。

夏天，长安酷暑难耐，急骤的暴雨亦最烦人。贞元二年（786）夏，某天，下了一场大暴雨。长安街道上水深数尺，吏部侍郎崔纵去上朝，结果在崇义里西门这个地方，被水围困，之后在水中漂浮了几十步远，街道两边店铺里的伙计看到后，呼叫着相继进到水中救他，才使他免遭一死。但是其他人就没有他这么幸运了。这一天长安溺死了好多人。

杜甫在《夏日叹》中说长安的夏天："飞鸟苦热死，池鱼涸其泥。"但对于豪门贵客来说，夏日却有着别样的风情。

流经长安北郊的渭水每岁结冰，权贵人家动用家奴、佃客去河面凿冰，把冰凌凿成长方形的冰块运回城中，放在宅院附近的地窖里。地窖深广，底部铺上柴草，四周立有木桩，把冰块一层层码好之后，再用厚厚的柴草和泥土封顶，风丝不透，里面的冰块不会融化。到了盛夏，挖开窖口，把冰块取出来，放在房间里，用冷气驱除暑气。王仁裕《开元天宝遗事》卷上记载："杨氏（国忠）子弟，每至伏中，取大冰，使匠琢为山，周围于宴席间。座客虽酒酣，而各有寒色，亦有挟纩者。其骄贵如此也。"把冰块雕琢成冰山模样，颇能引发人们的联想，心理上增加了寒冷的感觉。难怪宾客各有寒色，甚至有人盖上丝绵了。同书卷下又记载，杨国忠子弟还用这些冰块交结朝臣，"每至伏日，取坚冰，令工人镂为凤兽之形，或饰以金环彩带，置之雕盘中，送与王公大臣"。

衣冠人家当然无法如是豪奢，但亦可采买冰块做"土贡梅煎"，也就是酸梅汤畅饮。将玫瑰果、乌梅、山楂、冰糖、桂花同时放入水中浸泡十五分钟。然后大火烧开，改中小火烧三十分钟。第一煎的土贡梅煎就做好了。然后把第一煎剩下的原料倒出，兑上四斤清水，再按照第一煎的方法，大火烧开，改中小火烧三十分钟。第一煎浓，第二煎味道略淡一些。然后再把第一煎和第二煎的土贡梅煎混合在一起。最后，冷却后放入冰块，酸宜可口，唇齿生津。今日西安大街小巷常年都有酸梅汤卖，夏日喝一杯，的确消暑解渴。

秋天，长安一年中短暂但又最惬意的季节，穿薄衫，盖薄被，杜牧《长安秋望》云："楼倚霜树外，镜天无一毫。南山与秋色，气势两相高。"这是秋高马肥的季节，贵族三三两两出长安去狩猎游玩，章怀太子李贤

△ 宫沼纳凉图 | 宋 | 佚名 | 台北故宫博物院藏

△十八学士图之棋 | 唐 | 佚名 | 台北故宫博物馆藏

第九章 最后的长安

墓有一幅《狩猎出行图》，便记载了唐人狩猎的场景。前方以三名探路随从为导骑（其中一人持四旒红旗），两侧是执旗的卫士，稍后左右数十骑紧紧跟随。有的怀抱猎犬，有的臂上架鹰，有的马背上还携带猎豹、沙漠猞猁（狞猫），中间簇拥着一位骑高头大马、身着青衣（或谓紫袍）的骑者，这可能就是狩猎出行中的章怀太子。最后是两匹辎重骆驼和马队奔驰在山石和树林相间的大道上。

被两个卫士拥在怀里的褐红色猎犬，是中国古老的狩猎犬种——细犬，也叫细狗，原产地在波斯。这种唐代皇室御用的猎犬，头长而狭窄，颈部有足够的长度，结实而圆拱，美丽灵活呈弓形，宋人王禹偁《园陵犬赋》如此称赞它："嘉彼御犬，即良且驯。蒙先朝之乃眷，向宫室而托身。"这种身形优美的犬类，今天在关中平原的东部，仍然有少量存在。

△　唐章怀太子墓壁画《狩猎出行图》

冬天，漫天的风雪席卷飞舞，使长安城变成了一片白色的世界，那些高大的宫殿在雾气中若隐若现，晶莹剔透。开元十二年（724），到长安应考的祖咏在一日晴雪后远望终南山："终南阴岭秀，积雪浮云端。林表明霁色，城中增暮寒。"

普通的长安人家只能烧火取暖，好一点儿的家庭买一些终南山卖炭翁的木炭来用。《开元天宝遗事》卷上记述了唐代皇宫中取暖的场面："西凉国进炭百条，各长尺余。其炭青色，坚硬如铁，名之曰瑞炭。烧于炉中，无焰而有光。每条可烧十日，其热气逼人而不可近也。"至于豪门，则多会在大雪时节呼朋唤友，赏雪吃酒。女眷则一般用手炉取暖，这些银质的手炉呈椭圆形，里面搁火炭，炉外有罩，可以放在袖子里面暖手。

皇帝在冬天的时候，会去长安东约三十公里的华清池洗御汤，这座位于临潼骊山脚下北麓的皇家温泉宫殿，有一个飞霜殿，冬天温泉喷水，在寒冷的空气中，水汽凝成无数个美丽的霜蝶在殿宇间飞舞，异常美丽。皇帝的莲花汤是用莹彻如玉的范阳白石砌建，并以石梁为顶，横亘汤上，与古罗马浴场极其相似。在长安的外围遍布着大小的温泉，知名的有眉县西汤峪、蓝田东汤峪和临潼华清池，今天的西安，很多公共澡堂仍然用水罐车拉着温烫的温泉水来做洗浴的用水。

帝国的冬天

如此这般的四季交替变换，花开花落年复一年的安详生活的场景，构成了中国历史上最动人的关于长安的追忆，时间似乎凝固在了这个时代。然而，大盛伴随着大衰亡，这样的长安只维持了一百多年。

天宝十四年（755）十一月初九，安史之乱爆发。居长安数代的唐朝皇帝第一次因为战争抛弃了这座伟大的城市。自此直至唐亡，有四位皇帝九次逃离长安，仅仅是为了获得片刻的苟安。一再被抛弃的长安城，开始分崩离析，开始惶惶度日，开始满目疮痍，直至化为尘埃。

天宝十五年（756）六月十三日，西京留守崔光远、内侍高仙芝、监军边令诚等人，开城纳降，契丹人、安禄山大将孙孝哲率叛军轻而易举地进入长安。

定都洛阳的安禄山命令他的伪署官属，尽数掳掠了长安府库中的兵器甲仗、文物图籍，宣春云韶乐队、犀牛大象、舞马以及掖庭后宫也都被劫掠一空。安禄山还从长安抓来了梨园弟子数百人，据《明皇杂录·别录》记载："群贼因相与大会于凝碧池，宴伪官数十人，大陈御库珍宝，罗列于前后。乐既作，梨园旧人不觉歔欷，相对泣下，群逆皆露刃持满以胁之，而悲不能已。有乐工雷海清者，投乐器于地，西向恸哭。逆党乃缚海清于戏马殿，支解以示众，闻之者莫不伤痛。"

安禄山叛乱，唐玄宗来不及带上失宠的梅妃江采苹就出逃了。不久，长安城陷，梅妃失踪了。在《题梅妃画真》一诗中，玄宗写道："忆昔娇妃在紫宸，铅华不御得天真。霜绡虽似当时态，争奈娇波不顾人。"梅妃江采苹比杨贵妃进宫早十九年，她纤丽秀雅的风度令玄宗由衷敬佩，为之倾倒。玄宗皇帝在她居住的宫中，种植了各式各样的梅树，每当梅花盛开，便与梅妃流连花下，赏花赋诗，其乐融融。

在杨玉环去世之后，玄宗李隆基做了六年的太上皇。至德二年（757），玄宗由成都还长安，居兴庆宫（南内），后又迁居太极宫（西内）甘露殿。《明皇杂录·别录》记载，玄宗晚年又亲临华清宫，父老奉迎，壶浆塞路。那个时候，玄宗春秋已高，常乘步辇，父老问他："前时上皇过此，常逐从禽，今何不为？"玄宗说："吾老矣，岂复堪此！"父老士女闻之，莫不悲泣。在华清池附近，"新丰市有女伶曰谢阿蛮，善舞《凌波曲》，常出入宫中，杨贵妃遇之甚厚，亦游于国忠及诸姨宅。上（玄宗）至华清宫，复令召焉。舞罢，阿蛮因出金粟装臂环，云：'此贵妃所与。'

上持之凄怨出涕，左右莫不呜咽"。

这种悲凉和好时光一去不复返的惆怅，也成了晚唐长安的基调，至此之后，长安无宁日。

唐时吐蕃屡为边患，安禄山叛乱，肃宗在灵武（今宁夏回族自治区灵武市西南）即位，"悉召河西戍卒收复两京，吐蕃乘虚取河西、陇右，华人百万皆陷于吐蕃"（《旧五代史·吐蕃传》）。

代宗广德元年（763）九月，安史之乱平定不久，朔方节度副大使、河北副元帅仆固怀恩叛唐，引吐蕃兵东进，吐蕃大军攻陷长安，劫掠十五天后撤离。《资治通鉴》卷二二三记载："吐蕃剽掠府库市里，焚闾舍，长安中萧然一空。"吐蕃人甚至把唐宗室广武王李承宏立为皇帝，改元，置百官。

唐朝从心里惧怕吐蕃，德宗建中四年（783），被迫与吐蕃签订了《唐蕃清水盟约》。朝廷竟以"国家务息边人，外其故地，弃利蹈义，坚盟从约"为理由，承认所有沦陷的州县为吐蕃领土。盟约规定："唐地泾州右尽弹筝峡，陇州左极清水，凤州西尽同谷，剑南尽西山、大度水。吐蕃守镇兰、渭、原、会，西临洮，东成州，抵剑南西磨些诸蛮、大渡水之西南。尽大河北自新泉军抵大碛，南极贺兰橐它岭，其间为闲田。二国所弃戍地毋增兵，毋创城堡，毋耕边田。"（《新唐书·吐蕃传下》）

咸通十四年（873），大唐的天下无一丝平静。七月，懿宗死，僖宗即位。是岁，关东大旱，赤地千里，饿殍盈野，百姓流离失所。

这一年，身在曹州的黄巢，依然在等待中观望。这个屡举进士不第的私盐贩在赋菊的诗歌中，曾经暗示自己将带着穿黄金甲的战士，攻破唐帝国的心脏——长安。而这一年，黄巢在旱灾中嗅到了帝国垂危的信号。果然，没多久，这个机会来了，黄巢的同行，濮州（今河南范县）私盐贩王仙芝反了。随后，黄巢在冤句（今山东菏泽市西南）与子侄黄揆、黄恩邺等八人起兵，回应王仙芝。黄巢此时还不知道自己的一系列

第九章 最后的长安

举动，会让一个曾经异常强大的帝国只剩下近半个世纪的国祚。

广明元年（880）十二月，唐僖宗和大宦官田令孜南逃成都，长安不战而降，此前东都洛阳亦是不战而降。就在当年的春天，时任左拾遗的侯昌业还对僖宗上书极谏，称盗贼满关中，而僖宗不亲政事，专务游戏，将危社稷。僖宗大怒，召侯昌业至内侍省，赐死。据《资治通鉴》卷二五三记载，僖宗好骑射、剑槊、法算，亦精音律、蒱博（樗蒲，一种古代赌博游戏，投掷有颜色的五颗木子，以颜色决胜负）；好蹴鞠、斗鸡，与诸王赌鹅，鹅一头至五十缗；尤善击球，曾经对优人石野猪说："朕若应击球进士举，须为状元。"

《剑桥中国隋唐史》描述了黄巢入城时的景象："黄巢坐在一架金色马车上首先到达。随后的军队——此时已达数十万众——全部穿着锦缎，他们的头发一律扎着红丝带。他的骑兵直接开往城内，在后面长达几里的路上塞满了辎重，京师的居民表现消极但并未流露出害怕的神情，他们拥上街头，观看接管的情形。"实际上，在黄巢到达以前，长安的居民和军队就已经自己开始抢劫。

黄巢和他的大齐国，"杀唐宗室在长安者无遗类"，并对士族门阀实行严厉的镇压政策。彼时长安"华轩绣毂皆销散，甲第朱门无一半……内库烧为锦绣灰，天街踏尽公卿骨"（韦庄《秦妇吟》）。黄巢完全没有能力控制他手下的人，连续几天他们洗劫了这个当时世界上最富裕的城市。各市付之一炬，无数百姓被杀死在街道上。唯独出于迷恋权势和内心对早年不登第耿耿于怀的原因，黄巢没有焚毁长安瑰丽的宫殿群，他穿梭在这些庞大华丽的建筑之间，为唾手可得的帝国和偌大的长安兴奋不已。

在黄巢占领长安期间，据《旧唐书》卷二百下记载："时京畿百姓皆砦于山谷，累年废耕耘，贼坐空城，赋输无入，谷食腾踊，米斗三十千。官军皆执山砦百姓，鬻于贼为食，人获数十万。"一座世界上最富贵的城市，在连绵的战火之后，已经开始吃人了，何其恐怖！各地来的勤王之师曾经反击成功，短暂收复了长安，但进城的唐军因为彼时长安已经是贼都而大肆劫掠。随后黄巢又很快回到长安，"贼怒坊市百姓迎王师，乃下令洗城，丈夫丁壮，杀戮殆尽，流血成渠"。至此，长安从华丽的帝国之都化为一座死城。

黄巢死后，中和四年（884）七月，唐僖宗在成都大玄楼举行献俘仪式。大玄楼，是成都罗城正南门楼。《资治通鉴》卷二五六记载，武宁节度使时溥献上黄巢首级，另有黄巢姬妾二三十人。僖宗问："汝曹皆勋贵子女，世受国恩，何为从贼？"居首的女子回答："狂贼凶逆，国家以百万之众，失守宗祧，播迁巴蜀。今陛下以不能拒贼责一女子，置公卿将帅于何地乎！"僖宗不复问，皆戮之于市。临刑前，执法人员可怜这些妇女，让她们喝醉酒后再砍头，妇女们边哭边喝，在醉卧中受死。唯独那个居首的女子不哭亦不醉，从容赴死。

光启元年（885）正月，僖宗自川中起程，三月重返长安。僖宗惊魂未定，又遭遇新的动荡——藩镇火并。河中节度使王重荣、太原节度使李克用以关中为战场，大战邠宁节度使朱玫、凤翔节度使李昌符，这一年的十二月，李克用的沙陀兵进逼京师，宦官田令孜劫屁股还没焐热的皇帝李儇再次逃离长安，出幸凤翔。

太原军一入长安，就焚掠坊市、宫城，累年修葺悉付之一炬。《旧唐书》卷十九下记载："初，黄巢据京师，九衢三内，宫室宛然。及诸道兵破贼，争货相攻，纵火焚剽，宫室居市闾里，十焚六七……至是，乱兵复焚，宫阙萧条，鞠为茂草矣。"

唐长安的宫城，即太极宫、掖庭宫、东宫的总和，面积为四平方公里多一点儿。

太极宫是都城长安第一处大的宫殿群，有殿阁亭馆三四十所，加上东宫尚有殿阁宫院二十多所，整个构成了都城长安一组富丽堂皇的宫殿建筑。其中最著名的莫过于太极殿、两仪殿、承庆殿、武德殿、甘露殿、凌烟阁等。战争的破坏力一拨胜似一拨，这次兵燹，使宫城建筑十不存一，令人大恸。

光启二年（886）十二月，邠宁节度使朱玫及其党羽数百人，被部将王行瑜斩杀，王行瑜又纵兵大掠长安。这年的冬天，异常寒冷，京师九衢积雪，一直没有融化，王行瑜率兵入城当夜，寒冽尤剧，长安城遭受抢掠剽剥之后，僵冻而死的百姓横尸蔽地，惨不忍睹。

昭宗乾宁三年（896）七月，凤翔节度使李茂贞攻陷长安，大肆烧掠，《旧唐书》卷二十上记载："时岐军犯京师，宫室廛闾，鞠为灰烬。自中和已来葺构之功，扫地尽矣！"

帝国的冬天降临了，大唐盛世和长安城也走到了尽头，长安城中仅余的人，已经不流行胡旋舞了，而是流行唱挽歌。据唐代笔记小说《北里志》记载，长安平康里歌伎颜令宾卒后，坊中乐工刘驼驼，从众多士人的挽词中选择数篇，制为曲子词，教挽柩前同唱之，声甚悲怆。后来，有四首挽歌流传下来，其一曰："昨日寻仙子，辆车忽在门。人生须到此，天道竟难论。客至皆连袂，谁来为鼓盆？不堪襟袖上，犹印旧眉痕。"

这些挽歌，"自是盛传于长安，挽者多唱之"。学者王晓鹃女士在其《唐末长安民俗生活论》中哀婉地写道："歌伎颜令宾的挽歌，逐渐演变为长安城的哀伤，美人凋零与士子心绪在此契合，末世情怀与时代哀音合二为一，最终汇成一滴苍凉的眼泪，悬挂在长安的屋檐下。"

904年，欧洲的法兰克人（Franks）正疲于应付诺曼人（Northmen）的进攻和斯拉夫人（Slavs）的蚕食。这一年，东方的大唐帝国走到了最后关头。

天复四年（904）正月，控制汴州的宣武节度使、梁王朱温（过去是黄巢手下的将领，降唐后赐名全忠），挟天子以令诸侯，劫唐昭宗李晔迁都洛阳。朱温还强迫驱赶唐宗室及长安士民"按籍迁居"，拆全城屋木漂至汴梁。《资治通鉴》卷二六四"天祐元年正月"条载："(朱)全忠以其将张廷范为御营使，毁长安宫室百司及民间庐舍，取其材，浮渭沿河而下，长安自此遂丘墟矣。"《旧唐书》卷二十上也记载："长安居人……连甍号哭，月余不息。秦人大骂于路曰：'国贼崔胤，召朱温倾覆社稷，俾我及此，天乎！天乎！'"在关中人看来，正是因为四度入相的崔胤致书朱温，谓奉昭宗密诏，令其出兵西上迎驾，才导致了这样的灾难。

从安史之乱爆发以来，一百四十九年中，尽管兵连祸结，尽管天子蒙尘于外许多次，尽管经历无数反贼乱兵劫掠，长安这座城还屹立不摇，以大明宫为主体的皇城还存在。但是此番蹂躏之后，长安彻底消失了，一座沦为废墟的都城，标志着这个帝国轰然倒塌。

天复四年正月，长安再没有宴席，再没有上元灯节，"月色灯光满帝都，香车宝辇隘通衢"（李商隐《正月十五闻京有灯恨不得观》）的长安，已遍地是瓦砾、灰烬，残垣断壁和仅剩的民居中，一灯如豆。宗室及长安士民，扶老携幼迁往开封，渭河里漂浮着长安的躯壳。在汴梁，朱温要建造属于自己的宫室。

宋哲宗元祐元年（1086），长安被唐末战乱毁灭后的一百八十二年，闰二月二十日，北宋人张礼偕友游长安城南（今西安市南郊及长安区），用七天时间仔细寻访唐代都邑遗迹。已过了几近两个世纪的时光，举目所见，长安城南地区依然凋败。读张礼撰注之《游城南记》，会令今人想起历史的残垣断壁，一种夹杂着辛酸和无奈的愤怒便萦绕心间。

张礼在书中记载道，兴道坊和务本坊，隔着一条街东西相对，"二坊之地，今为京兆东西门外之草市，余为民田"。十层高的大慈恩寺大雁塔，"塔自兵火之余，止存七层……（宋神宗）熙宁中，富民康生遗火，经宵不灭，游人自此衰矣。塔既经焚，涂圬皆剥，而砖始露焉，唐人墨迹于是毕见，今孟郊、舒元舆之类尚存，至其他不闻于后世者，盖不可胜数也","倚塔下瞰曲江宫殿,乐游燕喜之地,皆为野草,不觉有黍离麦秀(哀伤亡国)之感"。

大量的残碑、断壁和无迹可循的荒草让张礼心生惆怅:"因思唐人之居城南者,往往旧迹湮没,无所考求,岂胜遗恨哉?"

唐长安城留于后世者,仅剩大雁塔残躯及若干城墙遗基,长安城随之也进入了一千余年的历史边缘期。

在宋代,因为西夏和辽金的崛起,陕西沦为边疆,而长安则沦为边城。宋代西北用兵,关中之民"畜产荡尽","十室九空"。及金人占据关中,长安一带再遭兵燹,时人李献甫在《长安行》中写道:"长安大道无行人,黄尘不起生荆棘。高山有峰不复险,大河有浪亦已平。"元明清三代,长安尽管还是西北重镇,但帝国的重心已逐渐移至东边,中国开始了蓝色的大洋梦,东南区域以其土地肥沃、水道交通便利而更有吸引力。

想象的碎片

后世人对于长安有着无数刻骨铭心的爱和怀念,北宋文学家、秦人张舜民在其《江神子·癸亥陈和叔会于赏心亭》中写道:"七朝文物旧江山。水如天。莫凭栏。千古斜阳,无处问长安。更隔秦淮闻旧曲,秋已半,夜将阑。争教潘鬓不生斑。敛芳颜。抹幺弦。须记琵琶,仔细说因缘。待得鸾胶肠已断,重别日,是何年。"千古斜阳依旧在,却无处问长安,宋人对于长安有着一种深深的寂寞,毕竟五代十国只存在了五十七年,宋人离唐人更近。

清人赵翼《廿二史札记》卷二十《新旧唐书·长安地气》曰:"地气之盛衰,久则必变。唐开元、天宝间,地气自西北转东北之大变局也。秦中自古为帝王州,周、秦、西汉递都之。苻秦、姚秦、西魏、后周相间割据，隋文帝迁都于龙首山下，距故城仅二十余里，仍秦地也，自是混一天下，成大一统。唐因之，至开元、天宝而长安之盛极矣！盛极必衰，理固然也。"他所说的"地气"，既包含政权的兴衰气运，也包括统治中心地区的生态环境。

其实，长安的消亡不但和战争、政治有关，和关中地区气候变迁也有着千丝万缕的关系。

贞观四年（630），数以百万计的突厥人全部内迁，这种大迁徙使唐代中国北方的农牧交界线向南推移，今天的晋北和陕北由农业区转变为畜牧区，内蒙古中部则完全成为游牧区。到了唐末，更多的游牧民族归附、内迁。乾符五年（878），唐僖宗李儇在一次讨伐中，召集的军队将领就有吐谷浑酋长赫连铎、白义诚、沙陀酋长李友金、安庆都督史敬存、萨葛酋长米海万等数个"蕃酋"。

然而，这些迁徙的游牧民族是靠天吃饭的民族。早在20世纪初，美国人文地理学者亨廷顿（Ellsworth Huntington）在《亚洲的脉搏》（*The Pulse of Asia: A Journey in Central Asia Illustrating the Geographic Basis of History*）一书中，便提出中国历史上的外患内乱，与气候变迁有关。例如东晋胡人南下，唐末沙陀、回纥等逐鹿中原，北宋契丹、党项、女真等犯边，都是因为气候转旱，游牧民族铤而走险，四处劫掠。

地理学者单之蔷在其《理解游牧》一文中说道："气候就像上帝挥舞的鞭子，驱赶着游牧民族南下，去追逐他们已经南迁了的草原。"

一千一百三十四年后，2007年1月4日，德国人的一项研究震惊了中国历史地理学界。这篇发表于英国《自然》杂志（*Nature*）第四四五期的文章《热带辐合带对东亚季风的影响》（*Influence of the Intertropical Convergence Zone on the East Asian Monsoon*）称，德国研究团队从中国广东湛江玛珥湖钻取湖泊沉积岩岩心，并根据检测结果推断，750年（玄宗天宝九年）前后，唐王朝开始经历一段相对干旱的时期。在这段时间内,不止一次出现以三年为周期的极干旱时期,导致降水量减少和持续干旱,造成灾荒,进而作为引发农民起义的因素之一,加速了唐朝灭亡。

尽管中国的史学家早就对唐代气候冷暖产生过学术争论,但这一次德国人如此果断的论断,还是让他们大为震动。

实际上,有唐一代,旱灾确实对国家产生了严重影响。比如贞观元年(627),关中大旱,灾民卖儿鬻女以求生。刚刚即位的二十八岁的唐太宗李世民面对旱灾忧心忡忡,下令开仓救济,解决灾民的燃眉之急,并拿出御府金帛,供灾民赎回卖掉之子女,以免骨肉分离。

旱灾之外,在唐朝统治的万花筒般的三个世纪里,"黄灾"——黄河泛滥,也对国家产生了深远的影响,其中7世纪黄河决溢六次,8世纪为十九次,9世纪为十三次。旱灾使农业生态受到了严重破坏,农业经济衰败,国计民生困苦;河患频繁更使唐朝政府疲于奔命,国力耗竭。一个农业王朝对环境的依赖性远远超出我们的想象。

到了宋代,长安沦为边关,唐帝王陵也成为文人墨客凭幽怀古的景点,彼时的长安,尽管一派没落,尚有古树参天和寺庙林立的前朝都城风范。但到了一千年后,1936年,长安及其周边的关中平原已经完全沦落为我们印象中的黄土高原,在斯诺(Edgar Snow)的《西行漫记》(*Red Star Over China*)中,出了西安府再往北百余里,入眼全部是黄色土地,这位美国人记录道:"这一令人惊叹的黄土地带,广及甘肃、陕西、宁夏、山西四省的大部分地区,雨量充分的时候异常肥沃,因为这种黄土提供了无穷无尽的、有几十英尺深的多孔表土层。地质学家认为,这种黄土是有机物质,是许多世纪以来被中亚细亚的大风从蒙古、从西方吹过来的。"

今天,我们穿行在关中厚重的土地上时,面对的只是巨大的封土堆、斑驳的石碑以及大片的冬小麦,它们孤独地立于苍穹之下,与西安朱雀门残留的唐代城墙遗址一起,构成了我们想象的碎片。

身份的焦虑

1922年,鲁迅开始构思《杨贵妃》。总结唐玄宗统治期间由繁荣强盛走向衰落的历史教训,历史人物李隆基与杨贵妃是一个典型的题材。鲁迅研究了白居易的《长恨歌》、陈鸿的《长恨歌传》、洪昇的《长生殿》等,为创作进行了充分的准备。他曾先后向老朋友许寿裳、郁达夫、孙伏园、冯雪峰等谈起过《杨贵妃》的腹稿。

1924年,正当鲁迅酝酿构思期间,国立西北大学邀请鲁迅等学者去西安进行暑期讲学。当时的西安十分残破,现存的遗迹远不是古籍上说的那么一回事。鲁迅说:"我不但什么印象也没有得到,反而把我原有的一点印象也打破了!"原本以为西安之行有激发执笔的"兴味",结果反而索然。归途中,鲁迅已无意写《杨贵妃》了。他在致日本友人山本初枝的信中说:"五六年前我为了写关于唐朝的小说,去过长安。到那里一看,想不到连天空都不像唐朝的天空,费尽心机用幻想描绘出的计划完全被打乱了,至今一个字也未能写出。原来还是凭书本来摹想的好。"

长安的衰败让鲁迅无所适从,在杂文《说胡须》开场白中,鲁迅写道:"今年夏天游了一回长安,一个多月之后,胡里胡涂地回来了。知道的朋友便问我:'你以为那边怎么样?'我这才栗然地回想长安,记得看见很多的白杨,很大的石榴树,道中喝了不少的黄河水。然而这些又有什么可谈呢?我于是说:'没有什么怎样。'他于是废然而去了,我仍旧废然而往,自愧无以对'不耻下问'的朋友们。"

就在鲁迅到达西安的时期,在西安教书的日本人足立喜六出版了《长安史迹研究》,其中拍摄了一百七十多张唐代文物的照片,既有宝庆寺塔壁上已经漂洋过海的唐代一佛二菩萨石雕,也有昭陵六骏最早荒理在废墟中的影像,当然也有早就被毁的灞桥原状和大明宫太液池风貌。图片之中最为梦幻的一张,莫过于那张小雁塔的独照——塔下无边无际

◁ 宝庆寺阿弥陀三尊像 | 日本东京国立博物馆藏

的罂粟花映衬着无云的西北天空,虽然只是黑白照片,依旧散发出一种妖艳而又迷幻的气息,这种气息仿佛就是寻觅《霓裳羽衣曲》和"葡萄美酒夜光杯"的味道。

1958年,英国生物化学家、汉学家与科学技术史大师李约瑟(Noel Joseph Terence Montgomery Needham)前往西安拜谒碑林,写下诗歌《在长安孔庙》:"壮丽的殿堂周围荆棘遍地,茅草丛生/就像绿色的林海中漂浮着一叶孤舟/屋顶上斗拱坠落/平台上楼座倾圮/浊臭弥漫玷污了圣洁的芬馨/矗立的古代石碑,就像周围待耕的荒土上/生长出来一片茂密的森林……/我在一家穷铺子里/买了几片景教碑的拓本/又喝了一杯酒/怀念着昔日长安的光荣。"

作为大器晚成的一代日本画家,东山魁夷一生的辉煌巨作是为奈良唐招提寺鉴真和尚"御影堂"绘制壁画。同时作为一名优秀散文家的东

▷ 御影堂隔扇画—日本—东山魁夷—日本奈良唐招提寺藏

山，在《通往唐招提寺之路》一书中，完整地记录了自己优游于唐招提寺十一年的心路历程。东山说："通往唐招提寺之路是一条漫长的道路，即使我贴近唐招提寺，可实际上还在极为遥远的地方。"

20世纪70年代，怀有着对唐代独一无二体验的东山魁夷，曾经在西安城中想起了另外一位日本作家井上靖在长安的废墟上孤独的身影："走进南门的遗迹，在中央的寺院废墟周围漫步，我无法想象出当年这里的都城是什么样的姿影，是由什么样的人经营的呢？以西域为舞台写了好几部优秀小说的井上靖氏，静静地徘徊在这座死都的遗址上，时而伫立凝望的姿影，给我留下了深刻的印象。夕阳映照下的残垣断壁，呈赤褐色，美极了。这景象也逐渐笼罩在苍茫的暮色中，越发增添了当空弦月的光辉。"

第九章 最后的长安

一座存在了两百余年的唐帝国都城，给后世的人带来了千年的乡愁。

　　湮没在历史瓦砾堆中的长安，仍然是众多建筑师和设计师心中的城市。梁思成先生就曾经写道："长安城是当时世界上最大、最完整的按全盘规划建造的城市。像长安那样有明确的分区——皇室居住的宫城、衙署所在的皇城和一般坊里——和系统化的街道、坊里布置的城市在当时是罕见的。"而建筑大师张锦秋女士（梁思成的闭门女弟子）后来则在西安开创出"新唐风"的建筑范式。

　　在所有建筑师中，最痴迷于长安的可能是哈佛大学设计学博士，被选中为威尼斯建筑双年展中国馆策展人的唐克扬。2007年，我在《生活月刊》读到了唐克扬的《长安的烟火》，这是这几年我一直念念不忘的文本，不只是惊讶于一个建筑师的文字如此有质感，更多是因为他对长安的解读，有着时间中的烟火气。这是地上的长安。

　　他对于长安的实验文本，混合着城市建筑、世俗生活和天人合一的大融合的城市场所感，他说："这实在也是我自己最看重的写作。我有一个更有'野心'的写作计划，就是写一部有关中国古代城市的'建筑小说'，在其中这种散文化的片段可以算作'上场诗'（或者，散场诗）。"

　　在唐克扬的内心里，长安是一座似乎只存在于和我们平行的二维世界中的城市："我们一直生活在那座'城'中。这座城市一直有两副面孔，在上苍的俯瞰下，它是宇宙规律的物化，拥有一个体面的、秩序井然的核，可最强大的君王也会逃避那个充满意义，却无比空虚的中心；对于天子脚下的小民而言，这座城市是一个没有明确始终的迷宫，他们的生活闹哄哄地在这迷宫里，搅成一锅粥。除了他们中的一小部分人偶有机会登塔一窥神京之外，他们在两维世界中编织的时间之线，并不能带他们走出这命运的困局。"

　　我们能够从文字中读到唐克扬对于长安的略带敏感的专属拥有，对于他来说，长安是属于他的，是一个人的长安。

地上的长安消失了，但在异邦的东洋，一个叫平城京的城市保留了长安的影子。

平城京地处今奈良市的西郊，开始建造的时间正是大唐开元盛世中，平城京完全是模仿长安城的棋盘格局，长安有什么，那边就有什么，直到今天都保存得非常好。这座城市只有唐长安的四分之一大，最北部是皇城，天皇住的地方，坐北朝南；有左京、右京、朱雀、白虎之类的这些门；皇宫的北边是苑池，南面是各个衙门的所在地，这和长安城是一模一样的。日本叫作"朝堂苑"的太极殿就完全模仿了大明宫的含元殿。还有一个大学寮，也是完全模仿国子监。走进平城京，你会感到一种回归自然的惬意，也体会到深刻的文化震撼。特别是对于中国人来说，这座城市蕴含的浓厚唐风，让人恍如隔世。

和今天我们对于长安消失的遗憾一样，这座模仿长安的城市也成为我们遗憾的一部分：在中国的城市发展史中，拆毁和重塑往往比保留历史更容易。

在长安消失后的世纪里，欧洲的城市开始逐渐登上历史的舞台——巴黎、伦敦、柏林、纽约……千年后我们再次回望长安，得到的只有迷惘的不确定感。很多现代人在现代城市的构成中体味长安，但似乎更愿意生活在摩天大楼的世界里。

然而，长安仍然是中国人心目中的城市，曾经来过，辉煌过，而且在城市的发展史上塑造过这个国家的精神。对于中国人来说，长安不仅仅是一个地名，一个城市，甚至不是西安，它是一种造就过我们的元素，这种元素现在是我们文化基因的一部分。

长安，只是一座城市，是在这个星球消失的伟大的城市之一，今天我们对于这座城市的争吵、辩论，只是当下生活的城市的参考，一种城市意象的多重面孔与身份的焦虑。这种焦虑不但面对城市，还伴随着中国文化，在东方与西方、现代与传统、GDP和软实力的国家价值讨论旋涡中，不断拨动我们的心弦。

  这或许是一种"固执的城市感"，对于很多城市批评家来说，20世纪90年代欧陆风盛行时，中国的城市没有性格；21世纪，中国风复兴时，中国的城市又是只有传统没有创新的旧物。我们回望长安，或许内心会更明晰，尽管在历史长河中，人类给城市植入了各式各样的形体，附加了无穷无尽的意义，但时至今日，我们仍无法否认，真正伟大的城市，正是能够让人怀念的城市，"长相思，在长安"。

附录一

7 世纪至 9 世纪的唐代和世界

618 年　中国隋朝唐王李渊称帝，国号"唐"。隋亡。

619 年　中国唐朝初定租庸调法。

624 年　中国唐朝颁《武德律》，定均田租庸调法。

626 年　中国唐朝秦王李世民（后来的唐太宗）伏兵玄武门，杀太子李建成、齐王李元吉，即帝位。

627 年　中国佛僧玄奘赴天竺。*645 年取经回长安，撰《大唐西域记》。

630 年　日本遣唐使抵达中国。

634 年　中国唐朝始建大明宫。

635 年　中国唐朝景教僧阿罗本（Alopen Abraham）入长安。*638 年建大秦寺。*1625 年出土唐代"大秦景教流行中国碑"。

641 年　中国唐朝文成公主入藏，与吐蕃赞普松赞干布和亲，拉萨始建布达拉宫。中国书法家欧阳询卒，他和虞世南、褚遂良为"初唐三大家"。阿拉伯人征服埃及。

645 年　日本行大化改新。

653 年　哈里发奥斯曼组织编订《古兰经》，称"奥斯曼定本"。

659 年　中国唐朝颁布世界第一部官修药典《新修本草》。

661—750 年　阿拉伯帝国倭马亚王朝（Umayyad Caliphate）时期。

668 年　新罗灭高句丽，统一朝鲜。

671年　中国佛僧义净赴天竺求法。*695年携佛典返洛阳。

673年　中国画家阎立本卒，有《步辇图》《古帝王图》传世。

682年　中国医药学家孙思邈卒，著有《备急千金要方》和《千金翼方》等。

687—1797年　意大利威尼斯共和国（Serenìsima Repùblica Vèneta）时期。

694年　摩尼教由波斯国人拂多诞（安息语fure-sta-dan，神职人员的一种称号）传入中国，时称明教。

7世纪至9世纪　"伊斯兰法系"形成，兼具宗教和道德规范，为穆斯林所遵守的基本生活准则。

7世纪至11世纪　西欧使用银便士（penny）或银旦尼尔（denier），形成镑（pound）、先令（Shilling）和便士的货币体系。

710年　中国史学家刘知幾撰成《史通》。

713年　中国唐朝始凿乐山大佛。

713—755年　中国唐玄宗李隆基设梨园教习乐舞。

724年　中国佛僧一行制成铜黄道游仪。*次年制成铜铸水运浑天仪，首次实测子午线长度。

726—843年　拜占庭（Byzantium）发生圣像破坏运动（Eikonomachía，中断二十六年）。

738年　中国《唐六典》成书。

741年　日本建成东大寺，为世界现存最大的木构建筑。

750—1250年　印度始建奥里萨（Odisha）神庙，为中世纪印度教建筑群，印度北方式神庙的典型。

750—1258年　阿拉伯帝国阿拔斯王朝（'Abbāsid Caliphate）时期。

751年　矮子丕平（Pépin le Bref）当政，建法兰克加洛林王朝（les Carolingiens）。

754年　中国佛僧鉴真东渡日本，在奈良建唐招提寺。

755年　中国唐朝军阀安禄山反于范阳，安史之乱爆发。八年后（763年）

乱事结束。

756—1870年　欧洲教皇国（Civitas Ecclesiae）时期。

约760年　中国画家吴道子卒。中国诗人王维卒。

762年　中国诗人李白卒。

770年　中国诗人杜甫卒。

780年　中国唐朝废租庸调制，行两税法。中国隐士陆羽撰世界上第一部茶叶专著《茶经》。

785年　中国书法家颜真卿卒，有《多宝塔碑》传世。

787年　拜占庭帝国女皇伊琳娜制定二十二条教条，严禁收藏异端书籍，为外国明令查禁异端书籍之始。

788—820年　印度中世纪经院哲学家、理论家商羯罗在世。

约8世纪前半叶　英国最早、最完整的英雄史诗《贝奥武甫》（Beowulf）成书。

8世纪至9世纪　印度尼西亚建成婆罗浮屠。

8世纪至10世纪　世界较大礼拜寺之一在今西班牙科尔多瓦（Córdoba）建成。

8世纪至17世纪　西非马里帝国（Mali Empire）时期。欧洲基督教会向成年教徒征什一税。

801年　史学家杜佑撰成中国第一部典章制度通史《通典》。

801—约873年　阿拉伯哲学家、自然科学家铿迭（al-Kindi）在世，提出关于科学认识的学说。

802—1431年　真腊吴哥王朝（Angkor dynasty）时期。

808年　中国道士清虚子著《太上圣祖金丹秘诀》，记载原始火药配方。火药发明当在此之前。

819年　中国文学家柳宗元卒。

823年　中国唐朝立"唐蕃会盟碑"于拉萨大昭寺前。

824 年　中国文学家韩愈卒。

827 年　埃格伯特（Egbert）统一英格兰，结束七国时代（Heptarchy）。

829 年　中国唐朝龙骨水车传入日本。

842 年　中国文学家刘禹锡卒。

843 年　《凡尔登条约》签订，查理曼帝国（Charlemagne's Empire）一分为三。

846 年　中国诗人白居易卒。

858 年　中国诗人李商隐卒。

865 年　中国书法家柳公权卒。

868 年　中国佛教徒王玠出资刻印《金刚经》，为世界现存最早的雕版印刷品。*1900 年在敦煌莫高窟第十七窟藏经洞发现，其卷末有"咸通九年四月十五日王玠为二亲敬造普施"题记。1907 年被英籍犹太人斯坦因盗骗，现藏英国伦敦大英图书馆。

约 870 年　印度出现包括零的十进制数，后传入阿拉伯演变为现今的印度—阿拉伯数字。

875 年　中国盐贩王仙芝等起义于长垣，黄巢于冤句起义回应，唐末农民战争开始。

879 年　中国农学家陆龟蒙撰《耒耜经》，长江下游水田使用曲辕犁。

882 年—13 世纪初　基辅罗斯（Kiev Russ）时期。

892 年　中国唐朝始凿大足石窟。

9 世纪　商羯罗改革印度教。西欧出现商人行会。

9 世纪后期　印度尼西亚建成印度教神庙群"普兰巴南"（Candi Prambanan）。

9 世纪末　西方最早的复调音乐"奥尔加农"（organum）出现，标志欧洲多声部音乐萌芽。

907 年　中国唐朝梁王朱温逼哀帝李柷禅位，自即帝位，国号"梁"，史称后梁（907—923 年）。唐亡。

附录二

二百四十九种唐史史料书目

我们在这里所说的史料，是指文字史料，也就是记载了古代历史的资料。

掌握史料是研究历史的基础，只有知晓了有哪些史料，才能具体地使用史料。或者说，想了解某一个时期、某一个朝代的历史，你得知道从哪些史书中能找到这一时期、朝代的历史记录。

具体到唐史研究而言，唐史学家黄永年先生1989年出版了《唐史史料学》，对唐史研究的基本文献进行了深入浅出的介绍，自出版后，此书就成了唐史研究入门的必读之物。黄永年先生"希望通过它告诉人们研究唐史应掌握哪些史料，以及这些史料的源流、价值和使用方法"（《唐诗史料学》序言）。

据作者统计，《唐史史料学》将唐史史料分为纪传、编年、典章制度、职官、仪注、法令、诏令、地理、谱牒、杂史杂说小说、诗文、类书、金石、书目以及敦煌吐鲁番文书十五类，共计二百四十九种。

最为重要的是，黄先生不只以文献学的形式介绍史料，也加入了他多年研究唐史的心得，比如如何读正史，如何运用其他书来研究历史以及各个史料的版本来历，可谓金针度人之作。

黄永年先生去世之后，唐史研究又有一些新出的史料，比如金石类《唐代墓志汇编续集》，比如新获吐鲁番出土文书，比如其他的汇编、补编、补考等。仅两唐书就有武秀成《旧唐书辨证》、吴玉贵《两唐书辑校》、詹宗佑《点校本两唐书校勘汇释》等多本。

但因黄永年先生《唐史史料学》是一本完整的著作，不是简单列书目，所以作者在这里仅列出黄永年先生所示二百四十九种书目，作为一种参考供读者借鉴。

黄先生所录的二百四十九种史料包含：纪传类二十八种、编年类四种、典章制度类三种、职官类一种、仪注类二种、法令类二种、诏令类一种、地理类二十一种、谱牒及职官姓名类十五种、杂史杂说小说类四十九种、诗文类七十三种、类书类六种、金石类七种、书目类十种、敦煌吐鲁番文书类二十七种。

纪传类二十八种

《旧唐书》 二百卷　后晋刘昫等撰

《新唐书》 二百二十五卷　北宋欧阳修、宋祁撰

《隋书》 八十五卷　唐魏徵、长孙无忌等撰

《旧五代史》 一百五十卷　北宋薛居正等撰

《新五代史》 七十四卷　北宋欧阳修撰

《新旧唐书合钞》 二百六十卷　清沈炳震撰

《唐书宰相世系表订讹》 十二卷　清沈炳震撰

《新旧唐书合钞补注》 二百六十卷　王先谦撰

《唐书注》 十卷　唐景崇撰

《唐书兵志笺正》 四卷　唐长孺撰

《新唐书纠谬》 二十卷　北宋吴缜撰

《廿二史考异》 一百卷　清钱大昕撰

《十七史商榷》 一百卷　清王鸣盛撰

《陔馀丛考》 四十三卷　清赵翼撰

《廿二史札记》 三十六卷补遗一卷　清赵翼撰

《新旧唐书互证》 二十卷　清赵绍祖撰

《唐将相大臣年表》 三卷　清万斯同撰

《唐功臣世表》 一卷　清万斯同撰

《唐边镇年表》 一卷　清万斯同撰

《唐镇十道节度表》 一卷　清万斯同撰

《唐宦官封爵表》 一卷　清万斯同撰

《武氏诸王表》 一卷　清万斯同撰

《唐诸蕃君长世表》 一卷　清万斯同撰

《唐藩镇年表》 一卷　清黄大华撰

《唐方镇年表》 八卷考证二卷　吴廷燮撰

《唐折冲府考》 四卷　清劳经原撰

《唐折冲府考补》 一卷拾遗一卷　罗振玉撰

《唐折冲府考校补》 一卷　谷霁光撰

编年类四种

《资治通鉴》 二百九十四卷　北宋司马光撰　元胡三省音注

《资治通鉴补》 二百九十四卷　明严衍撰

《大唐创业起居注》 三卷　唐温大雅撰

《顺宗实录》 五卷　唐韩愈撰

典章制度类三种

《通典》 二百卷　唐杜佑撰

《宋白续通典辑本》 八卷附"解题"　日本船越泰次编

《唐会要》 一百卷　北宋王溥撰

职官类一种

《大唐六典》 三十卷　唐张说、张九龄、李林甫递监修

仪注类二种

《大唐开元礼》 一百五十卷　唐萧嵩监修

《大唐郊祀录》 十卷　唐王泾撰

法令类二种

《唐律疏议》 三十卷　唐长孙无忌等监修

《唐令拾遗》 日本仁井田陞辑

诏令类一种

《唐大诏令集》 一百三十卷　北宋宋敏求编

地理类二十一种

《括地志》 唐魏王李泰撰　清孙星衍辑本八卷　贺次君《括地志辑校》四卷

《元和郡县图志》 四十卷　唐李吉甫撰

《太平寰宇记》 二百卷　宋乐史撰

《两京新记》 五卷 存第三卷残卷　唐韦述撰

《长安志》 二十卷　北宋宋敏求撰

《长安志图》 三卷　元李好文撰

《河南志》 四卷　北宋宋敏求撰　元缺名增续

《游城南记》 一卷　北宋张礼撰并注　金、元间缺名续注

《雍录》 十卷　南宋程大昌撰

《类编长安志》 十卷　元骆天骧撰

《唐两京城坊考》 五卷 清徐松撰

《隋唐两京丛考》 辛德勇撰

《大唐西域记》 十二卷 唐玄奘撰（玄奘口述，弟子辩机笔录）

《大慈恩寺三藏法师传》 十卷 唐慧立原本，彦悰撰定

《唐大和上东征传》 一卷 日本真人元开撰

《入唐求法巡礼行记》 四卷 日本圆仁撰

《中国印度见闻录》 二卷 阿拉伯佚名撰

《蛮书》 十卷 唐樊绰撰

《北户录》 三卷 唐段公路撰 崔龟图注

《桂林风土记》 一卷 唐莫休符撰

《岭表录异》 三卷 唐刘恂撰

谱牒及职官姓名类十五种

《元和姓纂》 十卷 唐林宝撰

《翰林志》 唐李肇撰

《承旨学士院记》 唐元稹撰

《翰林学士记》 唐韦处厚撰

《翰林院故事》 唐韦执谊撰

《翰林学士院旧规》 后唐杨钜撰（或题李愚撰）

《重修承旨学士壁记》 唐丁居晦撰

《唐御史台精舍题名考》 三卷 清赵钺、劳格撰

《郎官石柱题名考》 二十六卷 清赵钺、劳格撰

《郎官石柱题名新考订》 岑仲勉撰

《唐仆尚丞郎表》 二十二卷 严耕望撰

《登科记考》 三十卷 清徐松撰

《唐人行第录》 岑仲勉撰

《唐五代人物传记资料综合索引》 傅璇琮、张忱石、许逸民编撰

《唐五代五十二种笔记小说人名索引》 方积六、吴冬秀编撰

杂史杂说小说类四十九种

《贞观政要》 十卷　唐吴兢撰

《魏郑公谏录》 五卷　唐王方庆撰

《安禄山事迹》 三卷　唐姚汝能撰

《高力士外传》 一卷　唐郭湜撰

《奉天录》 四卷　唐赵元一撰

《李相国论事集》 六卷　唐李绛撰　蒋偕编集

《朝野佥载》 六卷　唐张鷟撰

《教坊记》 一卷　唐崔令钦撰

《隋唐嘉话》 三卷　唐刘𫗧撰

《封氏闻见记》 十卷　唐封演撰

《唐国史补》 三卷　唐李肇撰

《大唐新语》 十三卷　唐刘肃撰

《次柳氏旧闻》 一卷　题唐李德裕撰

《刘宾客嘉话录》 一卷　唐韦绚撰

《明皇杂录》 二卷、补遗一卷　唐郑处诲撰

《羯鼓录》 一卷　唐南卓撰

《因话录》 六卷　唐赵璘撰

《大唐传载》 一卷　唐缺名撰

《幽闲鼓吹》 一卷　唐张固撰

《松窗杂录》 一卷　唐李濬撰

《酉阳杂俎》 二十卷续集十卷　唐段成式撰

《本事诗》 一卷　唐孟棨撰

《杜阳杂编》 三卷　唐苏鹗撰

《桂苑丛谈》 一卷　唐冯翊子子休撰

《尚书故实》 一卷　唐李绰撰

《云溪友议》 三卷　唐范摅撰

《玉泉子》 一卷　唐缺名撰

《北里志》 一卷　唐孙棨撰

《乐府杂录》 一卷　唐段安节撰

《东观奏记》 三卷　唐裴廷裕撰

《开天传信记》 一卷　唐郑綮撰

《唐阙史》 二卷　唐高彦休撰

《资暇集》 三卷　唐李匡乂撰

《刊误》 二卷　唐李涪撰

《唐摭言》 十五卷　五代王定保撰

《中朝故事》 二卷　五代尉迟偓撰

《金华子杂编》 二卷　五代刘崇远撰

《开元天宝遗事》 二卷　五代王仁裕撰

《鉴诫录》 十卷　五代何光远撰

《北梦琐言》 二十卷　五代孙光宪撰

《贾氏谈录》 一卷　北宋张洎撰

《锦里耆旧传》 四卷　北宋句延庆撰

《南部新书》 十卷　北宋钱易撰

《近事会元》 五卷　北宋李上交撰

《太平广记》 五百卷　北宋李昉等撰

《唐语林》 八卷　北宋王谠撰

《续谈助》 五卷　宋晁载之撰

《类说》 六十卷　南宋曾慥辑

《说郛》 一百卷　明陶宗仪辑

诗文类七十三种

《王梵志诗》 唐王梵志撰

《东皋子集》 三卷　唐王绩撰

《幽忧子集》 七卷　唐卢照邻撰

《王子安集》 十六卷　唐王勃撰

《杨盈川集》 十卷　唐杨炯撰

《骆宾王文集》 十卷　唐骆宾王撰

《陈伯玉文集》 十卷　唐陈子昂撰

《张说之文集》 三十卷　唐张说撰

《曲江张先生文集》 二十卷　唐张九龄撰

《孟浩然集》 四卷　唐孟浩然撰

《李太白文集》 三十卷　唐李白撰

《王右丞集》 十卷　唐王维撰

《高常侍集》 十卷　唐高适撰

《颜鲁公文集》 十五卷　唐颜真卿撰

《刘随州文集》 十卷外集一卷　唐刘长卿撰

《杜工部集》 二十卷　唐杜甫撰

《岑嘉州诗》 七卷　唐岑参撰

《昼上人集》 十卷　唐释皎然撰

《元次山集》 十卷　唐元结撰

《毗陵集》 二十卷　唐独孤及撰

《钱考功集》 十卷　唐钱起撰

《韦苏州集》 十卷　唐韦应物撰

《孟东野诗集》 十卷　唐孟郊撰

《陆宣公翰苑集》 二十二卷 唐陆贽撰

《寒山子诗（附丰干拾得诗）》 一卷 唐释寒山子、丰干、拾得撰

《权载之文集》 五十卷 唐权德舆撰

《韩昌黎集》 四十卷外集十卷 唐韩愈撰

《张司业诗集》 八卷 唐张籍撰

《刘梦得文集》 三十卷外集十卷 唐刘禹锡撰

《吕和叔文集》 十卷 唐吕温撰

《李文公集》 十八卷 唐李翱撰

《柳宗元集》 四十三卷别集二卷外集二卷 唐柳宗元撰

《欧阳行周文集》 十卷 唐欧阳詹撰

《白氏文集》 七十一卷 唐白居易撰

《元氏长庆集》 六十卷 唐元稹撰

《皇甫持正文集》 六卷 唐皇甫湜撰

《沈下贤文集》 十二卷 唐沈亚子撰

《李文饶文集》 二十卷别集十卷外集四卷 唐李德裕撰

《张承吉文集》 十卷 唐张祜撰

《贾浪仙长江集》 十卷 唐贾岛撰

《李贺歌诗编》 四卷集外诗一卷 唐李贺撰

《玉川子诗集》 二卷外集一卷 唐卢仝撰

《樊川文集》 二十卷外集一卷别集一卷 唐杜牧撰

《姚少监诗集》 十卷 唐姚合撰

《李义山诗集》 三卷 唐李商隐撰

《李义山文集》 五卷 唐李商隐撰

《樊南文集补编》 十二卷 唐李商隐撰

《温庭筠诗集》 七卷别集一卷 唐温庭筠撰

《刘蜕集》 六卷 唐刘蜕撰

《丁卯集》 二卷 唐许浑撰

《孙樵集》 十卷 唐孙樵撰

《皮子文薮》 十卷 唐皮日休撰

《唐甫里先生文集》 二十卷 唐陆龟蒙撰

《司空表圣文集》 十卷 唐司空图撰

《司空表圣诗集》 五卷 唐司空图撰

《桂苑笔耕集》 二十卷 高丽崔致远撰

《郑守愚文集》 三卷 唐郑谷撰

《玉山樵人集》 一卷 唐韩偓撰

《香奁集》 一卷 唐韩偓撰

《徐公钓矶文集》 十卷 唐徐夤撰

《唐黄先生文集》 八卷 唐黄滔撰

《甲乙集》 十卷 唐罗隐撰

《谗书》 五卷 唐罗隐撰

《两同书》 二卷 唐罗隐撰

《广陵妖乱志》 一卷 唐罗隐撰

《罗昭谏集》 八卷 唐罗隐撰

《白莲集》 十卷 唐释齐己撰

《禅月集》 二十五卷 五代释贯休撰

《浣花集》 十卷补遗一卷 五代韦庄撰

《文苑英华》 一千卷 北宋李昉等撰

《全唐诗》 九百卷 清曹寅等纂修

《全唐文》 一千卷 清徐松等编

《全唐文纪事》 一百二十二卷 清陈鸿墀撰

类书类六种

《初学记》 三十卷　唐徐坚等撰

《白氏六帖》 三十卷　唐白居易撰

《白孔六帖》 一百卷　南宋缺名编

《太平御览》 一千卷　北宋李昉等撰

《册府元龟》 一千卷　北宋王钦若、杨亿等撰

《玉海》 二百卷　南宋王应麟撰

金石类七种

《集古录》 十卷　北宋欧阳修撰

《金石录》 三十卷　北宋赵明诚撰

《金石萃编》 一百六十卷　清王昶撰

《金石续编》 二十一卷　清陆耀遹撰　陆增祥校订

《金石萃编补正》 四卷　清方履籛撰

《八琼室金石补正》 一百三十卷目录三卷祛伪一卷札记四卷元金石偶存一卷　清陆增祥撰

《唐代墓志汇编》　周绍良主编，赵超副主编

书目类十种

《旧唐书》卷四六至四七经籍志

《新唐书》卷五七至六〇艺文志

《日本国见在书目录》 一卷　日本藤原佐世撰

《崇文总目辑释》 五卷 补遗、附录一卷　北宋王尧臣等原撰　清钱东垣辑释

《秘书省续编到四库阙书目》 二卷　南宋绍兴初改定　清叶德辉考证

《中兴馆阁书目辑考》 五卷　南宋绍兴初改定　清叶德辉考证

《中兴馆阁续书目辑考》 一卷　南宋陈骙、张攀等撰　赵士炜辑考

《昭德先生郡斋读书志》 袁本四卷、衢本二十卷　南宋晁公武撰（《附志》二卷、《后志》二卷、《考异》一卷　赵希弁撰）

《直斋书录解题》 二十二卷　南宋陈振孙撰

《宋史》卷二〇二至二〇九艺文志

敦煌吐鲁番文书类二十七种

《敦煌石室遗书》 罗振玉辑

《敦煌石室真迹录己》 二卷　王仁俊编

《鸣沙石室佚书》 罗振玉编

《敦煌零拾》 罗振玉辑

《敦煌石室碎金》 罗振玉辑

《敦煌掇琐》 刘复辑

《敦煌遗书》 法伯希和、日本羽田亨辑

《敦煌石室写经题记与敦煌杂录》 许国霖编

《贞松堂藏西陲秘籍丛残》 罗振玉辑

《流沙遗珍》 金祖同辑

《敦煌石室画象题识》 史岩辑

《敦煌秘籍留真》 日本神田喜一郎辑

《敦煌曲子词集》 王重民辑

《敦煌曲校录》 任二北校注

《敦煌曲》 饶宗颐辑

《敦煌变文汇录》 周绍良辑

《敦煌变文集》 王重民等辑

《敦煌变文新书》 潘重规辑

《敦煌资料（第一辑）》 中国科学院历史研究所资料室编

《西域文化研究》 日本西域文化研究会编

《吐鲁番考古记》 黄文弼撰

《吐鲁番出土文书》 国家文物局古文献研究室、新疆维吾尔自治区博物馆、武汉大学历史系编

《中国古代籍账研究》 日本池田温著

《敦煌宝藏》 黄永武编

《敦煌丛刊初集》 黄永武编

《敦煌古籍叙录》 王重民编

《敦煌遗书总目索引》 商务印书馆编辑

△ 大明宫图（局部）| 元 | 王振鹏（传）| 美国大都会艺术博物馆藏

后记

一份唐代生活史的私家书单

写这份书单的时候，我一边听袁惟仁的专辑，一边翻阅法国汉学家马伯乐（Henri Maspéro）的《唐代长安方言考》（*Le dialect de Tch'ang-ngan sous les T'ang*，聂鸿音译，中华书局 2005 年出版）、《唐诗纪事》，以及《全唐文》《太平御览》和《册府元龟》这些大部头的唐代史料。很多时候，我被一种情绪包裹，为浩瀚史料呈现的唐代所感动并产生了向往，如同多年前的夏日，在老家土房背后的梧桐林下，被漏下的阳光感动得浑身战栗。

这个不筑长城的朝代，和中国历史上其他朝代一样，也有着皇家的荒淫、门阀士族的黑暗和战争的杀戮。有人据此来评价唐代，但时至今日，我们的世界仍然没有远离这些黑暗。

这个朝代是文学的时代。一在于唐诗，另一在于唐传奇。我曾经写过"古纸硬黄临宋怨，短笺匀碧录唐幽"的句子，唐人的诗文，总有一种尘土般的质感，如同苍茫的旷野。

我还数次想象自己穿行在唐代通往撒马尔罕的丝绸之路，或是在途经长安东市时听那个幽怨的安邑坊女唱"巴陵一夜雨，断肠木兰歌"（安邑坊女《幽恨诗》），抑或是在杜甫的五城做一个戍卒。

在这里写一份私人的书单，不局限于正史，而是罗列传奇、小说、研究甚至奇幻，在这些或严谨、或瑰丽、或不忍卒读的文字里，唐代闪烁着精细的光芒，而我们的视界或许可以延伸得更远。这不是历史的可能性，而是历史的想象力。

1

薛爱华的《撒马尔罕的金桃：唐朝的舶来品研究》，是西方汉学的一部名著，被视为西方学者研究中国古代社会、古代文化的必读之作。其实，这本书在中国的影响力更大，因为此前从来没有一本书，从"物"出发来深入研读一个时代的历史，而这些物质碎片，"一只西里伯斯岛（Celebes，即苏拉威西岛）的白鹦，一条撒马尔罕的小狗，一本摩揭陀的奇书，一剂占城（Champa，位于今越南中部的古国）的烈性药等——每一样东西都可能以不同的方式引发唐人的想象力，从而改变唐朝的生活模式，而这些东西归根结底则是通过诗歌、法令，或者短篇传奇，或者是某一次即位仪式表现出来的"。

在这本书里，薛爱华引用马塞尔·普鲁斯特（Marcel Proust）的话来阐释这种写作的必要性："历史隐藏在智力所能企及的范围以外的地方，隐藏在我们无法猜度的物质客体之中。"

令人感到奇怪的是，这本影响了很多中国历史学者及历史爱好者的书，其作者我们却知之甚少，仅能从简介中知晓薛爱华是美国加州大学教授，精通汉语和日语，并通晚近法语、古拉丁语等十数种古今语言文字。薛爱华著述颇丰，除了《撒马尔罕的金桃：唐朝的舶来品研究》，还有《南汉后主刘𬬮时期》(*The Reign of Liu Ch'ang, Last Emperor of the Southern Han: A Critical Translation of the Text of Wu Tai shih, with Special Inquiries into Relevant Phases of Contemporary Chinese Civilization*)、《朱雀：唐朝南方的意象》(*The Vermilion Bird: T'ang Imagines of the South*)、《珍珠海岸：古代的海南岛》(*Shore of Pearls: Hainan Island in Early*

Times）和《时光之海蜃：曹唐的游仙诗》（*Mirages on the Sea of Time: The Taoist Poetry of Ts'ao T'ang*）、《神女：唐代文学中的龙女和雨女》（*The Divine Woman: Dragon Ladies and Rain Maidens in T'ang Literature*）、《点评杜绾〈云林石谱〉》（*Tu Wan's Stone Catalogue of Cloudy Forest: A Commentary and Synopsis*）、《闽国：10世纪时的华南王国》（*Empire of Min: A South China Kingdom of the Tenth Century*）、《步虚：唐代奔赴星辰之路》（*Pacing the Void: T'ang Approaches to the Stars*）。其中《撒马尔罕的金桃：唐朝的舶来品研究》是公认的薛爱华的代表作，并与《朱雀：唐朝南方的意象》共同被视为其研究唐朝外来文化的双璧。

2

已逝的曾经执教于香港大学的庄申先生，以美术史学家的身份写有一本《长安时代：唐人生活史》，亦是不常见的大师所著唐代生活史。在庄申看来，唐人的诗书乐弈、绘画陶瓷、雕刻工艺、舞蹈服饰，凡此种种，无不令人耳目一新。当中的巧思慧心，全在唐人的生活中表露无遗。今人与唐人虽缘悭一面，但越来越多的考古文物出现，使今人也能一窥唐人社会的全貌。

庄申家学渊源，尊翁为曾任台北故宫博物院副院长的庄尚严先生（1899—1980）。他幼承家学，勤于研究。早在就读于台湾师范大学史地系，以及稍后任台湾"中央研究院"历史语言研究所助理期间，他便常有专文论述中国美术史，是当时引人注目的青年学者。他的《根源之美》《扇子与中国文化》《从白纸到白银：清末广东书画创作与收藏史》等，都是非常精彩的著作。

作为一名唐史学者，赖瑞和先生被人知晓却是由于他的旅行散文集

《杜甫的五城》一书。1989年到1993年，他先后九次畅游中国大地，一路风尘，走过城市和乡村，寻求历史与现实的交会。他第一次乘坐火车前往西安的时候，竟然随口问列车员："到长安的吗？"结果列车员愣了："长安？哦，对！您是指西安吧？"

《杜甫的五城》是一本关于唐代的"另类"的书。赖瑞和没有直接讨论他所了解的唐朝，而是兴致勃勃地记录"流水账"，比如九次旅行的路线与详细费用、国营旅社、衣服、美食等。赖瑞和作为一个局外人，一路用新鲜的眼光来体验种种的出人意料。他穿上在内蒙古买的保暖羊绒衣，坐在挤满乡民的公共汽车里，就像一个普普通通的中年男人。在西安，他骑着自行车去北郊寻找大明宫的遗址，彼时三清殿的废墟，前面并没有任何标志，也没有任何围墙，只是孤零零地立在玉米田中。"我也随着那些好玩的小孩儿，爬到土堆上头去。那里长着一些杂草。在夕阳下，登高望远，所看到的景物都染上一层温馨的金黄色调。"赖瑞和的壮游，可见历史与现实的交融，那个叫唐的国度在日常的琐碎中如影随形，让人有了恍如隔世的忧愁和淡淡的悲伤。

赖瑞和1981年赴美国普林斯顿大学，师从《剑桥中国隋唐史》的主编杜希德（Denis C. Twitchett）教授，在这位西方公认的唐史和中国通史学界大师的指导下，完成博士学位论文《唐代的军事与防御制度》。赖瑞和在台湾清华大学历史研究所专任教授，曾经主讲"唐代长安与士人的生活"（硕、博班）、"唐代日常生活史"（大学部人社系），我读过他对第一门课的一个讲演提纲，是用PPT做的演示，极其生动。

3

除了中国人，对唐代关注最多的便是日本学界，尽管没有唐代生活史的专门论著引人注目，但日本作家在其大量的关于唐代的小说中，徐徐展开了一个王朝的面目。

井上靖或许是此类小说的开创者，其《天平之甍》讲的是鉴真东渡的故事。井上靖写道，准备第一次东渡时，"鉴真已五十五岁，相貌却仍骨骼严整，巍然如山，有伟人气质，额宽，眼、鼻、口皆大而稳定，顶骨秀气，颚部却颇有意志地展开。留学僧觉得这位高名高德的僧侣，很像故国的武将"。后来，1979年这部小说被拍成电影，在扬州取景拍摄，彼时扬州数万人围观。

井上靖的《杨贵妃传》一书则开启了中日之间对于杨贵妃生死的大讨论。这部小说影响深远，以至于国内一些历史学者将其作为史料使用。

近年日本闻名的作家之一陈舜臣，有两百余本和中国历史有关的著作，已被引进了数十本。他和井上靖一样，对唐代西域有着莫名的梦想。1979年，中央电视台和日本NHK电视台联合组成大型纪录片《丝绸之路》摄制组，沿着古代丝绸之路，开始了为期一年的采访摄制。陈舜臣参加了此次摄制活动，用文字记录下重走丝绸之路的奇妙见闻与瑰丽随想，成书的名字就叫《西域余闻》。书中写了一些汉代的西域，但更多是写唐代西域的物品、诗人和生活方式对于帝国的影响。

相较而言，日本作家辻原登的代表作——历史小说《飞翔的麒麟》，知道的人就比较少，究其原因，是简体版中译本有一个莫名其妙的书名——《唐朝那些事儿》，这个译名完全毁了这本书。实际上，这本小说的写作功底和历史考证极其精细，还胜在历史想象力与史诗的契合度。

4

中国人关于唐代生活史的论著多为专著，例如衣饰、饮食、官制，以"唐代生活史"为题的专门著作则凤毛麟角，即使有，也是大量常见史料以及传统的论文研究。黄新亚《消逝的太阳：唐代城市生活长卷》一书是其中可读的书籍。此书亦属学术著作，但形式上引入大量和生活、习俗、用具有关的史料及传奇故事，使以"生活"为名的专著有了烟火气。

建筑设计师唐克扬有一篇关于长安的文章《长安的烟火》，曾经在《生活月刊》刊发，但至今未成书，他本意是通过实验文本来梳理中国古代的城市，其中关于城市的叙述及想象颇为动人，是难得一见的创作。

有一位笔名叫"骑桶人"的作家，写的是奇幻文学，不被历史研究者知晓。他创作了大量的短篇小说，如《终南》《双髻》《归墟》等，有着深深的唐传奇的影子。其文字纤细空灵，甚至算得上晶莹剔透，能通过微妙的词语表达心灵。作品的想象力奇诡绮丽，于最幽静处发前人之所未想，有一种罕见的神秘特质。这位作家具有相当高的纯文学水平，将唐人传奇中的生活场景演绎得淋漓尽致。

近年得益于网络，大量关于唐代的书籍出现，但是仔细看起来，这些书籍的主题无一例外是——那些人那些事、光荣与梦想、趣闻与逸事，而关于唐代的生活史，无人关注，以致大量写唐代宫廷的小说仅仅人名是唐代的，各种生活的历史细节却错漏百出。

5

曾在《百家讲坛》讲过《敦煌资料与唐五代衣食住行》的隋唐五代史学者黄正建，对此有所发现，在《关于唐代日常生活史研究现状的思考》（见《中国社会科学院院报》2004年9月14日第三版）中，他写道："但是在中国，日常生活史的研究并没有形成规模或形成学派，甚至没有引起人们的足够重视。虽然我们也有关于衣食住行的研究，但它们都是孤立的、个别的、零散的。学者们分别从政治、经济、民族、宗教、文化、风俗、文物、科技、历史地理等各种角度来研究它们，却恰恰很少将它们作为'日常生活'来研究。"

实际上，西方学界对"日常生活史"的关注已久，法国汉学家谢和耐（Jacques Gernet）的《蒙元入侵前夜的中国日常生活》（*Daily Life in China on the Eve of the Mongol Invasion, 1250—1276*）和英国汉学家鲁惟一（Michael Loewe）的《中华帝国早期的日常生活：两汉时期》（*Everyday Life In Early Imperial China: During the Han Period, 202 BC—AD 220*），都是极其精彩的关于生活史的论著。

具体到唐代，彬仕礼（Charles D. Benn）有《传统中国的日常生活：唐朝》（*Daily Life in Traditional China: The Tang Dynasty*）一书，作为"格林纳达出版社日常生活史丛书"（The Greenwood Press Daily Life Through History Series）的一种出版，可惜无人引进翻译。另有《中国的黄金时代：唐代日常生活》（*China's Golden Age: Everyday Life in the Tang Dynasty*），已出版中译本。

另外，大量记录唐人生活场景的唐代笔记和传奇没有得到足够关注，中华书局曾经出版唐宋史料笔记三十九种，亦是唐宋杂录。实际上，中华书局还有一套《历代史料笔记丛刊》，其中"唐"卷，共有笔记七十种。

在前言中我写道："曾经，一个王朝的风花雪月主宰了那个叫长安的城市转瞬即逝的春秋，诗歌的漂泊带来了哀愁、天才、江山和美人，还有挥之不去的思念。那些焰火、野草、王孙和驿站，以及大氅，最终成了乡愁。今天，这种乡愁仍在。"可惜，这种乡愁只存在于史籍和唐诗中，大量面目模糊的细节无从考证、查找，比如朱温如何拆毁长安使得这座伟大城市消失的过程，《旧唐书》及《资治通鉴》仅有寥寥数语，《新唐书》则完全不记载。历来国人修史，重史记而轻细节，重人而轻物，重考据而轻整合，这也使唐代的生活史散落于史书的各个角落，没有完整地呈现，这是一种深深的遗憾。

作为一本小众的生活史图书，在2014年1月出版后，如意料中一样，并未引起什么关注，很快便被淹没在海量的出版物中。对于我这个业余写作者来说，自己的作品能够出版便是获得了满足与喜悦，并无其他野心。

好在还有一些网友读到了这本书，在豆瓣网、新浪微博上表达了喜爱之情，这不啻是一种意料之外的嘉奖，让我暗自欣慰。

今次修订版做了如下调整。

一、对首版中出现的错讹之处做了修正。

二、在首版只有章标题的情况下，增添了小标题，以便读者能够直观地了解本书内容。

三、对前言做了增改，以便读者能够更清晰地了解唐代的历史进程；对第五章《帝国时代的庄园》进行了重写，在第八章《未能皈依的寺庙》增加了"胡寺"一节；首版附录的"七十种唐人笔记书目"并不能让读者全面了解唐代的史料，因此作者统计了黄永年先生《唐史史料学》所录十五类、二百四十九种书目，供读者参考。

四、除了以上修订，本书保持了首版时的风貌和叙述方式，作为一本面向大众读者的唐代生活史著作，希望读者能够由此书建立起对唐时代全面的了解，并有兴趣去探寻更多的历史细节。

2022年于杭州

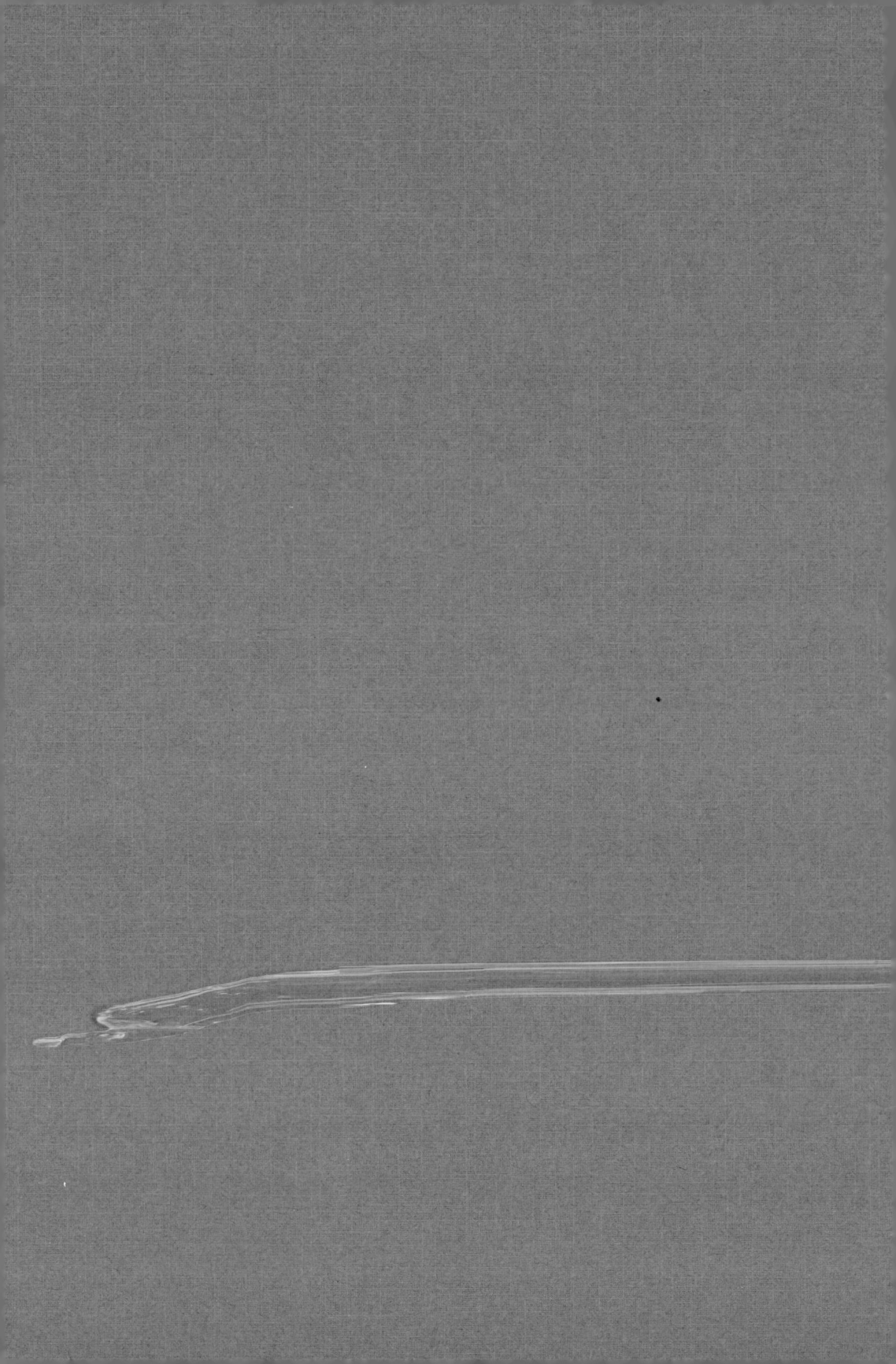